울고 싶어도
내 인생이니까

울고 싶어도
내 인생이니까

백정미 지음

함께
BOOKS

머리말

울고 싶어도 내 인생이다, 포기하지 말고 걸어가라

가까운 이웃 나라인 일본에서 지금 대지진이 발생하고 그로인해 쓰나미와 원자력발전소의 방사능 유출로 인해 수많은 인명이 희생되고 많은 사람들이 공포로 인해 떨고 있다. 자연은 그동안 인간이 이루어 놓은 것들을 단숨에 쓸어버리고 순식간에 폐허로 만들어버렸다. 아무것도 자연을 거스를 수 없듯이 인간은 나약하고 위태로운 존재인 것이다. 하지만 그러한 폐허와 절망의 한가운데에서도 희망을 품을 수 있는 것이 또한 인간이다. 지금 세계 각국에서 일본을 돕기 위해 모금운동을 하고 구급대를 파견하고 있다. 이처럼 어떤 극심한 고난이 닥쳐와도 서로가 서로의 아픔을 이해하고 공감하면서 나누고자 할 때 위기를 극복할 힘이 생겨나고 현재의 고난을 떨치고 앞으로 나갈 용기를 얻게 될 것이다.

그러나 무엇보다도 우리는 자신의 힘을 간과해서는 안 될 것이다. 내면에 숨겨진 힘, 그것을 찾아라. 그것은 무엇인가. 그것은 스스로를 명확하게 인식하고 자신만의 확고한 가치관과 인생에 대한 관점을 지니고 세상을 향해 두려움 없이 나아가는 것이다.

물가가 올라서, 취직이 안 되어서, 결혼을 못해서, 시험성적이 형편없이 떨어져서, 사업이 부도가 나서, 누군가가 내 마음을 몰라주어서, 하는 일마다 꼬이고 엉망이 되어서 속상한 사람들이 얼마나 많은가. 그래서 우리들은 지금 슬프다. 누가 특별히 괴롭히거나 조롱하지 않아도 충분히 슬프다. 가만히 있어도 주르륵 눈물이 날 것 같고 가슴이 아리고 울고 싶다. 설상가상으로 이웃나라에서 벌어진 대재앙으로 인해 언제 우리 또한 피해를 입을지 모른다는 염려까지 더해져서 팍팍한 삶은 더 감당하기 어려운 지경에 이른 것이다. 하지만 두려워하지 말라. 울고 싶어도 내 인생이다, 포기하지 말고 걸어가라. 왜 걸어가야 하는가. 그대의 삶이 진정으로 고귀한 것이기 때문이다. 단 한 번 부여받은 소중한 생명이기 때문이다.

아무리 어렵고 고단해도 이 자리에서 맥없이 주저앉아버리기에는 그대의 삶이 눈물겹도록 아름답다. 신께서 우리에게 처음 생명을 주셨을 때 우리는 아무것도 알 수 없는 미미한 존재였지만 이제 스스로가 인격의 주체가 되고 사상의 중심이 되어 '나'라는 자아를 확립

하고 있다. 그러므로 이제 자아에 대해 감사함을 느끼고 올바른 가치관을 가지고 더 아름답고 지혜롭게 현재의 자신을 가꾸어나가야 할 것이다. 이제는 지금껏 자신을 괴롭히던 모든 불행과 슬픔을 떨쳐내고 분연히 일어나야 할 때다.

울고 싶어도 슬퍼도 힘겨워도 그대 인생의 주인공은 그대 자신이다. 그 누구도 삶을 대신 살아주거나 감당해줄 수 없다. 그러므로 이 순간부터 스스로에 대해 책임감을 지녀라.

이 책은 인생을 최고로 아름답게 살아갈 삶의 지혜를 그대에게 알려줄 것이다. 그대가 날마다 행복해지기를 진심으로 바란다.

괴롭고 힘들고 울고 싶어도 내 인생, 내가 책임지고 열심히 살아가겠다고 다짐하라. 그렇게 강하게 마음을 다잡고 살아간다면 어떤 역경도 거뜬히 이겨낼 수 있을 것이다.

차례

머리말 • 5

제1장
생각과 상상이 인생을 주도 한다

생각의 중요성을 인식하라 • 15
긍정적인 생각을 선택하라 • 20
마음껏 즐겁게 상상하라 • 25
상상의 나라에 가보았니 • 29
상상은 인간을 실패에서 성공으로 이끌어준다 • 33
상상으로 이루어낸 기적 • 41

제 2장
삶이란 시간과 함께 걷는 것이다

우주의 血, 시간 • 49
삶이란 시간과 함께 걷는 것 • 54
현상 뒤에는 시간이 있다 • 58
시간을 낭비하는 건 목숨을 버리는 일 • 65
시간의 본성 • 71
최고로 성공하는 비법 • 76
시간에게 부끄럽지 않은 삶 • 83
오늘의 1분이 미래를 결정한다 • 89

제 3장
사랑은 인생을 아름답게 만든다

사랑하라 • 97
사랑이 없는 세상은 어떤 일이 벌어질까 • 103

사랑은 인생을 향기롭게 한다 • 117
지나친 자기애를 주의하라 • 121
진정한 사랑은 죽음도 소멸시킬 수 없다 • 124
바로 오늘부터 사랑하라 • 128
한사람을 사랑하는 것은 우주를 사랑하는 것과 같다 • 132
거짓없이 사랑하라 • 137
사랑이 우리에게 주는 선물들 • 140
목숨이 다하는 날까지 사랑하라 • 151
사랑을 이루는 요소 • 155

제 4장

꿈은
인생을 향기롭게 한다

꿈을 간직하라 • 191
강렬하고 긍정적으로 마음을 이끄는 것이 꿈이다 • 196
절박하게 이루고 싶은 꿈을 소망하라 • 200
꿈을 이루고 싶다면 노력하라 • 205
꿈을 이루기 위해 지녀야할 보물들 • 211
꿈은 인생의 길잡이다 • 237

꿈을 포기하는 순간 불행은 기뻐하며 웃는다 • 242
강력한 신념으로 꿈을 이루어라 • 249
인생을 찬란하게 완성시키는 꿈의 실체 • 255

제 5장
울고 싶어도 내 인생, 이해하며 살아가라

먼저 이해하라 • 285
인간을 이해하라 • 291
의지에 대해 이해하라 • 297
마음에 대해 이해하라 • 312
성실한 태도로 이해하라 • 331

제1장

생각과 상상이 인생을 주도한다

생각의 중요성을 인식하라

　나는 지금부터 그대에게 인생을 가장 행복하게 살아낼 수 있는 최고의 비법들을 소개해 주려고 한다. 우선 내가 이 순간 그대와의 만남을 진심으로 기뻐한다는 사실을 말해주고 싶다. 그대는 나의 책을 선택했고 더불어 나를 선택했다. 그대가 선택한 이 책과 함께 백정미라는 작가도 함께 선택한 것이다. 그러므로 나는 그대를 전적으로 책임지고 행복과 평화 그리고 안정된 삶의 영역으로 안내해주어야만 하는 사명을 띠게 된 것이다.

　그대가 이 책을 펼친 그 찰나의 순간 우리의 놀라운 인연은 시작된 것이다. 나는 작가로서 그대를 선택했고 그대는 독자로서 나를 선택했지만 우리는 앞으로 영원히 이 책 속에 들어있는 진리의 중재로 서로 교류하게 될 것이다. 이제 나와 함께 떠나는 길고도 강렬한 깨달음의 시간들을 함께 할 것이다.

인생을 행복하게 살아내고 죽음 앞에 이르러서도 후회라는 그늘을 남기지 않을 비법은 무엇일까. 놀랍게도 그 비법들은 각기 다른 모습으로 우리 곁에 머물고 있다. 그 모든 각각의 비법들을 적절하게 조화시켜 인생에서 최상의 보람과 가치를 창출해내는 것은 각자 고유의 몫이다.

나는 다만 그것들의 실체를 발견하고 제시하며 설명할 뿐이다. 나와 함께 인생의 지혜를 찾아 떠나는 즐거운 여행에 동참하게 된다면 그대에게는 틀에 박힌 인식의 지대에서 벗어난 새로운 인생의 지평이 찬란하게 펼쳐질 것이다.

이 글들은 모두 치열한 사유에 의해 탄생한 귀중하고 의미 깊은 깨달음들이다. 나의 사명은 수많은 진리들을 습득하고 탐구하여서 많은 사람들에게 널리 알려주는 것이다. 그러므로 그대는 이제 나를 믿고 나의 말들을 신뢰하고 따라서 실천해보길 바란다.

가시적으로 보이지 않지만 인간의 모든 것들을 총체적으로 지배하는 것이 있다. 그것은 생각이라는 거대하고 투명한 자기장이다. 생각은 살아있는 인간의 중심을 이루며 삶을 완벽하게 운영해가는 중추기관이다. 심지어 그것으로 인해 삶의 가치를 깨달을 수 있기도 하는 가장 본질적인 근원이 된다. 누구든지 생각을 거치지 않고서는 말다운 말을 할 수가 없으며 생각의 자궁을 거쳐 태어난 사상을 나침반 삼아 자기에게 주어진 일생을 살아갈 수밖에 없다.

무엇을 생각하고 있느냐에 따라 무엇이 되어가고 있으며 무엇을 생각하려고 하느냐에 따라 무엇인가를 추구하는 인간의 형상을 점차 완성해가고 있을 것이다. 생각하는 인간은 궁극적으로 숭고하고 존귀한 존재이다.

그러므로 그대는 모든 현상에 대하여 절실히 생각하기를 멈추지 말라. 생각하기를 멈추는 순간 절망과 죽음이 손뼉을 마주치며 박장대소하기 시작할 것이다. 생각을 하지 않는 인간은 겉은 살아 있으나 속은 썩어 문드러진 살아있는 비쩍 마른 미라에 불과하다. 어떤 것이든지 일단은 생각하라. 그러나 그것에 지나치게 얽매이지 말고 오히려 생각을 운용하고 다스릴 줄 알아야 한다. 생각의 바탕은 무한하게 펼쳐진 하얀 백지와 같아서 그대가 무엇을 새겨 넣든지 온순하게 다 받아 적을 것이다.

신랑 앞에서 볼 붉힌 수줍은 숫처녀처럼 생각은 우리들이 소망하는 마음의 요구들에 가만히 귀 기울이며 조금씩 반응하게 된다. 마음은 생각과 일생동안 동행하는 친밀한 동반자이다. 우리는 생각과 마음의 밀접한 관계에 대하여 한 번쯤은 깊이 바라볼 필요가 있는 것이다.

삶을 가치 있고 향기롭게 살아가고자 원한다면 생각하는 것에 대해 긍정적인 의미를 부여해야 한다. 생각한다는 것은 농부가 기름진 밭에 씨앗을 뿌리는 것과 같고 직공이 기계에 새로운 기름을 채워 넣는 것과 같다. 한 인간이 살아가기 위한 필수요소인 것이다. 생각하지 않은 말들을 의미 없이 내뱉는 것은 자신의 존재가치를 땅바닥에 떨어뜨리는 어리석은 행동이다. 그러므로 생각하라. 바른 가치를 추구하는 사상의 옷을 걸치고 인생을 살아가야 한다. 생각하지 않는 삶은 타락한 성자의 뒷모습과 같이 쓸쓸하고 애처로울 것이다.

생각하라. 그대를 아름다운 꿈의 대지로 자상하게 인도해주는 긍정적이고 밝고 용기를 샘솟게 해주는 생각들을 하라. 그런 생각을 한 후 언어들을 조화롭게 배열하여 입 밖으로 내어 놓을 수 있다면 타인과의 의견충돌에 따른 불쾌감과 무례한 언행으로 인한 상처들을 누군가에게 무의식중에 주지 않아도 될 것이다.

인간에게 꽤 심각한 해를 끼칠 수도 있고 평생 지향해온 꿈을 기적처럼 이루게 해줄 수도 있고 모든 걸 일시에 포기하게 만들 수도 있는 신비한 힘을 지닌 것이 바로 생각이다. 그러므로 생각할 때 그대는 가능한 정신을 올바르게 가다듬어야 한다. 그렇지 않고 생각이 이끄는 대로 무작정 끌려가기만 한다면 자신의 일생을 스스로 제어할 수가 없다. 자신만의 확고한 가치관에 의해 생각이 걸어갈 방향을 정확하게 결정해야 한다. 그렇지 않다면 생각은 제 멋대로 우리의 소중한 인생을 끌고 어디론가 가버릴 것이다.

그대는 지금껏 어떤 생각을 주로 하고 있었는가. 앞으로는 보다 더 의미 있는 것들에 생각을 집중하라. 그렇게 하기 위해서는 어떤 사물을 바라볼 때 그것들에 대한 경외심이 먼저 가슴 속에 있어야 할 것이다.

풀 한포기, 한 방울의 빗방울처럼 지극히 작고 보잘 것 없는 것들에게 먼저 존경을 표하라. 작은 것에 대해 깊이 사색하고 이해할 줄 아는 사람은 큰 생각을 품을 수 있는 큰 그릇임에 틀림없을 것이다.

긍정적인 생각을 선택하라

　생각하는 것이 중요하다면 도대체 어떤 생각을 해야 하는가 하는 의문에 사로잡히게 된다.
　현대사회처럼 복잡 미묘한 관계들이 거미줄처럼 얽힌 세상을 살아가기 위해 사람들은 생각의 중요성에 대해 알면서도 어떤 생각을 해야 하는 지에 대해 사색하기를 귀찮고 번거로워하면서 소홀히 지나치기 쉽다. 하지만 어떤 생각을 하느냐는 인생의 가장 중요한 결정이 될 것이다.
　그렇다면 도대체 어떤 생각이 인간을 행복하게 할까? 그 해답은 바로 긍정적인 생각을 하는 것이다. 긍정적인 생각은 죽음도 웃으면서 받아들일 수 있게 만들며 가장 처참한 상황에 처해도 스스로를 값싸게 동정하지 않고 가치 있는 존재라고 여기며 다시 일어설 힘을 주는 최고의 생각이다.

어쩌면 그대는 긍정적인 생각이 인생에서 중요한 비중을 차지하고 있는 것인지를 미처 잘 모르고 지내왔을 수도 있다. 그리고 바쁜 일과에 쫓겨서 그것에 대하여 곰곰이 생각해볼 시간적 여유도 내기 힘들었을지도 모른다. 생각한다는 것의 중요성에 대해 또 다시 생각한다는 것은 귀찮고 번거로울 수도 있는 일이지만 참으로 중요하고 신성한 행위이다. 인생의 참된 지혜를 자신의 것으로 만들기 위해서는 반드시 거쳐야만 하는 단계이기도 하다. 그런 인간으로서의 본질을 추구할 수 있는 필연적인 통과의례를 거치지 못한 사람은 인생에 대해 원망할 자격조차 없다. 왜냐하면 생각의 중요성을 무시한 사람은 삶의 중요성을 까마득하게 망각한 사람이기 때문이다.

그대가 만약 생각의 중요성과 유용성에 대해 인식하게 되었다고 하더라도 긍정적이고 좋은 생각들만 줄곧 할 수가 없는 현실에 자칫 절망하기가 쉽다. 그렇다면 긍정적인 생각을 선택하기가 생각하는 것보다 더 힘든 이유는 무엇일까. 그것은 끊임없이 부정적인 생각과 절망적인 생각 등이 당신의 뇌리 속에 집요하게 파고들어 오기 때문이다. 꼼지락거리며 옷 사이를 기어 다니는 좀 벌레처럼 그런 부정적인 생각들은 자신을 세상에 알리기 위해 쉴 새 없이 인간의 감정과 이성 사이를 혼돈스럽게 왕래한다. 아무리 긍정적인 생각을 잘 하는 사람이라도 부정적인 생각을 완전하게 소멸시키기가 그래서 힘든 것이다. 부정적인 생각들은 자체적으로 에너지를 조달한다. 그 에너지는 인간의 한숨과 의심과 절망으로부터 채취하는 열량을 먹고서 탄생한다.

그러니 그대는 지금까지 일어난 모든 일들에 대해 자책하거나 후회하거나 탄식하는 일을 즉시 멈추어야 한다. 그러한 어리석은 행동들이 바로 부정적인 생각들의 몸을 통통하게 살찌우고 윤택하게 만들어준다는 사실을 기억하라. 부정적이고 절망적인 생각들은 긍정적인 생각들을 잡아먹고 점점 더 커지게 된다. 그래서 우리들이 한숨을 내쉬면 내쉴수록 후회를 하면 할수록 긍정적인 생각들은 점점 더 자취를 감추게 되고 거대하게 괴물처럼 자라난 부정적인 생각들이 내면에 가득 들어차게 된다. 얼마나 끔찍한 일인가.

그대는 이제 긍정적인 생각들을 각별히 보호하고 지켜내야 한다. 그러기 위해서는 자신이 지금까지 습관적으로 해오던 행동들에 대해 다시금 되돌아보고 인생을 비참한 구렁텅이로 몰아가던 치명적인 오류를 바로 잡아야 할 것이다.

그렇지만 이 일은 몇 번의 어설픈 연습으로 이루어낼 수 있는 쉬운 일은 아니다. 몇 년에서 수 십 년이 걸릴 수도 있는 힘겨운 일이 될 수도 있다. 그만큼 긍정적인 생각을 자신의 의지대로 선택한다는 것은 어렵고 부단한 끈기와 의지가 필요한 일이기도 하다.

맑게 갠 하늘을 바라보면서 긍정적인 생각을 하는 일은 어렵지 않다. 하지만 먹구름이 잔뜩 낀 시커먼 하늘을 바라보면서 웃을 수 있는 사람은 드물다. 긍정적인 생각을 하는 것은 부단한 자기 노력이 수반되어야 한다. 어렵고 힘들어도 웃으면서 살고자 노력하라. 괴롭고 슬퍼도 이 위기를 헤쳐 나갈 힘이 자신의 내면에 있다는 것을 믿어라. 자신을 믿어주고 스스로에게 용기를 줄 수 있는 것이 긍정적인 사람의 특징이다. 그는 무엇을 하든지 어떤 곳에 가든지 자신만의 개성으로 주위를 환희 밝히는 사람일 것이다. 그의 개성은 바로 세상을 아름답게 바라보는 눈, 긍정이다.

긍정적인 생각을 하며 산다는 건 스스로를 지키는 가장 강한 보호막을 지닌 것과 같다. 주위에서 아무리 불행한 일들이 펼쳐진다고 해도 긍정적으로 그 상황을 바라볼 수 있는 사람에게 불행은 오히려 행운이 될 것이기 때문이다.

모든 일들을 판단하기 이전에 긍정적인 면을 먼저 바라보고 판단하라. 그렇게 하면 부정적인 생각들이 몰고 올 자기 비하나, 타인에 대한 턱없는 원망, 세상에 대한 편견과 오해가 자취 없이 사라질 것이다. 모든 사람들을 대할 때 우선 그의 긍정적인 면을 인정하고 대하라. 그렇게 하면 대인관계가 골치 아프고 어려운 것이 아니라 서로의 마음을 주고받는 행복한 소통이 될 수 있을 것이다.

자기 자신에 대해서도 마찬가지다. 자신을 부정적으로 바라보는 사람은 결코 행복해지거나 성공할 수 없다. 왜냐하면 인간의 힘이란 것은 모두 자신에 대한 자부심과 긍정적인 가치관에 의해서 나올 수밖에 없기 때문이다.

　스스로를 인정하라. 나는 충분히 가치 있는 사람이야, 나는 충분히 이 사회에서 인정받고 성공할 수 있는 능력을 지닌 사람이야, 나는 충분히 타인으로부터 사랑받을 수 있을 만큼 배려 깊고 인정 많고 착한 사람이야. 이렇게 자신을 치켜세우고 용기를 주어라. 그렇게 하면 그런 사람이 되는 것은 당연한 일이다. 긍정적으로 생각하면 그만큼 더 긍정적인 사람이 된다는 것을 기억하라.

　긍정적인 사람은 긍정적인 인생을 만든다.

마음껏 즐겁게 상상하라

주근깨가 깨알처럼 얼굴에 박힌 귀엽고 풋풋한 소녀 시절의 나는 늘 곰곰이 상상하기를 좋아했다. 내 또래의 다른 친구들은 지극히 현실적인 고민거리를 말할 때에도 나는 엉뚱한 상상에 관한 이야기를 하곤 했다. 예를 들어 가장 많이 한 상상은 풍선 수천 개를 만들어 하늘을 날아 가보면 어떨까 혹은 별나라에 가서 살아보고 싶다 등 그리고 말로 표현할 수 없는 많은 상상을 혼자서 하느라 늘 머릿속이 분주했다. 상상은 존재하지 않았던 물건들을 이 세상에 출현시키고 불가능한 일들을 실현 가능하게 만든다.

상상력이 풍부한 사람은 영리하고 감수성이 예민하며 사물을 다각적인 시각으로 바라볼 수 있는 개방된 시야가 형성된 사람이다. 그렇기에 남들보다 더 빨리 더 가까이 성공에 다가갈 수 있다.

상상하라. 상상하고 또 상상하라. 심장이 미지의 것들에 대한 기대로 장밋빛으로 두근거리고 마음이 천상의 끝까지 벅차오를 때까지 상상하라. 상상한다는 일이 얼마나 즐겁고 흥미로운 것인지 체험하게 된다면 자꾸만 하고 싶어 뇌 전체가 들썩이고 근질거릴 것이다. 순수한 사람일수록 상상을 잘한다. 세속에 오염되고 찌든 사람은 현실의 일들에 얽매이고 허덕이느라 상상을 할 마음의 여유를 까마득하게 잃고 살기 때문이다.

삶을 가장 재미있게 그리고 모험심 넘치게 사는 방법 중 하나가 상상하는 일을 즐겨 하는 것이다. 상상은 무료한 일상에 상큼한 활력소가 되어줄 것이며 답답한 생활에 시원한 청량음료가 되어줄 것이다. 그대에게는 지금 절실히 상상이라는 보약이 필요하다.

현실을 벗어난 상상의 세계로 들어가 보면 그 곳의 무궁무진한 흥미로운 일들에 순식간에 매료되고 말 것이다. 도저히 이룰 수 없는 일이라고 해도 좋다. 상상 속에서는 그 일이 백 프로 실현 가능하니까 얼마든지 마음 가는대로 상상해도 괜찮다.

상상은 생각이 겁 없이 진화한 단계이다. 한 마디로 당돌하고 겁 없는 녀석이라고 할 수 있다. 내 성격하고 좀 비슷한 구석이 있는 녀석이다. 과거에 나는 아주 겁 없이 생애 처음 쓴 글을 용감한 어린이처럼 열에 들떠 여러 출판사에 투고 했었다. 결과는 모든 곳으로부터의 산뜻한 거절이었다. 참혹한 결과 앞에 나는 한동안 심하게 괴로워했다. 물론 자신의 능력을 의심하기도 하고 과연 이것이 내가 가야할 길인가 하는 의문을 던지기도 하였다.

그러나 나는 언제까지나 변함없이 엉뚱 발랄하고 낙천적인 상상의 소녀였다. 상상 속에서 나는 최고로 감동적인 책을 쓴 불멸의 작가이기 때문에 이런 실패로 인해 포기하고 좌절할 수가 없었다. 나는 다시 우직하게 하루하루 글을 썼다. 그리고 매일 나는 또 살포시 미소를 지으면서 상상했다. 내가 쓴 책들이 베스트셀러를 넘어서 밀리언셀러가 되어 많은 독자의 가슴에 잔잔한 파문을 일으키게 되는 것을.

생각이 진화에 진화를 거듭하여 상상의 단계에 접어들면 이제 상상이 제 스스로 알아서 자신의 자의식을 서서히 진화시켜 준다.

늘 똑같은 생각의 패턴을 고루하게 유지하며 살아가는 사람은 상상을 많이 하지 않았기 때문에 그런 타성적인 생활 습관에 은연중에 젖어버린 것이다. 어떤 일에서건 상상의 날개를 펴서 가볍게 비상하여 그 일을 다른 관점에서 바라보면 생각지도 못했던 아이디어가 번쩍 하고 떠오를 수 있다. 나는 지금도 상상하는 것을 좋아한다. 상상할 때 나의 얼굴에는 행복한 미소가 단풍이 들듯 발그레 번져 있다. 거울을 보지 않아도 느낄 수 있다. 내가 지금 얼마나 기분 좋은 느낌에 사로잡혀 있는지.

상상을 하는 데 있어서 나이 제한이나 학력 제한 또는 출신지역에 따른 지역감정으로 인한 차별 등은 전혀 없다.

"당신은 나이가 60이 넘었으니 아쉽지만 상상할 수 있는 기회를

상실했습니다." 라거나

"당신은 대학을 나오지 못했으니 상상하는 시간을 30분으로 제한하겠습니다." 라거나

"당신은 어느 지역 출신이니 상상은 그 지역에서만 비밀리에 해야 합니다." 라는 엄한 규제 또한 전혀 없다. 그러니 자유롭게 자신만의 독특하고 기발한 상상을 즐겨 보길 바란다.

상상의 나라에 가보았니

상상을 하고 싶은 마음이 조금이라도 생기게 되었는가. 그럼 우리 이제 함께 상상의 나라로 가보자. 상상의 나라에는 세상에서 볼 수 있었던 매우 익숙한 것들은 물론이거니와 애초에 존재하지도 않았던 생소한 것들도 엄청나게 많이 있다.

그대와 나는 어느 날, 세계적인 석학들이 제네바에서 추진하는 비밀 과학 실험에 남몰래 자원하게 되었다. 한 번만 다녀오면 평생의 안락한 삶을 보장해준다는 조건이 왠지 그만큼 위험하다는 것 같아 조금 망설여졌지만 우리들에게는 뭔가 짜릿한 모험이 필요한 시기였다. 시간을 거슬러 과거로 갈 수 있다는 타임머신을 돈 한 푼 받지 않고 무료로 태워준다는 명석한 과학자들의 달콤한 속삭임에 전 세계에서 처음으로 지원한 그대와 나, 두 사람이 된 것이다.

요란한 굉음과 함께 출발한 갑오징어 모양의 타임머신이 어느 곳에 우당탕 소리와 함께 착륙했다. 거대하게 펼쳐진 원시림 사이에 생뚱맞게 초고층 빌딩이 한 채 세워져 있었다. 그 곳은 바로 상상의 나라였다. 우리를 타임머신에 태우면서 어쩌면 불의의 사태 때 불시착할 수도 있다던 그 곳이었던 것이다.

아니, 이런 마른하늘에 날벼락 같은 일이 벌어지다니. 게다가 생전 듣도 보도 못한 상상의 나라라니. 우리는 비틀거리며 서로를 부축한 채 얼빠진 표정으로 타임머신 문을 열고 밖으로 나왔다. 갑작스런 착륙으로 엉망이 된 머리를 털고 있는 우리들 앞으로 살찐 오스트랄로피테쿠스 한 명이 어기적어기적 걸어오고 있다. 그 곁에는 붉은색 민소매를 입은 티라노사우르스가 여자 친구와 함께 병원놀이를 하고 앉아 있다. 노상에서 청승맞게 해물라면을 끓여먹던 얼굴은 새요, 몸뚱이는 돼지의 모습을 한 존재가 우리를 보며

"어이, 한 가닥 먹고 갈 건가?"

하며 넌지시 묻는다. 그대는 그 이상하게 생긴 존재에게 마음속으로 이름 하나를 지어준다. 불만(불가능한 만남). ㅋㅋ. 하마터면 그 이상한 동물에게 웃음소리가 들릴 뻔했다. 우리는 그 동물의 의심스러운 유혹에도 아랑곳하지 않고 상상의 나라에서 가장 영향력 있는 인사를 찾아갔다.

상상의 나라의 대통령은 예상 밖으로 빼어난 미모를 지닌 여인이었는데 발이 있어야 할 부분에 이상한 털 바퀴가 달려 있었다.

"당신이 이 나라의 대통령입니까?"

나의 물음에 그녀가 요염한 미소를 지으며 대답했다.

"맞아요. 내가 아름다운 상상의 나라를 이끌어가는 대통령이지요."

그녀는 다시 한 번 우리를 향해 모호한 눈짓을 해보였다.

"우리는 미래에서 온 사람들이에요. 되돌아 갈 수 있는 연료가 부족하네요. 죄송한 부탁이지만 타임머신에 필요한 연료를 공급해주세요."

그대가 최대한 조심스럽게 그녀에게 부탁했다. 그러자 그녀가 기가 막힌다는 듯이 우리를 쏘아보았다. '뭐 이런 것들이 다 있어'라는 떨떠름한 표정이었다.

"우리나라는 자급자족하는 우주 유일의 나라입니다. 자기가 필요한 것이 있으면 자기 스스로 창조해내고 획득해야 하는 곳입니다. 물론 모든 연료 또한 자신이 알아서 스스로 조달하지요. 그건 기본적인 상식 아닙니까?"

우리는 서로의 눈을 바라보며 고개를 갸우뚱 했다.

"아니 연료를 자기가 알아서 어떻게 조달한단 말입니까? 땅을 굴착하고 거대한 규모의 발전소를 지어 수많은 인력이 동원돼 기계를 가동해서 만들어야 하는 것을 혼자서 어떻게 한단 말인가요. 그러지 마시고 저희에게 알려주세요. 연료를 어디서 구입해야 하나요?"

우리의 다급한 물음에 깊은 한숨을 내쉬며 그녀가 말했다.

"이봐요. 이곳은 상상의 나라예요. 우리나라에서는 모든 국민들이 상상으로 연료를 만들지요. 저기 봐요. 상상을 한 번 할 때마다 하늘에서 기름주머니가 떨어지지요."

하늘에서 기름 주머니가 떨어진다고? 믿을 수 없는 말에 놀라 그녀가 가리키는 하늘을 바라보자 거짓말 같은 일이 벌어지고 있었다. 티라노사우르스와 여자 친구가 눈을 감고 한참을 서 있는 그 곳에 기름이 가득 담긴 검은 주머니가 하늘에서 우박처럼 와르르 떨어졌다. 우리는 자신도 모르게 탄성을 내질렀다. 그대와 나는 서로를 보며 지그시 미소 지었다. '그래 우리도 한 번 상상을 해보자' 라는 의미 있는 눈빛을 교환하면서.

여러분과 함께 잠시 상상의 나라에 다녀왔다. 나는 이 글을 쓰는 내내 너무나 즐거워서 몇 번이나 웃느라 쉬어야 했다. 글을 쓰면서 자신의 글에 도취해 웃는 기이한 현상이 가능한 것도 상상을 할 수 있는 사람만이 누릴 수 있는 특권일 것이다. 상상의 나라에서는 상상을 연료로 사용한다는 상상나라 미모의 대통령의 말이 아니더라도 우리는 알 수 있다. 상상을 하게 되면 인생에 연료가 되어줄 유익한 일들이 많이 생기게 된다는 사실을. 각박한 세상을 헤치고 인간답게 살아가기 위해서는 질 좋고 우수한 연료가 필요하다. 그 연료를 무한대로 그것도 무료로 얻을 수 있는 방법이 있으니 그것은 바로 매일매일 적극적으로 상상하는 것이다.

상상은 인간을 실패에서 성공으로 이끌어준다

어떤 사람이 중요한 자격증을 따기 위해 며칠 후에 시험을 본다고 하자. 그 사람에게는 시험에서 떨어진다는 일은 생각조차 하기 싫은 끔찍한 일일 것이다. 그 어느 때보다 최선을 다해 열심히 공부할 것이고 원하는 자격증을 따고 난 후에 자기가 할 일들에 대해 상상하며 용기를 낼 수도 있다. 그런데 매우 유감스럽게도 그렇게 매일 편안한 휴식 한 번 제대로 취하지 못한 채 공부에 매진한 후 시험을 보았으나 안타깝게 불합격 통지를 받고 말았다.

그는 이제 두 갈래 길 앞에 홀연히 서게 된다. 이대로 포기하고 말 것인가. 다시 한 번 힘차게 도전할 것인가.

성공의 길로 갈 수 있는 사람이라면 잠시의 허무한 안도감을 제공할 포기와 비굴하게 타협하지 않는다. 실패한 인생을 사는 사람은 어떤 일에 도전하여 실패했을 경우에 실망감과 자책감과 자괴감에 사로잡힌 채 힘없이 포기하고 마는 사람이 대부분이다. 그리고 자신의 능력에 대해 철저하게 불신한다. 나는 이정도 밖에 안 돼. 더 이상은 발전할 수 없어. 이렇게 자기 자신을 비하하면 당연히 행복과 성공의 영역에서 더욱 더 멀어질 수밖에 없다.

실패하고 좌절한 그대, 여기를 주목하라. 여러분이 만약 어떤 일에 도전하여 깔끔하게 실패하고 말았다면 이제 자신 안에 늘 내재되어 있던 상상의 놀라운 능력을 발휘할 시간이 된 것이다.

누군가에게 뭔가를 제안하였는데 경멸하는 눈빛과 함께 거절당하고 말았는가. 어딘가에 작품을 투고하였는데 수준이하라는 혹평과 함께 문전박대 당하지는 않았는가. 몇 년 동안 벼르고 벼르던 일에 모든 걸 걸고 투자하여 뛰어들었다가 모아둔 돈은 물론이고 다른 이들로부터 빌린 돈도 채 갚지 못하고 졸지에 신용불량자가 되고 말았는가.

괜찮다. 아무 걱정 하지 말기 바란다. 위에 열거한 것들보다 더 지독한 실패를 거뜬히 물리치고 지금 이렇게 성공한 내가 여러분에게 실패를 딛고 일어설 비법을 알려줄 것이다.

실패를 많이 한다는 것은 그만큼 더 크게 성공할 가능성이 점점 높아지고 있다는 반증임을 기억하라. 단 한 가지 조건은 분명히 있다. 실패를 통해서 교훈을 얻어야 한다는 점이다.

내가 왜 그 일을 해서 실패했는지 생각해 보라. 왜 그에게 거절당했는지. 왜 그렇게 혹독한 평을 들어야 했는지. 왜 전 재산을 모조리 탕진하고 말았는지에 대해 사고(思考)하지 않는다면 그런 실패들을 또 다시 되풀이해서 겪을 수 있다.

실패를 이겨내기 위한 기초단계는 실패의 원인을 정확하게 분석해내는 기술이다. 그러나 실패의 원인만 밝혀낸다고 해서 성공한다는 보장은 어디에도 없다. 행복과 성공이 아름답게 공존하는 세계에 다다르기 위해서는 반드시 상상의 힘이 필요하다.

그대가 배우 지망생이라고 한다면 이렇게 상상하라.

그대는 지금 세계 최고의 권위를 자랑하는 영화제에서 주연상을 받고 수많은 관중들의 열렬한 기립박수소리와 함께 연단에 서 있다. 당신의 손에는 황금으로 장식된 트로피가 쥐어져 있고 수백 명의 카메라 기자들이 그대를 찍기 위해 바삐 셔터를 눌러댄다.

만일 그대가 작가 지망생이라면 이렇게 상상하라.

가장 크고 유명한 대형서점에서 열리는 팬 사인회를 하기 위해 입장하려고 하는데 오직 그대를 한 번만이라도 보기 위해 모여든 극성팬들로 인해서 곤란을 겪고 있다. 그대의 책은 없어서 못 팔 지경이다. 사인회를 하다 손가락이 저리고 아파 지쳐서 그만 쉬고 싶다는 생각이 간절히 들 만큼 많은 사람들이 그대의 이름을 애타게 연호한다.

한참 사회생활을 하는 그대가 회사에서 말단 직원이라면 이렇게 상상하라.

본사의 가장 꼭대기 층에 위치한 화려하고 멋진 회장실에 근엄하게 앉아 비서의 보고를 받고 있는 모습을 그려라. 그대의 말 한 마디면 수천 명의 직원들이 일사분란하게 움직이며 주식시장에서 그대 회사의 주식은 최고 시세로 거래되고 그대가 추진하는 모든 일들은 다른 기업들에게도 롤 모델이 될 만큼 창의적이고 새로워서 다들 그대의 기업정신을 따라 하느라 바쁘다.

그대가 앞으로 장사를 하고 싶다면 이렇게 생각하라.

이른 새벽 가게 문을 열기도 전에 물건을 사거나 음식을 먹기 위해 각지에서 모여든 손님들이 길게 줄을 서 있다. 현금이 너무 많이 들어와서 금고에 쌓아두기도 벅차다. 그대의 가게는 연일 언론에 대대적으로 보도되고 그대는 그 지역의 정치인보다도 더 유명인사가 된다. 분점을 내고 싶다는 사람들의 전화가 너무 많아 골치가 아플 지경이다. 그대의 가게는 가장 좋은 물건을 가장 적절한 가격으로 최고의 친절함을 더해 파는 곳으로 전국에 이름을 떨친다. 너도나도 장사의 비법을 전수받고자 가게에 찾아온다. 손님들이 그대 가게의 물건이나 음식이 없다면 인생을 무슨 재미로 살겠느냐고 푸념한다.

이 정도 상상은 해줘야 여러분은 자신의 영역에서 최고가 될 수 있다.

"어머 이건 너무 지나친 상상 아닐까요."

하면서 고개를 절레절레 저을 분도 계실 것이다. 그렇지만 전혀 지나치거나 허황된 상상이 아님을 손가락을 굳게 걸고 약속한다. 여러분이 매일 그렇게 상상한다면 시간의 차이만 있을 뿐 반드시 이루어질 수 있는 즐거운 상상이다. 틈 날 때마다 그렇게 상상해야 한다. 아침에 눈을 뜬 순간에도 한 번 하고 점심 식사 전후에도 해주고 일하다가 잠시 휴식을 취할 때도 해주고 술자리에 앉아서 마른 오징어 안주를 깨물면서도 해주고 심지어 데이트 하다가도 해주고 잠들기 전에도 해주길 바란다.

그대가 그 분야에서 가장 독보적이고 최고의 기능을 지닌 사람이 된 상상을 수시로 해야 한다. 그렇게 상상하면 그렇게 되게 되어 있다. 오늘 아니면 과거에 그대가 잊을 수 없는 굴욕적인 패배를 맛보았다고 하더라도 나는 그대가 다시 일어설 수 있음을 믿는다.

자신과 약속하라. 나는 날마다 수시로 최고로 성공한 나의 모습을 상상하겠다고. 그냥 대충 성공한 모습을 상상하면 안 된다. 최고로 성공한 모습을 상상하라. 조금 성공한 모습을 상상하면 조금만 성공한다. 중간 정도 성공한 모습을 상상하면 중간 정도의 성공만 이룰 것이다. 최고로 성공한 모습을 상상해야 최고가 될 수 있다.

지나친 경쟁의식은 자칫 해로울 수도 있지만 인생의 연금술을 자신의 것으로 온전히 습득하기 위해서는 건전한 경쟁의식도 지녀야 한다. 그래야 자신의 의욕을 뜨겁게 고취시켜 하루가 다르게 발전할 수 있기 때문이다.

　이 세상에 다른 사람은 한 명도 없고 혼자서만 평생을 지내야 한다면 어떨까. 더 앞서가야 할 다른 사람이 없으므로 노력할 필요성을 느끼지 못할 수도 있다. 경쟁할 상대가 없다는 것은 얼마나 외로운 일이겠는가. 같이 뛸 동료가 없는 세상은 무슨 일을 하든지 1등을 하게 되어 있는 세상이며 아무리 노력해도 꼴찌가 되어버리는 세상이기도 하다. 하늘과 땅 사이에 오직 나만 있으니 어떤 일을 하든지 최고가 될 수 있겠지만 경쟁할 상대가 없는 세상에서 산다면 지적인 측면에서 발전하고 싶은 의욕조차 서서히 상실하고 말 것이다. 그러므로 오늘 자신의 자존심을 상하게 하는 경쟁상대에 대해서도 감사하라. 그가 있으므로 그대가 다시 신발 끈을 힘차게 조여매고 노력하고 싶은 욕구와 건전한 오기가 생기는 것이다.

　실패도 마찬가지다. 실패가 없는 인생 또한 얼마나 지루할 것인지 상상해보라. 무슨 일을 하든지 한 번 만에 다 성공한다면 어떨까. 살아 있는 동안 절대로 실패를 겪지 않는다는 세상에 산다면 과연 그는 행복할까. 실패는 성공을 더욱더 빨리 촉진시켜주는 삶에 꼭 필요한 비타민 같은 것이다. 일명 성공촉진제라고도 할 수 있다.

　성공은 무엇을 시도하다가 안타깝게 실패를 하는 사람에게 머지 않은 시간 내에 향기 나는 면류관을 씌워주기 위해 저만치서 기다리고 있다. 우리는 의젓하게 웃으면서 그 성공의 면류관을 써야 하지 않겠는가.

실패가 두려워 무슨 일을 하는데 머뭇거리고 있지는 않은가. 두려워하지 말라. 실패는 당연히 하게 되어 있다. 그것은 태양이 아침이 되면 슬며시 수평선 위로 고개를 내미는 것과 같이 지극히 일상적인 일이며 자연스러운 현상이다.

하필이면 그대에게만 뼈아픈 실패의 검은 그림자가 재수 없이 찾아온다고 생각하지 말라. 누구에게나 반드시 실패는 찾아온다. 자신만 죽을 만큼 힘들다고 고개 숙이며 절망하지 말라. 여러분 주위에 있는 수많은 사람들도 지금 죽을 만큼 힘겹게 수십 년의 모진 삶을 살아가고 있다. 우리는 모두 이 세상에서 같은 아픔을 겪고 살아가는 가엾고 애틋한 존재들이다. 애틋한 아픔을 지닌 존재들이다. 우리는 모두 아픈 사람들이다. 그러니 자신의 아픔에 갇혀서 고통스러워하는 것은 어리석은 결정이 될 것이다. 내 자신의 아픔을 딛고 일어서서 다른 이의 아픔까지도 어루만져줄 수 있는 사람이 되어야 할 것이다.

실패를 딛고 패기 있게 일어설 수 있는 힘! 그것은 바로 그대의 무한한 상상력이다. 상상은 여러분을 실패의 암울한 자리에서 찬연히 빛나는 성공의 자리로 이끌어가는 친절하고 고마운 스승이다.

상상을 하라. 어떤 상상을 해야 할까. 바로 그대 자신이 바라는 모든 것들을 자랑스럽게 이루어내고 생애를 통틀어 가장 행복한 미소를 짓고 있는 모습이다.

  인생의 시련이란 것들에 대해 홀연히 초연해지는 경지에 이르도록 하라. 그대는 충분히 그럴 수 있는 역량이 있다. 가장 멋진 모습의 자신을 상상하며 꿈을 지향해 한 발 한 발 경쾌한 발걸음으로 걸어 나갈 수 있는 사람이 되라.

상상으로 이루어낸 기적

　나는 책 읽는 시간과 글 쓰는 시간 음악을 듣는 시간 외에도 텔레비전을 시청하는 걸 좋아한다. 나는 지극히 대중적인 것들을 아주 좋아한다. 가슴 절절한 대사를 쏟아내는 드라마를 보면서 뜨거운 눈물을 훔치기도 하고 웃음꽃이 만발한 개그 프로그램을 보면서 얼추 비슷하게 흉내도 내보고 매주 생방송되는 음악 프로그램을 보면서 최신가요와 가수의 멜로디와 면면을 익히느라 바쁘고 시사 프로그램을 보면서 현 세태에 대해 개탄하고 다큐멘터리를 보면서 잔잔한 여운이 남는 감동에 빠지는 걸 좋아한다.

　나중에 내가 혹시라도 유명작가가 된다고 해도 이런 지극히 평범한 취미를 버릴 생각이 없다. 대중적인 것을 도외시하는 사람은 대중들의 심리를 이해할 수 없다. 혹시 그대가 대중에게 뭔가를 어필하고 싶다면 대중들이 좋아하는 것들에 대해 주시하라. 도무지 이해하기 힘든 책들을 억지로 눈 비벼가며 읽어야만 교양이 쌓이고 유식해지는 것은 아니다.

그렇게 시간 나는 대로 프로그램을 보던 중 나는 실로 믿을 수 없는 한 사람을 발견했다. 그는 눈이 선천적으로 보이지 않는 사람이라고 했다. 그런데 그런 그는 화가였다.

'아니 이럴 수가!'

그렇지 않아도 큰 눈이 더 커진 채 나는 그를 뚫어져라 바라보았다. 평범한 외모의 그에게서는 비범한 기운이 온 몸에 은은하게 감돌고 있었다. 그가 그린 그림들이 한 장 두 장 화면에 서서히 펼쳐졌다. 두 눈 멀쩡한 나보다 훨씬 더 섬세하게 잘 그린 수작들이었다. 실로 충격적이었다. 앞이 보이지 않는 사람이 그림을 그린다는 것 자체도 놀라운 일이었지만 그가 그린 그림들의 은밀한 아름다움이 내 마음을 요동치게 하고 있었다.

그것은 상상이 일구어낸 놀라운 기적이었다. 그는 상상하였고 상상하였으므로 그렇게 아름다운 영혼이 실린 그림을 그릴 수 있었다. 그가 사랑하는 이를 상상하지 않고서 그의 모습을 그토록 생생하게 그릴 수는 없었을 것이며 그가 대자연의 신비로움을 상상하지 않고서는 그토록 보는 이의 가슴을 뭉클하게 만드는 경이로운 자연의 모습을 담아낼 수는 없었을 것이다. 상상으로 이루어낸 기적은 그 뿐만이 아니다. 굳이 방송에 나오는 사람들이 아니어도 우리 주변에는 그런 사람들이 너무나 많다.

    회색빛 도시를 든든하게 지키는 파수꾼처럼 우뚝 솟은 다양한 빌딩들과 수백 년 동안 바람과 비의 날카로운 손톱이 할퀴고 갔어도 여전히 고고한 자태를 드러내고 서 있는 옛 고궁의 모습들을 보라. 그것들은 모두 누군가의 머릿속 상상의 나라에서 처음 만들어진 것들이다. 건축 설계사들의 집념이 서린 상상이 없었더라면 지금의 그런 웅장하고 고풍스러운 건물들은 지상에 남아 있을 수 없었을 것이다. 지금도 하나의 아름다운 건물을 완성하기 위하여 도면 위에 피땀으로 빚은 상상의 선을 긋고 있을 그들에게 경의를 표하자.

    모든 선생님들은 이렇게 상상할 것이다. 사랑하는 제자들이 매일 조금씩 정신적 육체적으로 긍정적인 방향으로 향상되어 건강한 사회인으로 성장하는 상상을. 그런 상상을 하지 않는 선생님이라면 선생님으로서의 자격을 일찌감치 포기한 것이나 같지 않겠는가. 선생님의 애정이 듬뿍 깃든 상상으로 인해 학생들의 지식이 날로 가득가득 채워져 간다고 해도 과언이 아니다.

    농촌의 농부들은 어떤 상상을 하는가. 밭에 심은 씨앗들이 새와 벌레에게 허무하게 파 먹히지 않고 올 여름 태풍이 몰고 올 거센 빗물에 속절없이 쓸려 내려가지 않고 무사히 움터나 탐스런 곡식으로 자라나는 상상을 할 것이다. 그렇게 상상하지 않고 이른 새벽에 구부러진 허리를 펴고서 피곤을 감수하며 논에 물을 대러가는 농부는 없을 것이다. 밭에 옥수수 씨앗을 심으면서는 가을에 노랗게 여문 옥수수 열매를 따서 어여쁜 자식들과 따끈하게 쪄먹을 상상을 할 것이고 고추 모종을 심으면서는 매콤한 새빨간 고추가 가지마다 주렁주렁 열려 여름의 무더위도 잊으며 기쁘게 수확하는 기대에 찬 상상을 할 것이다.

어촌의 어부들은 어떤 상상을 하는가. 오래된 배를 수리하고 구멍 나고 낡은 그물을 굳은살 가득한 두 손으로 힘겹게 손질하면서 오늘 밤 바다에 나가 만선을 이루고 웃으면서 돌아올 것을 상상하지 않겠는가. 그들은 사나운 풍랑이 일렁이는 검푸른 파도를 보면서도 두려워하거나 물러서지 않고 싱싱한 물고기를 배 안 가득 채울 상상으로 충전된 힘으로 그물을 힘차게 걷어 올릴 것이다.

옷을 만드는 공장에서 일 하는 사람은 자신이 재단하고 바느질한 각양각색의 옷들이 사람들에게 많이 팔리고 많이 입혀지면서 고객들이 옷이 참 잘 만들어졌다는 칭찬을 하는 상상을 할 것이며, 회사원들은 자신이 제안한 아이디어가 채택되고 맡은 프로젝트를 성공리에 마무리해 상사로부터 인정받고 남들보다 더 빨리 고속 승진되는 상상을 할 것이다.

우리 사회의 모든 것은 이렇게 상상으로 처음 시작되었고 지금도 지속되어가고 있고 앞으로도 이어질 것이다. 그러므로 이 지구는 상상이 선두에 서서 사람들을 이끌어가는 세상이라고 해도 과언이 아니지 않겠는가. 상상은 이렇게 위대하고 신성하다. 상상으로 이루어 낸 놀라운 일들을 기적이라고 치부해버리고 나와는 별 상관없는 일들이라고 관심을 두지 않는다면 발전하고 성장하기가 더디고 힘들 것이다.

상상은 우리들과 밀접한 관계에 있는 최측근이다. 그대의 친구들, 자녀들, 형제들, 심지어 부모님보다 더 가까이에서 그대를 도와주기 위해 항상 눈을 반짝이며 졸지도 않고 대기하고 있다. 그런데 그대는 그의 존재조차 지금까지 알아채지 못했던 것이다.

다행히 늦지 않았다. 상상으로 기적을 이루기를 소망하라. 절실하게 바라고 소망한다면 상상은 그대를 부드러운 손길로 어루만져 주며 자신의 지혜를 인자하게 공유할 것이다. 그렇게 하기 위해서는 자신이 먼저 상상에게 손 내밀어 주어야 한다. 상상은 제 이름을 불러 주어야만 가까이 다가오는 수줍음 많은 소년 같은 존재이다. 여러분이 애타게 성공을 위한 상상을 하고자 한다면 상상은 기꺼이 그런 그대에게 자신과 함께하는 시간을 제공해줄 것이다. 그리고 그 상상의 일들을 현실로 이루어낼 수 있게 커다란 도움을 줄 것이다.

상상을 하라. 그대의 인생에서 기적을 이루는 가장 현명한 기술이 무엇인가. 바로 상상이다.

제 2장

삶이란 시간과 함께 걷는것이다

우주의 血, 시간

인간의 혈관은 약 12만 5천km로 지구 두 바퀴를 돌고도 남는 거리라고 한다. 지구 두 바퀴를 돌 수 있는 거리란 얼마나 까마득한 분량인가.

우리는 혈관이 막히면 조영제를 투여하고 문제를 일으킬 소지가 많은 부분을 관찰해 적절하게 치료하여 생명을 연장시킨다. 환자에게 있어서 피의 이동경로를 확인한다는 것은 중요한 일이다. 어디에서 막히는지 어디에 구멍이 생겼는지 그 원인이 무엇인지를 보다 더 정확히 파악할 수 있기 때문이다. 그래서 사람들은 급박한 위기의 순간에 전신마취에 동의하고 흔쾌히 혈관 조영술을 받는다. 약간의 부작용이 뒤따를 수도 있겠지만 그것보다는 위급한 상황을 넘기는 일이 우선인 것이다.

시간이란 인간의 혈관 속을 쉴 새 없이 흐르는 붉은 피와 같다. 피는 인간의 혈관 속으로 흐르고 시간은 우주의 혈관 속으로 영원히 흘러가는 무형의 존재다.

그러나 우주의 피인 시간은 인간의 피와 다른 점이 있다. 그것은 한 번 떠나가면 다시 되돌아올 수 없다는 것이다. 우리 몸속의 피는 끊임없이 순환하지만 우주를 관통해 흘러가는 시간은 순환할 수가 없다. 한 번 지나가면 그걸로 마지막이다. 그 순간을 다시는 똑같이 체험할 수가 없다. 지금 여러분이 숨 쉬는 이 순간, 그 찰나의 순간은 우주가 선물하는 단 한 방울의 생생한 피인 것이다. 한 번 떨어지면 다시는 주워 담을 수 없는 핏방울이 지금 우리들 앞에 무수히 떨어져 내리고 있다.

우주의 血인 시간을 경외하는 마음으로 받들고서 삶을 살아가야 하는 것은 인간으로서 당연히 갖추어야 할 소양이라고 말할 수 있다. 왜냐하면 우리의 육체는 우주의 입자로 구성되어졌으며 언젠가는 다시 우주의 입자로 되돌아갈 것이기 때문이다. 결국 우리는 우주고 우주는 우리라고 생각하면 옳다. 우주와 인간은 당연히 일치한다. 그러므로 시간과 인간도 동질감을 느낄 수밖에 없는 존재들인 것이다. 인간을 성장시키고 노화시키고 소멸시키는 것이 시간이듯 시간을 운영하고 이해하고 처리하는 것도 인간의 영역이다.

단 한 번 주어진 시간이란 우주의 신성한 피는 인간의 영혼 속으로 깊숙이 흡입되기를 원한다. 덧없이 아무 곳에나 떨어져서 흩어져 사라지기를 원하지는 않는다. 시간은 항상 인간에게 소중한 존재로서 대우받기를 간절히 원한다. 이것은 우주의 위대한 창조자의 뜻이기도 하다. 만일 인간이 이러한 시간의 간절한 염원을 무시하고 함부로 낭비하거나 아무 곳에나 투척해 버리거나 도외시한다면 그만큼의 손실을 입을 수밖에 없다. 왜냐하면 시간은 인간을 성장시키고 완성해가는 주도적 역할을 하는 것이기 때문이다. 시간을 낭비하면 안 된다는 것은 그렇기 때문에 더욱 지켜야 할 사항이다. 그래야만 우리들의 삶이 안정적으로 유지되고 미래를 보장받고 앞날을 불안에 떨지 않게 될 것이다.

중환자실 수술대 위에 인간이란 환자가 누워 있다. 마취과 의사가 환자의 상태를 면밀히 주시하면서 심도를 조절하고 수액과 혈액을 공급해주고 있다. 만일 피가 흐름을 멈춘다면 환자의 목숨을 보장할 수가 없을 것이다. 끊임없이 피가 흘러갈 수 있도록 우주라는 의사가 환자의 곁에서 세심하게 주의를 기울이고 있는 중이다.

"선생님, 이 환자 살아날 수 있을까요?"

의식이 아직 돌아오지 않고 있는 환자를 보면서 안타까운 심정으로 시간이 묻는다. 우주라는 의사는 아무런 말도 하지 않고 고개를 끄덕인다. 시간이 서둘러 인간의 몸속으로 들어가려고 한다. 자신이 도와주면 환자가 더 빨리 살아날 것만 같은 안타까운 마음에 평소에 하지 않던 행동을 하고 만 것이다. 그 모습을 본 우주가 황급히 말린다.

"안됩니다. 당신은 정해진 간격만큼만 인간에게 투여될 수 있습니다. 도와주고 싶다고 더 빨리 들어가서도 안 되고 미움이 생겼다고 더 느리게 들어가서도 안 되는 것이 당신의 임무입니다. 늘 지켜오던 속도로 흘러들어가세요."

우주란 의사가 피를 공급해주던 관을 사전 예고도 없이 빼낸다. 환자가 비틀거리며 신음소리를 낸다.

"왜 피를 더 이상 공급해주지 않는 겁니까?"

시간이 걱정스럽게 묻는다.

"이제 이 환자는 스스로 피를 만들어낼 것입니다. 당신이 도와주세요. 늘 그랬듯이 곁에서 지켜보고 응원해주세요. 가끔은 당신을 외롭게도 할 것이고 때로는 당신을 아예 잊고서 살아갈 수도 있을 것이지만 초심을 잃지 마시고 이 환자 곁에 끝까지 함께 해주세요. 그러실 수 있죠?"

우주가 시간의 손을 잡으면서 당부한다.

"그럼요. 저는 늘 인간에게 한결같은 마음으로 대하니까요. 저를 함부로 대한다고 해서 조금만 준다거나 저를 특별하게 대해준다고 해서 많이 준다거나 하지는 않습니다. 그렇지만 저란 존재를 의식하고 낭비하지 않는 인간은 대부분 좋은 결과를 얻더군요. 그것이 당신이 바라는 바가 아닌가요?"

우주가 대답대신 의미 있는 눈웃음을 지어 보였다.

지금 이 순간에도 우주의 피는 공간 사이로 유유히 흐른다. 어둠 속에 잠긴 도심의 빌딩 숲에도 흐르고 황소개구리가 시끄럽게 울고 있는 농촌의 논두렁 위에도 흐르고 쓸쓸함에 잠 못 이루며 소주잔을 기울이는 솔로들의 머리 위에도 흐르고 학원에서 졸린 눈을 비비며 공부중인 학생들의 피곤한 눈가에도 흐른다. 누구에게나 공평하게 주어진 그것을 어떻게 운영하는가에 따라서 인생의 결과가 달라진다.

한 방울의 시간도 아껴 써라. 헛되이 보내도 괜찮은 시간은 이 세상 어디에도 없다. 우리에게 주어진 시간은 바로 생명 그 자체이기 때문이다. 살아있으므로 누릴 수 있는 최고의 행복을 빚어내는 것이 바로 시간이다.

우주의 血, 온 세상을 관통하는 신선한 시간이란 피를 한 방울도 흘려버리지 말고 소중히 대하길 바란다.

삶이란 시간과 함께 걷는 것

　만약 우리들이 먼 여행길을 홀로 떠나야만 한다면 그것은 굉장히 힘든 고역이 될 것이다. 게다가 가는 도중에 지친 몸 쉴 운치 있는 정자 하나 발견할 수도 없고 지나쳐가는 버스 한 대도 없으며 스치는 사람 한 명 없다면 얼마나 외로울 것인가. 아무리 혼자 여행하는 걸 좋아하는 사람이라도 단 한 명의 사람도 만날 수 없고 아무도 반겨주지 않으며 어떤 자극도 없는 그런 여행을 떠나라고 한다면 심사숙고 할 것이다. 그런데 그런 막막한 여행길이 과거에 존재했거나 현재에 존재하거나 미래에 존재할 모든 인간에게 빠짐없이 주어진 것을 알고 있는가.

　현존하고 있는 모든 인간은 그런 여행을 자신도 모르게 하고 있는 중이다. 그것은 겉으로 보이는 그런 여행이 아니라 스스로 견디고 헤쳐 나가야만 하는 내면의 여행이기 때문에 이 여행에 대한 여행 안내서나 체험수기 등을 만나보기가 힘든 것이다. 관광버스를 대절해서 한 마을 사람들이 단체로 타고 흥겨운 음악을 틀고서 춤을 추면 버스도 덩달아 덩실거리며 춤을 춘다. 그렇게 술에 취해서 흥청망청 낯익은 사람들과 어울려서 떠나는 여행도 있고, 가족들과 오붓이 떠나는 조용한 가족여행도 있다. 혹은 절대 자신의 신분을 노출하지 않고 낯선 남녀끼리 하루 은밀히 즐기기 위해 떠나는 비밀여행도 있다.

그러나 우리들이 혼자서 떠나야만 하는 내면의 여행은 자신의 의중으로 목적지를 정하고 가는 방법과 시기 또한 자신이 결정지어야 한다. 다른 사람들에게 조금씩 조언을 구할 수는 있지만 최종선택은 어차피 자신의 책임인 것이다. 이 내면의 여행이 바로 삶이다.

삶은 걸어도 걸어도 끝이 보이지 않는다. 지평선 끝까지 간다고 해서 삶이 끝난다고 단언할 수도 없다. 이제 그만 걸어가고 싶다고 해서 스스로 목숨을 끊는 잔인한 일을 저지르는 사람이 있기도 하지만 그것은 가장 실패한 삶의 모습일 뿐이다. 대부분의 평범한 사람들은 아무리 괴로워도 참고 견디면서 삶이란 길을 묵묵히 걸어가고 있는 것이다.

즐거운 일이 있어서 마냥 행복할 것만 같았다가도 변덕쟁이처럼 괴롭고 감당하기 버거운 일과 맞닥뜨리게 되는 것이 삶의 길에 나선 우리가 겪는 숙명인 것이다. 마지막 순간까지 전적으로 자신이 책임지고 살아가야하는 굴레 아닌 굴레를 짊어지고 있는 것이 인간이다.

이러한 인간의 곁을 함께 해주는 시간이 있다는 사실을 알고 있는 사람은 얼마나 될까.

어머니의 자궁 안에 잉태된 순간부터 우리의 곁에는 시간이 있었다. 신의가 있는 친구처럼 시간은 한 번도 우리 곁을 떠난 적이 없다. 만약 시간이 인간의 곁을 떠난다면 아마 우주가 소멸되었을 때일 것이다. 그러나 우주는 소멸하지 않는다. 그러므로 시간은 불멸하는 진리의 매개체인 것이다. 훗날 육체적인 삶이 끝나더라도 시간은 인간의 영혼을 지켜줄 것이다. 그것이 시간이 지닌 영원성이다.

이처럼 한 번 우리와 인연을 맺게 된 시간은 그 어떤 것보다 오래오래 곁에 머물며 온갖 삶의 희로애락을 공유하게 된다. 지상에서 보내야만 하는 길다고 하면 길고 짧다고 하면 지극히 짧은 기간은 시간과 함께 걸어가는 여행과 같다.

인간의 삶은 시간과 함께 걷는 것이다. 가파른 능선을 오를 때도 시간은 곁에 있다. 평평한 평지를 걸을 때도 시간은 곁에 있다. 시냇물을 건널 때도 늪에 빠져서 허우적거릴 때도 누군가가 설치한 덫에 걸려 신음할 때도 시간은 곁에 있다. 시간은 인간을 귀찮게 하거나 부담을 지우지 않는다.

"내가 너에게 매일 이만큼의 나를 주고 있어. 그런 만큼 너도 나를 위해 뭔가를 해야 되지 않겠니?"라면서 부담감을 주거나

"나에게도 애정을 쏟아줘. 매일 여자 친구에게만 선물해주고 영

화 보러 다니고 늘 네 곁에 있는데 왜 난 모른 척 하는 거야. 나랑 놀아줘."하면서 그대를 귀찮게 하지 않는 것이다.

참 다행이다. 우리에겐 시간이 있다. 시간이 우리의 외로움을 공감해주고 괴로움을 공유해주고 서글픔을 공명해준다. 시간으로 인해 인간은 무엇인가를 이루고 싶다는 희망을 실현할 수 있게 된다. 꿈을 꾸고 그것을 이루기 위해 힘차게 노력하고 그리고 누군가를 만나 사랑을 하고 가끔 싸우기도 하고 토라지기도 하고 가슴 시린 이별도 한다. 모두 시간이 마련해준 지평위에서 가능한 일이다. 시간이 없이 혼자서 터벅터벅 삶의 길을 걸어간다면 어떻게 될까. 지구는 공전을 멈추고 자전하지도 않을 것이며 태양은 빛을 잃고 생명체는 사라져 버릴 것이다. 아무도 살지 않는 암흑천지의 캄캄한 세계가 도래하게 될 것이다. 시간은 인간에게 생명이 머무를 수 있게 터전을 제공해주는 포근한 대지의 여신과 같은 존재다. 그것으로 인해 많은 인간들이 내일을 기약하며 오늘의 쓰디쓴 고통을 견뎌내고 있다.

현상 뒤에는 시간이 있다

　지구촌 곳곳에서 머리가 두 개인 돼지, 발이 네 개인 닭, 눈이 없는 강아지, 얼굴이 인간의 모습을 쏙 빼닮은 기형 물고기 등이 종종 발견되어 사람들을 화들짝 놀라게 한다.
　이 기이한 현상 뒤에는 시간이 있다. 어떤 시간인가. 바로 인간이 함부로 환경을 학대하고 자연을 무차별적으로 훼손시킨 시간들이다. 실시간 뉴스로 어느 나라에서 가공할만한 테러가 발생했다는 소식이 급박하게 전해온다. 전 세계를 대표하던 웅장한 건물이 테러범들에 의해 한순간에 처참하게 무너지고 한 나라의 대통령이 테러에 의해 희생되고 대도시의 중심부에 있는 지하철에서 무고한 승객들을 겨냥한 생화학 테러가 발생하기도 한다.
　이런 소름끼치는 사건들 뒤에는 역시 시간이 있다. 어떤 시간인가. 자신의 나라와 종교가 다르다는 이유로 반감을 가졌던 시간, 어떤 것에 대해 자신들과 의견이 다르다는 것만으로도 증오심을 가졌던 시간, 이익을 위해서는 무엇이든 하겠다는 극심한 이기심을 키워온 시간, 그러한 시간들이 모여 분노를 품게 만들고 결국엔 사람들을 불안에 떨게 만드는 테러가 발생한 것이다.

모든 현상 뒤에는 시간이 있으며 그러한 시간 속에는 인간이 있다. 시간의 지속적인 보호를 받으며 살아가는 우리지만 가끔은 시간을 지켜주고 배려해주는 삶을 살아가야 하지 않겠는가.

한두 살 먹은 어린아이도 아닌데 왜 우리는 시간에게 매일 받기만 하는 것일까. 만일 시간을 보호하고 위해주려는 마음을 가지지 않고서 시간의 진심을 거스르는 행위를 계속 한다면 결국 파국을 맞이할 수밖에 없다. 시간의 진심은 인간이 인간답게 살아가는 것이다. 성실하고 근면하게 자신의 할 일을 하며 타인에게 상처주지 않고 오히려 도울 줄 알고 자연에게 감사하고 살아있는 모든 것들에게 진심을 가지고 대하는 것이 시간의 진심이다. 그것이 바로 인간이 인간답게 살아가는 모습인 것이다.

시간은 도도한 강물처럼 우주의 통로를 흐르고 모든 것들은 시간의 흐름에 따라 조금씩 변하기 마련이지만 변화를 주도하는 것은 인간의 마음가짐인 것이다.

아름다운 세상, 정이 넘치는 사회, 사랑이 가득한 가정을 만들기 위해서는 밝고 향기로운 현상을 추구하는 자세가 견지되어야 하는 것은 어쩌면 당연한 일이다. 하지만 우리는 지극히 당연한 이 일을 도외시하고 단지 한 순간의 욕구를 채우기 위해 열정을 불사르기도 하고 잠깐의 분노를 제어하지 못해 평생을 후회할 짓을 저지르고 만다. 그렇게 충동적이고 이기적인 생활을 해나간다면 그에 걸맞는 현상들이 일어날 것은 불을 보듯 당연한 일이다. 서로의 마음을 다독여주고 원하는 바를 미루어 짐작하여 배려해주고 원치 않는 일을 억지로 시키지 않는 것이 인간으로서 해야 할 일이다. 자신이 하고 싶지 않은 일을 타인에게 강요하지는 않았는지 되돌아보자. 아주 작은 어리석은 행위도 시간은 기억하고 있다. 그 일이 특히 타인에게 상처를 입히고 자연을 훼손하고 자신을 속이는 일이라면 더욱 또렷하게 시간은 그것을 인지하고서 그에 상응하는 현상이 나타나도록 만든다. 그것은 시간의 임무다.

인간이 바른 방향으로 나아가지 않고 어둡고 습한 악의 길로 들어설 때 시간은 가슴 아파하며 잘못을 바로잡아주고 싶어 한다. 그래서 그런 행동을 하는 사람에게 시간은 반드시 그것보다 더 큰 아픔과 후회를 주는 것이다. 현상 뒤에 있는 시간은 언제나 공명정대하게 인간을 바라보면서 세밀하게 관찰한다.

긍정적인 행위로 세상에 이로운 영향을 끼치는 사람에게 시간은 보상을 준비한다. 만일 생전에 그가 세상 사람들로부터 억울하게 매도당하였더라도 훗날에는 그의 억울함을 풀어주게 만들고 재평가 받을 수 있도록 도와준다. 반면 부정적인 행위로 세상에 해로운 영향을 끼치는 사람에게도 시간은 역시 공평하게 보상을 준비한다. 만일 생전에 그가 그럴듯한 처신으로 사람들로부터 사랑받고 존경받으면서 온갖 부귀영화를 쥐고 안락하게 살았더라도 그가 행한 부도덕하고 부정직한 행위는 후세 사람들에 의해 낱낱이 밝혀져서 죽어서도 부끄러운 사람이 되게 만든다. 시간은 공명정대하며 정의롭기 때문이다.

오늘 그대에게 어떤 현상이 나타났는가. 이 현상의 배경에는 시간이 있음을 기억하라. 오늘 자신의 주변에서 어떤 일들이 벌어졌는가. 그 일들의 바탕에는 시간이 있음을 역시 상기하라. 어떤 일이든 시간은 그것을 기억하고 있다. 물 한잔을 마셔도 사소한 생각을 해도 무심코 한 마디를 내뱉을 때에도 우리는 시간이 언제나 곁에 있음을 기억해야 할 것이다.

"김명자씨! 대답하세요. 남편을 왜 죽였습니까?"

형사의 거친 말투에는 명자씨를 향한 의문이 서려있었다. 살인자를 향한 분노도 농도 짙게 포함되어 있었다.

"더 이상 맞고 살고 싶지 않았습니다."

명자씨는 주름이 가득한 입술을 오므렸다 펴면서 떨리지만 명확한 발음으로 대답했다. 형사가 한참동안 말을 잇지 못한다. 가만히 그녀를 훑어본다. 하얗게 바랜 백발에 어딜 봐도 아름다움이라고는 찾아볼 수 없는 노년기의 그녀에게서는 오랫동안 반복된 폭행으로 인해 생겼을 것 같은 깊은 주름이 잡혀있었다.

"남편이 폭행을 행사했나요?"

잠시 흔들리는 마음을 최대한 냉정하게 유지하면서 형사가 물었다. 자신의 어린 시절이 문득 떠올랐기 때문이다. 늘 엄마를 때리고 집안 살림을 부수던 아버지, 술만 마시면 그는 사람이 아니었다. 불안에 떨며 누나와 담벼락 밑에 숨어서 아버지가 잠이 들기만 기다리던 자신의 모습이 불쑥 떠올랐다.

"그 놈은 짐승입니다. 난 짐승 한 마리를 해치웠습니다. 이것이 죄라면 저를 벌하세요. 그러나 지난 오십년 동안 나는 그 놈에게 매일 두들겨 맞았고 최소한 인간대접 한 번 제대로 받아보질 못했습니다. 하나뿐인 자식은 그 일로 정신이상자가 되어 정신병원에 있습니다. 이제 원도 한도 없습니다."

명자씨가 낡은 검정 블라우스의 단추를 여미면서 결연하게 말했다. 초라해 보이는 행색이었지만 어딘지 강인함이 느껴지는 모습이었다. 그녀의 나이는 일흔이 넘어섰고 육체는 이미 쇠약할 대로 쇠약해져 있었지만 자신이 한 일에 대해서 한 치의 후회도 없어 보였다.

"언제부터 그런 의도를 가지고 있었습니까. 흉기는 미리 준비 하신 겁니까?"

정말 이런 질문까지 해야 되나 하는 회의가 들었지만 박형사는 형사로서 질문을 던진다.

"미리 준비했냐고요? 그렇습니다. 항상 마음속으로 미리 준비했습니다. 그 놈이 저를 향해 주먹질을 할 때마다 지난 오십년 동안 단 하루도 쉬지 않고 맞아오면서 준비해왔습니다. 이제 속 시원하신가요. 이 늙은이를 어서 감옥에 집어 넣어주시오. 더 이상 말하고 싶지 않으니까."

그리고는 명자씨의 입술은 굳게 닫히고 말았다. 아무리 다른 질문을 던져도 명자씨의 자글자글 주름진 입술은 열리지 않았다. 박형사는 착잡한 마음으로 조서를 작성한다. 생전처음 한 장이 아닌 두 장의 조서를 동시에 쓴다. 한 장은 평상시에 늘 써오던 모니터 화면 속에 형식적으로 작성하는 조서, 다른 한 장은 마음속으로 작성하는 조서다.

"김명자씨가 짐승 한 마리를 이 세상에서 사라지게 하였습니다. 그녀의 죄는 확실합니다. 그러나 누구도 그녀에게 비난을 할 자격은 없습니다. 왜냐하면 그녀는 자신의 삶을 방어할 최소한의 행위를 했기 때문입니다. 오십 년이라는 긴 시간동안 무차별적인 폭력에 시달리면서 참아온 그녀의 시간은 이제 한계에 다다랐던 것입니다. 그녀의 행위는 비록 가장 끔찍하고 사회적으로 지탄받아 마땅한 죄이지만 우리는 감히 그녀에게 옳고 그름을 지적할 수 없습니다. 살인이라는 현상으로 그녀만 바라본다면 마땅히 그녀는 최고형에 처해져야

합니다. 그러나 그녀가 만든 현상 뒤에는 인간으로서 굴욕적인 대우를 받아온 시간이 있었습니다. 그러한 시간이 없었다면, 만약 그녀의 남편이 조금이라도 인간적으로 사랑을 주고 온기 있는 언어로 대화를 나누고 그녀의 고통을 보듬어주었더라면 이런 일은 일어나지 않았을 것입니다. 저의 의견은 그녀의 죄는 더 참지 못했던 것이 다입니다. 때려도 조금만 더 참아야 했는데 못 참았던 것이 어떻게 형벌을 받아야 하는 죄가 되겠습니까. 김명자씨는 무죄입니다."

그러나 결국 마음속으로만 써낸 조서일 뿐 그의 진짜 조서에는 살인죄가 명시되어 있었다. 박형사가 씁쓸하게 웃는다. 현실과 이성의 괴리감이 뼈저리다.

시간이 경찰서 창 밖에서 그런 박형사를 바라보면서 가만히 고개를 끄덕인다.

'그래, 네 마음 내가 다 안단다.'

시간을 낭비하는 건 목숨을 버리는 일

성큼 다가온 겨울 날씨에 사람들은 두꺼운 외투를 걸치고 마스크를 하고 털목도리를 매고 장갑을 낀 채 호호 입김을 불며 거리를 걸어간다. 올 겨울 더욱 강력한 라니냐 현상으로 인해 사상 최악의 혹한기가 예상된다는 불길한 예보가 연일 뉴스를 장식한다. 기름 값 걱정에 가스 비 걱정에 추운 겨울을 지낼 일이 아득하기만 하다. 아직은 가을인데 10월이 채 끝나기도 전에 계절은 야속하게도 서둘러 겨울을 데리고 오고 있는 것이다. 겨울이 길면 서민들은 힘겨워질 수밖에 없다. 연료비가 생활비의 대부분을 차지하기 때문이다. 춥지도 않고 덥지도 않은 선선한 날에 시간이 고정되어버린다면 얼마나 좋겠는가. 하지만 오늘도 유유히 시간의 강물은 흐르기를 멈추지 않는다.

돌이켜보면 엊그제 초등학교에 들어간 것 같은데 우리들은 어느

새 이렇게 자라서 사회에서 하나의 구성원으로서의 몫을 하고 있다. 잠시 한 눈 판 사이에 변해버린 계절처럼 인생도 그와 같이 한 순간에 스쳐간다. 교복을 입고 시험성적에 고민하며 애태우던 학생이던 시절이 바로 어제 일 같은데 직장에 취직하고 누군가와 사랑을 하고 결혼을 하고 혹은 혼자서 살면서 자신의 삶을 스스로 책임지는 나이가 되어간다.

가방 메고 학교 다니던 시절에는 얼른 창살 없는 감옥과도 같은 이곳을 졸업해서 지긋지긋한 공부로부터 해방되고 싶다고 노래를 부르다가도 막상 졸업을 하고 사회생활을 하다보면 부모님의 따뜻한 관심과 보호를 받고 선생님의 가르침을 받던 그 시절이 사무치게 그리워진다. 지나간 시절은 다시 되돌릴 수 없기에 더 애틋한 것이 아니겠는가.

그렇다면 지금 이 순간도 우리에게 있어서 인생의 황금기라고 말할 수 있다. 교과서 표지만 봐도 한숨이 나오거나 회사에 나갈 생각에 온몸이 쑤셔오거나 퇴직하면 어떻게 사나 걱정이 태산 같거나 매일 반찬거리 생각에 짜증이난다고 해도 바로 이 순간이 그대 인생 최고의 시절인 것이다. 그런 황금기를 사람들은 경솔하게 지나쳐버리거나 헛되이 흘려보내기 일쑤다. 지나간 시절을 아무리 그리워해 봐도 돌아오지 않는데 옛 생각에 단단히 사로잡혀서 현재를 낭비하는가 하면 아직 오지도 않은 앞날을 생각하면서 자신의 황금시절을 덧없이 떠나보내고 있다.

　극단적으로 표현한다면 시간을 낭비하는 것은 목숨을 버리는 일과 같다고 할 수 있다. 왜냐하면 한 알의 작은 시간들이 모여서 태산과도 같은 인간의 일생을 이룩하기 때문이다. 조그만 조각들이 모여서 본래의 형태를 완성하는 모자이크 그림처럼 우리네 삶도 결국은 소소한 시간들이 모여서 이루어지는 시간의 위대한 집합체인 것이다.

　오늘 혹시라도 시간을 낭비하지는 않았는가. '이 정도쯤이야 멍하니 보내도 괜찮겠지, 겨우 10분인데.'라면서 십 분이라는 시간을 무의미하게 흘려보냈다면 그는 십 분 만큼의 목숨을 버린 것이다. 매일 그렇게 십 분씩 시간을 낭비한다면 1년이면 3,650분을 가치 없이 살아갈 것이다. 그런 시간이 많아질수록 인생의 질이 현저히 떨어질 것은 당연한 일이다.

　신전 앞에는 다양한 직업을 지닌 사람들이 모여 있었다. 연령층도 어린이부터 노인에 이르기까지 광범위한 부류의 사람들이 여신상 앞에 무릎을 꿇기 위해 줄을 서서 기다리고 있었다. 사람들이 기도를 올리기 위해 줄지어 서있는 이 유명한 신전은 자신이 지은 죄를 진심으로 반성하는 마음으로 기도하면 죄를 용서받는 것은 물론이고 앞날을 어떻게 살아가야 할지에 대한 가르침을 여신으로부터 받을 수 있다는 전설로 알려진 곳이었다. 최근까지도 사람들은 이 믿음에 대해 한 치의 의심도 하지 않고 신전은 일 년 내내 죄를 용서받고자 하는 이들로 문전성시를 이루고 있는 중이다.

"여신이시여, 저는 며칠 전 물건을 훔쳤습니다. 배가 너무 고팠습니다. 그래서 빵가게에서 달콤한 단팥빵 한 개를 저도 몰래 집어 들고 나왔습니다. 제 행동을 진심으로 반성하오니 용서해주십시오."

몹시 낡은 옷을 입은 사나이가 쉴 새 없이 기침을 하면서도 자신이 지은 과오를 솔직하게 여신을 향해 털어놓고 용서를 구하였다. 푹 꺼진 볼은 광대뼈가 적나라하게 드러나 있었고 금방이라도 고꾸라질 것처럼 여윈 모습의 그는 사그라지는 촛불처럼 위태로워보였다. 줄을 선 사람들이 그의 기도소리에 숙연해진 채 자신의 차례를 기다리고 있었다. 사나이는 잠시 동안 눈을 감고 누군가의 목소리를 듣고 있었다. 그것은 여신의 목소리였다.

"가여운 이여, 당신에게 단팥빵 하나를 마련해주지 못한 나를 용서하십시오. 어서 돌아가서 단팥빵으로 달랜 허기보다 더 깊은 애정을 당신보다 못한 처지의 사람들에게 베푸세요."

여신의 목소리는 그렇게 사나이의 앙상한 몸을 어루만져주었다. 사나이가 무한한 감동을 받은 표정으로 일어서서 나간 후 이번에는 젊고 아름다운 여인이 굉장히 심각한 표정으로 여신상 앞에 무릎을 꿇었다.

"신이시여, 전 굉장히 억울합니다. 저는 누구보다 젊고 아름답습니다. 그리고 대단히 부유한 집안의 외동딸로 태어나서 남부러울 것 없이 살아왔습니다. 그런데 요즘 저는 사는 게 재미가 없고 심지어 괴롭기까지 합니다. 이유가 무엇일까요. 죄송합니다. 이곳은 자신이 잘못한 일들을 반성하는 곳인 줄 아오나 저는 타인에게 해를 끼친 일을 한 기억이 없습니다. 그런데 사는 게 이렇게 무의미하고 차라리 죽는 것보다 못하다고 느껴지니 어떻게 해야 합니까. 사랑의 여신이시여, 오늘 제게 해답을 주시옵소서."

누구보다 빛나는 미모를 지닌 그녀는 누구보다 괴로운 표정으로 간곡히 기도하였다. 이번에는 주위 사람들이 호기심이 가득한 모습으로 그녀를 지켜보았다. '어떤 대답을 들을 수 있을까?' 오랫동안 여신의 목소리에 귀 기울이던 그녀가 마침내 눈을 떴을 때 처음과는 달라진 밝은 표정을 짓고 있었기 때문에 사람들은 더욱 여신의 대답이 궁금하였다.

"혹시 여신님의 음성을 들으셨습니까? 당신은 사회에 문제를 일으킬만한 어떤 행동도 하지 않으신 것 같은데 왜 그렇게 힘들었습니까? 여신님의 말씀을 저희에게도 알려주시면 안 될까요."

용기를 내어 다섯 번째 줄에 서 있던 사람이 물었다. 아름다운 여인은 편안한 미소를 지으면서 대답했다.

"여신님의 말씀은 저를 한없이 부끄럽게 만들었습니다. 저는 그동안 시간을 낭비하는 잘못을 저지르면서도 그것이 얼마나 큰 손실인지를 모른 채 살아왔습니다. 다른 친구들이 잠잘 시간을 아껴가면서 공부할 때 저는 값비싼 술을 들이키면서 유흥에 시간을 허비하였고 다른 사람들이 새벽부터 일어나 전철에 버스에 꽉 막힌 출퇴근 도로에 시달리면서 열심히 일할 때 저는 부모님의 유산을 믿고 그것을 이용해 사치스러운 해외여행을 다니면서 즉흥적인 쾌락거리를 찾아 즐겼습니다."

여인이 감동이 북받쳐 오르는지 촉촉해진 눈가를 분홍색 비단 손수건으로 닦았다. 그리고 다시 말을 이어갔다.

"여신님께서는 이 세상에는 다시는 되돌릴 수 없는 것이 세 가지가 있다고 하셨습니다. 첫 번째가 생명, 두 번째가 신뢰 그리고 세 번째가 시간이라고 하셨습니다. 그리고 이 세 가지 중에 가장 근간이 되는 것이 시간이라고 하셨습니다. 시간을 낭비하는 것은 생명을 낭비하는 것이며 신과 인간의 신뢰를 금가게 하는 가장 핵심적인 요소가 된다고 말씀해주셨습니다. 제가 그동안 살아온 시간을 타인을 위해 봉사하고 제 자신의 인격을 다듬고 올바른 지식을 쌓고 도덕심을 함양하고 자연을 보호하는 일 등에 썼다면 얼마나 좋았을까요. 이제라도 늦지 않았다고 여신님께서는 저를 위로해주셨습니다. 여러분도 그 말씀을 기억해주세요. 아직 늦지 않았습니다. 시간을 소중히 아껴 쓰면서 세상에 유익한 영향을 끼치는 삶을 살아가세요."

사람들이 그녀의 말에 수긍하면서 오랫동안 고개를 끄덕였다.

시간의 본성

　글을 쓰는 일은 켜켜이 쌓여 있는 생각을 파헤치는 고된 작업이기도 하지만 정신적 희열을 느끼게 하는 최고의 유희이기도 하다. 그러나 항상 마르지 않는 샘물처럼 타인의 입술을 적셔줄 지혜의 즙을 넉넉히 짜내기 위해서는 내부에 그만큼의 사상들이 깃들어 있어야 한다. 그래서 나는 영혼의 가뭄을 예방하기 위해 산책을 한다. 산책하는 일은 새로운 시간 속으로 즐겁게 뛰어드는 일이다. 볼에 와 닿는 바람의 결이 어제와 다르고 똑 같은 건물의 외벽도 어제와 다르다. 햇살의 농도도 한 번도 같지 않다. 그래서 생각의 깊이를 더하고자 할 때면 가벼운 발걸음으로 산책을 한다.

　어느 무더운 여름 날, 햇살과 바람과 풍경의 새로움에 찬탄하면서 걸어가고 있는 내 눈을 사로잡은 것이 있었다. 그것은 붉은 상사화와 끊임없이 접촉을 시도하는 한 마리 검정색 나비였다. 기하하적인 형태를 지닌 나비의 날갯짓은 순간을 포획하는 사진작가의 눈동자마저도 집어삼킬 만큼 강렬하고 어두웠다. 마치 장례식장에 조문 온 정체가 불분명한 의문의 사람처럼 온통 검은 색으로 칠해진 나비는 비현실적인 모습으로 태양보다 더 붉게 타고 있는 상사화 꽃대를 향해 나부시 날아들었다. 평소에 보기 힘든 신기한 장면에 매료된 내가 휴대폰으로 수선스럽게 사진을 찍어도 나비는 전혀 개의치 않고 상사화와 다정하게 밀어를 속삭였다. 붉은 상사화와 검정색 나비의 오묘한 교류가 시간을 곱게 으깨어서 환을 만들어주었다.

시간의 환, 그것은 정적이었고 깨달음이었다.

병약한 아이들이 쓰디쓴 한약을 삼키는 것은 고역이다. 어른들은 그런 아이들을 위해 환약을 먹인다. 먹어보렴, 전혀 쓰지 않아. 단맛을 내는 감초가 들어간 것인지 환약은 쓴 맛이 약하다. 그러나 그것은 결국 한약이다. 본질은 변하지 않은 것이다. 시간의 환이란 인간이 시간의 본성을 깨닫는 경이로운 순간이다. 이러한 시간의 환약을 받아들고서 삼킬까, 말까 망설이고 있을 때 문득 나비의 성장과정이 뇌리를 스쳐갔다.

알에서 깨어나 애벌레가 된 후 다시 번데기로 자신을 은폐시킨 후 마침내 완전한 성충이 되는 나비의 성장과정은 겉보기에 그다지 복잡하지도 않고 새삼스럽지도 않은 것만 같다. 알에서 성충까지의 과정을 1세대라고 하는데 모든 나비들이 1세대 (1년에 한 번만 이러한 성장과정을 거치는 것)만 거치는 것은 아니다. 어떤 나비들은 2세대, 3세대를 거치기도 한다. 동일한 시간 안에서 나비들의 성충이 되는 속도가 다르다는 것은 의아한 일이기도 하다. 정원 위에 팔랑거리면서 날아다니는 나비나 도시의 자동차 소음에 파묻힌 채 오밀조밀 구겨져 핀 인도 위 고무화분에 핀 꽃 위를 얼쩡거리는 나비나 결국은 서로 다르지 않은 나비들인데 그들에게도 생의 완성은 동일하지 않았던 것이다.

인간 역시도 마찬가지다. 외면적으로 보면 모든 인간은 별 다를 것 없다. 남자와 여자의 구분만 있을 뿐 연령에 관계없이 인간의 모습은 별다를 게 없다. 하지만 인간의 심성과 인격은 같을 수가 없다. 그것은 왜 일까. 이유는 분명히 있을 것이다. 두 눈에 두 팔에 두 다리에 비슷한 외모의 인간이지만 한 사람은 사회에서 존경받고 사랑받으면서 인정받는 삶을 사는가 하면 한 사람은 사회에서 제거해야 할 악의 축으로 내몰리고 존경은커녕 기피의 대상이 되는 것을 보라.

겨우 1세대만 거친 나비가 있는가 하면 인고의 시간을 극복하고 2세대, 3세대를 거치는 나비가 있듯이 인간도 1세대만 거친 단순한 형태의, 본능에만 의존하는 인간이 있는가 하면 피나는 노력과 헌신으로 2세대, 3세대를 거치는 인간이 있기 때문에 그들의 삶이 그렇게 다른 것이다.

환약의 쓴 기운은 역시 강했다. 시간의 환은 누구나 만들어 먹을 수 있다. 시간의 환을 먹으면 우리는 시간의 본성을 깨달을 수 있는 계기를 얻는다. 그렇다면 시간의 본성은 무엇일까. 정적과 깊은 성찰만이 그것의 답을 제시해줄 수 있다. 쉽게 얻을 수 있는 것은 쉽게 사라지고 온몸이 바스라질 것 같은 고통과 처절한 사투를 이겨내고 얻은 것은 오랫동안 가슴에 남아 인생이란 토양을 기름지게 하듯이 시간의 본성을 깨닫기 위해서 인간은 자신의 삶에서 가장 소중한 것들에 대해 골똘히 탐구해야 한다.

시간은 흐름이다. 면면히 흐르고 흘러서 도달할 수 있는 어느 지점을 향해 간다. 그곳은 어디일까. 시간의 종착역은 우주의 끝이고 신의 심장이며 인간의 영혼들이 모여 있는 곳이다. 죽음이 삶의 끝이 아니라는 것은 시간의 본성을 이해하는 사람에게는 아주 상식적인 일이다.

"시간의 본성은 흐름이라는 것이 다인가요? 너무 포괄적이고 추상적이지 않습니까? 좀 더 구체적으로 설명해주시죠."

현명한 독자께서 내게 그렇게 질문하실 것이다.

'시간의 본성은 흐름이다'는 전체배경에 불과하다. 무엇인가를 이해하려면 그것의 배경을 이해해야 한다. 우리가 어떤 사람을 이해하려면 그 사람의 집안 환경, 사회적 위치, 살아온 이력 등을 알아야 하듯이 시간에 대해서도 마찬가지다. 시간을 이해하려면 가장 큰 배경인 흐르는 것이 시간의 본질이라는 것을 우선은 확실히 해둘 필요가 있는 것이다. 정체되지 않고 고여 있지 않고 붙잡아도 결코 손아귀에 사로잡히지 않는 것이 시간이다. 이러한 시간의 가장 기초적인 본성을 이해한다면 진정한 시간의 본성을 깨닫는 일이 한결 수월해질 것이다.

진정한 시간의 본성은 평등이다. 흐름위에 평등, 평등한 흐름이 시간이라고 생각하면 이해가 쉬울 것이다. 부자에게 하루에 25시간을 주고 가난한 사람에게 하루에 23시간이 주어지는 것을 본 적이 있는가. 대통령에게는 한 시간에 61분을 주고 쓰레기를 치우는 거리의 환경미화원에게는 한 시간에 59분만 주어지는 것을 본 적이 있는가. 임종을 앞둔 말기 암 환자에게는 야속하게도 1분에 59초만 주어지고 99세가 다 된 건강한 수전노에게는 1분에 61초의 시간이 주어지는 것을 본 적이 있는가. 분명 없다고 대답할 것이다.

누구에게나 예외를 두지 않고 공평하게 제공되는 시간을 우리들은 어떻게 사용하고 있는가.

최고로 성공하는 비법

　세계에서 가장 부유한 사나이가 자신이 성공하게 된 비법을 알려주겠다고 날짜를 지정하자 세상이 발칵 뒤집힌 것처럼 열광적인 반응이 일어났다. 헤아릴 수 없을 만큼 많은 재산을 소유한 그는 또한 자선사업에도 엄청난 액수의 기부를 한 인물로 존경받는 부자 중의 한 명이기도 하였다. 사람들은 그 날이 오기만을 손꼽아 기다렸다.
　도대체 어떻게 한 걸까, 알고 싶다. 그런 생각을 한 사람은 다리 밑 하천 옆에서 천막을 치고 잠자는 빈곤한 사람이나 빌딩 몇 채를 보유한 상위 몇 퍼센트의 부자나 마찬가지였다. 가장 부유한 사나이의 입술이 열리기만을 온 세상 사람들이 애타게 기다리고 있었던 것이다. 메이저 언론들은 부유한 사나이가 약속한 날을 기점으로 올림픽 개회식 카운트다운을 하듯 날짜를 헤아리기 시작하였고 그의 파란만장한 일생을 새롭게 조명한 각종 다큐멘터리들이 제작되어 높은 시청률을 올리면서 연일 뜨거운 화제가 되기도 했다.

드디어, 부유한 사나이가 약속한 날이 되었다. 별로 새로울 것도 없는 태양이 떠오르고 시계의 초침은 언제나처럼 분주하게 오전 열 시를 향해 달려가고 있었다. 인터뷰를 하겠다고 지정한 장소에는 군중들이 구름떼처럼 모여서 그가 나타나기만을 기다리고 있는 중이었다. 그가 나타나면 사람들은 환호성을 지르며 그의 입술을 주시할 예정이다. 몹시 화려한 차림의 사회자가 그의 이름을 부르기 위해 목청을 가다듬고 있었다. 째깍째깍 시간은 어느덧 아홉시 오십분이 되었다. 사람들의 시선은 오색풍선과 꽃으로 장식된 입구를 향하여 고정되었다. 그는 분명히 최고의 부자답게 번쩍이는 광채가 나는 값비싼 자동차를 타고 저 입구를 통과해 올 것이었기 때문이다.

"아홉시 오 십 칠분!"

사회자가 애가 타는지 카메라를 바라보다가 다시 입구를 바라보다가를 반복하면서 경직된 얼굴로 시각을 발표하였다. 약속시간을 1분 남겨두자 군중들은 술렁이기 시작했다. 사회자의 얼굴은 금방 숨을 멈춘 것처럼 먹빛으로 변해갔고 초조함에 입술이 바짝 타들어갔다. 그가 오지 않는다면 광고주들에게 방송국은 막대한 피해보상을 해야 할 처지였다. 시청자들의 원성을 살 것은 불을 보듯 당연한 일이었고 회사의 이미지 실추도 예정된 수순일 것이다.

"그럼 그렇지. 그렇게 잘난 사람이 여기에 나타나겠어?"

"이럴 줄 알았다니까, 순진하게 믿은 우리들이 바보지. 어떤 부자가 아무런 대가도 없이 그런 비법을 알려주겠어. 우리들이 속은 거야."

"괜히 시간만 버리고 여기에 왔네. 자동차 그림자도 안 보이는데 오긴 틀렸어."

입구를 바라보던 눈길을 거두면서 몇몇 사람들이 씩씩거리며 말하자 사람들이 거친 욕설을 내뱉기도 하였다.

"어, 저길 좀 봐."

군중들의 시선이 이번에는 무대 위로 향하였다. 간소한 차림의 노신사가 헐레벌떡 무대를 향해 지팡이를 짚고 절름거리며 걸어오고 있었다. 그가 온 방향은 거창하게 마련된 입구가 아니라 일반인들이 드나드는 평범한 입구였다. 번쩍이는 고급승용차는 어디에도 보이지 않았고 보디가드도 한 명 눈에 띄지 않았다. 그의 옷차림은 검소하고 단정하였으며 신발과 바지에는 군데군데 황토 흙이 묻어 있었다. 그가 도착한 시간은 정확히 열 시였다. 그는 약속을 지킨 것이다. 욕설을 내뱉던 사람들이 언제 그랬냐는 듯이 그의 이름을 연호하며 박수를 쳤다.

"여러분, 죄송합니다. 제가 지름길로 오는 길에 발이 돌부리에 걸려서 넘어졌습니다. 지금 한 쪽 발의 뼈가 부러졌습니다. 그렇지만 여러분의 소중한 시간을 저를 보기 위하여 투자하신 여러분들에게 한 약속을 저버리는 것은 가장 파렴치한 일이라고 생각했기 때문에 병원으로 가는 대신 이곳으로 왔습니다."

군중들의 시선이 그의 발로 쏠렸다. 왼쪽 다리부분 바지가 찢겨져 있었고 그곳에서 타박상에 의한 출혈이 있었다. 피가 흐르는데 골절상을 입었는데 그런 그가 서 있기도 힘겨운 몸을 이끌고 여기에 왔단 말인가. 왜? 그를 향한 원성으로 시끌벅적했던 방금 전과는 달리 숨소리조차 들리지 않을 만큼 고요한 적막이 흘렀다.

"여러분, 제가 부자가 된 이유가 궁금하십니까? 오늘 그 비법을 알려드리기 위해 왔습니다. 저는 약속을 지키는 것은 가장 기본적인 인간의 도리라고 생각합니다. 제 다리에 피가 보이시죠. 괜찮습니다. 피가 나고 뼈가 부러졌어도 여러분들과의 약속을 어기고서 병원으로 달려가지 않은 것은 제 몸이 소중한 만큼 여러분의 시간도 소중하다는 것을 알기 때문입니다. 자신의 작은 상처에도 호들갑스럽게 반응하면서도 타인의 절망에는 눈 하나 꿈쩍하지 않는 비정함으로는 진정한 부자가 될 수 없습니다. 성공하는 비법은 타인의 시간을 소중히 여길 줄 아는 배려입니다. 이것은 인간에 대한 예의라고도 할 수 있습니다. 이렇게 여러분들에게 제 마음을 전하게 되어 감격스럽습니다. 왜 자동차를 타고 오지 않고 수고스럽게 걸어왔는지 의문을 품고 계십니까?"

부유한 사나이의 부드러운 음성이 광장에 모인 군중들을 향해 울려 퍼졌다. 사람들이 의미심장한 웃음을 서로 주고받았다. 그렇잖아도 그 점이 이상했던 참이었다. 분명히 자신의 고급차가 있을 텐데 그는 왜 걸어서 이곳까지 온 것일까. 게다가 오는 길에 부상까지 입었으니 어리석은 일이 아닌가.

"당연히 그러실 겁니다. 사실은 제가 운전을 할 줄을 모릅니다. 늘 운전기사에게 의지해서 회의장소로 이동하고 사람들을 만나고 그랬던 것입니다. 그런데 오늘 새벽에 갑자기 저의 운전기사의 아버님께서 돌아가셨습니다. 자식 된 도리로 부모님의 마지막을 지켜드려야 함에도 불구하고 기사는 저를 이곳에 태워오기 위해 극구 집에 내려가길 거절했습니다. 전 편하게 차를 타고 올 수 있었지만 그를 설득해서 장례를 치르러 가게 하였습니다. 제 자신만 생각한다면 오늘 이 자리에 여유롭게 올 수 있는 방법을 또 생각할 수 있었을 것입니다. 가령 다른 기사를 구해서 온다든가, 아니면 택시를 타고 온다든가. 그러나 오늘만큼은 여러분들에게 오는 길, 제 힘으로 걸어오고 싶었습니다. 아시다시피 전 원래 한 쪽 다리에 장애가 있는 사람입니다. 그래서 서 있기도 힘든 몸 상태입니다. 하지만 오늘 여러분들 앞에 설 때까지는 제 힘으로 직접 이곳으로 오고 싶었습니다. 두 다리로 걸어서 못 오더라도 지팡이에 의존해서라도 오고자 한 것은 부자가 되는 비법을 알기 위해 오신 여러분들에게 제가 제 두 다리로 걸어서 오는 것이 더 많은 것을 시사해줄 수 있기 때문입니다. 그것은 무엇일까요?"

군중들은 이제 부유한 사나이의 말에 완전히 몰입이 되어 있었다. 그의 사정을 들어보니 참 안타깝다는 생각이 들었던 것이다. 자신의 기사까지도 배려해주는 저 따뜻한 마음. 사람들은 그를 진심으로 우러러 바라보고 있는 중이다.

"그것은 바로 이것입니다."

그는 흉하게 찢어져서 피가 얼룩진 바지를 걷어 올렸다. 그러자 빨갛게 응고된 피로 범벅이 된 그의 무릎이 보였다. 여기저기서 아, 하는 탄성이 들렸다.

"여기 처참하게 드러난 제 상처를 보십시오. 이것이 바로 자신과 타인을 향한 진정성입니다. 최고로 성공하는 비법은 여기에 있습니다. 자신에 대해서는 어떤 경우에라도 스스로와의 약속을 어기지 않고 노력하겠다는 결연한 마음가짐과 시간에 대한 정확한 관념, 타인에 대해서는 나와 인연을 맺게 된 당신을 위해 피가 나고 뼈가 부러지는 고통까지도 얼마든지 감수하면서 희생할 것입니다. 당신의 시간은 소중합니다. 나의 시간들이 소중하듯이. 그 시간들을 나로 인하여 당신의 소중한 시간을 헛되이 허비하지 않도록 나는 당신을 위해 최선을 다할 것입니다. 나 때문에 당신이 고통 받지 않기를 원하고 나로 인해 당신이 조금이라도 행복해지기를 바라는 마음입니다. 이런 마음을 지니고 타인을 거짓 없이 배려하십시오. 그렇게 하면 분명히 여러분은 최고로 성공할 수 있습니다."

우뢰와 같은 박수소리가 쏟아졌다. 누군가는 훌쩍거리면서 울기도 하였다. 부유한 사나이는 다리를 절뚝이면서 단상을 내려와서 자신이 왔던 길로 되돌아갔다. 참을 수 없는 통증이 밀려오고 있었지만 그의 얼굴엔 한 없이 선한 미소가 머물고 있었다. 사회자도 카메라도 아무 말도 하지 못한 채 그의 모습을 어떠한 보충 설명도 없이 보여주었다. 그의 뒷모습이 모든 걸 말해주고 있었기 때문이다.

인간을 사랑하고 인간을 존중할 줄 알며 참된 부의 가치를 알고 그것을 공유할 줄 아는 사람이 뿜어내는 진한 감동이 그 모습에 가득 담겨져 있었던 것이다.

시간에게 부끄럽지 않은 삶

하나의 완성도 있는 글 한 편을 쓰고 나서 느끼는 뿌듯함도 잠시 하얗게 비어 있는 백지와도 같은 텅 빈 모니터 화면을 바라보면서 막막해진다. 글을 쓴다는 것을 업으로 삼아서 평생을 살아도 후회하지 않으리라고 믿으며 선택한 이 길, 작가란 직업은 고된 육체적 노동 못지않은 정신적 수고를 해야만 의미 있는 글 한 줄을 써낼 수 있음을 날이 갈수록 더 절실히 깨닫는다. 시간에게 부끄럽지 않은 삶이란 어떤 것일까. 자신에게 주어진 능력을 묵히지 않고 생생하게 갈고 닦아서 이 세상에 값어치 있는 무엇인가를 내어 놓을 수 있는 것이 아닐까 생각한다. 그러기 위해서 우리들은 오늘도 나름대로의 생존철학을 가지고서 하루를 열심히 살아가고 있는 것이다.

"열쇠를 복사하러 왔는데요."

중년의 여인이 두꺼운 점퍼 주머니 속을 한참 뒤적거리더니 열쇠 하나를 꺼내었다.

"몇 개나 해드릴까요?"

열쇠가게 노인이 그녀를 쳐다보지도 않고 다른 일을 하면서 물었다.

여인은 열쇠가게 앞에 있는 빨간 플라스틱 의자에 엉덩이를 힘겹게 걸친다. 요사이 갱년기가 오려는지 얼굴이 화끈거리고 몸이 노곤하다.

"한 개만 해주세요."

열쇠를 받아든 노인이 비좁은 가게 안 한 쪽 벽면에 주렁주렁 매달린 열쇠들을 유심히 살피더니 몸매가 비슷한 열쇠 하나를 뽑아내었다.

"이 녀석으로 하면 되겠네."

이 때 이 장면을 지켜보고 있는 다른 열쇠들의 반응은 여러 가지로 엇갈린다.

"저 녀석 참 좋겠다. 저 아줌마 아주 착하게 생겼는데 저런 아줌마네 집으로 가서 살게 되었으니 기다린 보람이 있겠어." 하고 진심으로 부러워하는 열쇠가 있는가 하면

"어머 어쩌면 좋아. 이제 다시는 저 친구를 볼 수 없겠네. 보고 싶어도 볼 수 없고 이렇게 헤어지면 언제 만날지도 모르는데 그래도 여기에 함께 매달려서 보낸 정든 친구인데." 하면서 말을 못 잇는 정이

많은 열쇠도 있었으며

"재수 없게 딱 걸렸네. 저 심술궂은 아줌마 얼굴 좀 봐. 꽤나 괴롭히겠는 걸. 자물쇠를 빨리 못 열면 따귀를 때릴지도 몰라. 나처럼 이렇게 구석에 숨어 있었으면 괜찮았을 텐데. 매일 주인 할아버지에게 인사하고 친하게 지내더니 꼴좋다." 하면서 고소해하는 열쇠도 있었다.

"자, 다 됐습니다."

열쇠가게 노인이 깔끔하게 마무리를 지은 새 열쇠를 여인에게 건넨다. 여인이 천 원짜리 지폐 네 장을 노인의 손바닥에 올려준다. 중년 여인의 손으로 옮겨간 열쇠는 자신의 몸이 깎인 아픔도 잊고서 생각한다.

'이제 내게 새로운 시간들이 열리는 거야. 이곳에서 지낸 시간도 나름대로 행복했었지. 할아버지 안녕히 계세요. 절 그동안 보살펴주셔서 감사합니다. 정든 친구들아, 너희들도 고맙다. 이젠 나는 새로운 세상으로 가는 거야. 아줌마 정말 인상 좋으시지 않니. 이 분 댁에 가서 충실히 내 삶을 살아가야지. 어떤 자물쇠를 만나게 될까. 정말 설레고 기대된다. 아, 즐거운 나날들이 될 것 같아.'

여인의 집으로 간 열쇠가 불행해질까. 행복해질까. 당연히 우리는 그 열쇠가 아주 행복하게 시간을 보낼 수 있으리라고 예측하게 된다. 왜? 그것은 열쇠의 긍정적인 기대를 보았기 때문이다. 긍정적 기대를 하는 열쇠가 긍정적 미래를 가꾸어 갈 수 있으리라고 예상할 수 있듯이 긍정적 기대를 하는 사람이 긍정적인 삶을 살아갈 수 있을 것이라고 단언한다고 해도 이상한 일이 아니다.

시간에게 부끄럽지 않은 삶을 살고 싶은 사람이라면 자신 앞에 주어진 한 톨의 시간도 귀중한 것임을 깨닫고 긍정적인 기대를 가지고 그 시간을 채워나가야 할 것이다.

그렇게 한다면 그 어떤 고난과 역경이 다가와도 쉽게 흔들리거나 좌초하지 않게 된다. 하지만 현실은 우리의 바람과는 영 딴판으로 흘러가기 마련이다. 늘 긍정적인 자세로 살아가고 싶어도 부정적인 사건들이 우리의 여린 심성을 할퀴어오기 때문이다. 마음먹은 대로 세상살이가 다 되어간다면 얼마나 좋겠는가.

원하는 것은 다 얻을 수 있고 보기 싫은 사람들은 이 세상에서 저절로 다 사라져주고 좋아하는 것들을 마음껏 가지고서 하고 싶은 일만 하면서 살아갈 수 있다면 아웅다웅 경쟁자와 다툴 필요도 없고 매일 새벽에 벌떡 일어나 졸린 눈을 비비면서 출근길에 나서지 않아도 될 것이니 말이다. 그렇지만 마음먹은 대로 세상살이가 되지 않기 때문에 인간이 더 많은 성장을 이루어 온 것도 사실이다.

모진 시련과 위기의 순간들이 우리를 이렇듯 성장시켜주고 더 단단하게 의지를 굳히게 만들어준 고마운 것들이기도 한 것이다. 투명하고 맑은 거울에도 아무것도 투영시키지 못하는 답답한 뒷면이 있듯이 평화로운 날들의 뒷면에는 어둡고 고통스러운 날들이 숨어 있기 마련이다. 이제 시간의 소중함을 알고 또한 시간에게 부끄럽지 않은 삶을 살고자 하는 우리들은 이 고통스러운 날들을 맞이할 때 대처할 현명한 지혜를 갖추어야만 한다. 낯선 환경으로 가야만 하는 열쇠가 긍정적인 기대를 함으로 인해서 자신의 처지를 낙관하는 것처럼 내일 당장 무슨 일이 일어날지 모르는 위태로운 인생길에 있는 우리도 긍정적인 기대와 희망을 가지고 살아가야만 할 것이다. 그래서 우리를 위해 자신을 헌신하기를 기뻐하는 시간에게 정녕 부끄럽지 않은 모습을 보여줄 수 있어야 할 것이다.

"엄마, 새로운 열쇠예요?"

초롱초롱한 눈망울을 반짝이면서 일곱 살 준이가 엄마 핸드백에서 나오는 열쇠를 빤히 바라보고 있다.

"응, 오늘 열쇠가게에 가서 새로 만들어 온 열쇠란다. 이 열쇠가 우리 집을 안전하게 지켜주게 될 거야."

"와, 정말 고마운 열쇠네요. 엄마, 저도 열쇠 같은 사람이 되고 싶어요!"

"응? 열쇠 같은 사람?"

여인이 몹시도 궁금한 표정으로 아이에게 묻는다.

"네. 열쇠는 자물쇠하고 싸우지 않고 친하게 지내고 우리가 없을 때 자물쇠가 집을 안전하게 지켜주게 해주고 엄마 말씀도 잘 듣잖아요. 저도 그렇게 누군가에게 도움이 되는 사람이 될 거예요."

일곱 살 아이답지 않은 어른스러운 말에 엄마는 놀라움에 입을 다물지 못한다.

"어쩜 이렇게 어른스러운 말을 다 하니. 우리 아들 정말 다 컸구나."

엄마는 아이를 끌어안고 보드라운 볼에 얼굴을 비빈다. 그 모습을 흐뭇한 미소로 바라보던 열쇠가 조그만 목소리로 말했다.

"준이야, 고맙구나. 이렇게 나를 반겨주다니. 너처럼 따뜻한 마음을 지닌 아이가 있는 집에 와서 너무 행복하다. 우리들에게 남겨진 시간이 얼마나 될지는 모르지만 난 너에게 최선을 다하는 열쇠가 되어 줄게. 네가 학교에 가고 엄마 아빠가 회사에 나가시고 나면 자물쇠는 혼자 남아서 이 집을 지켜줄 거야. 그것이 자물쇠의 본분이니까. 난 그 자물쇠의 외로움을 달래줄 좋은 벗이 되어주고 또 너의 안전을 보장하는 든든한 지킴이가 되어 줄 거야. 그래서 먼 훗날 시간이 나에게 그동안 행복했니? 라고 묻는다면 준이네 식구들 때문에 정말 행복했다고 대답할 거야. 다시 고철이 되고 낡고 찌그러져서 버림받아 어느 길거리에 버려지더라도 후회하지는 않을 거야. 왜냐하면 난 늘 긍정적으로 생각하면서 삶을 살아갈 거니까. 너도 그런 삶을 살렴. 그럼 분명히 시간에게 부끄럽지 않을 일생을 살아갈 수 있을 거야."

오늘의 1분이 미래를 결정한다

무슨 일이 뜻대로 잘 풀리지 않을 때면 우리는 이렇게 자주 한탄한다.

"왜 이리 재수가 없는 거지. 하는 일마다 이 모양이네." 혹은

"내가 전생에 무슨 죄를 지어서 이 꼴인 거야. 나보다 지지리도 못난 사람들도 저렇게 잘 먹고 잘 사는데 왜 나만 이렇게 되는 일이 없는 거지."

있었는지 없었는지도 모를 전생을 원망하거나 운이 없는 자신을 탓하다 보면 얻는 것은 하늘이 꺼질 듯한 깊은 한숨이요, 느는 것은 급속도로 노안을 촉진시켜줄 쪼글쪼글한 잔주름이요, 찌는 것은 스트레스를 풀기위해 허겁지겁 먹어치운 음식들로 인한 풍성한 살점들이다.

이제 그런 한탄이 얼마나 쓸모없는 일인지 알아야 한다. 우리들이

어떤 장애물을 만나게 될 때 그것을 대하는 자세에는 세 가지가 있다. 첫 번째 자세는 장애물을 넘어서겠다는 굳은 신념을 품고서 최선을 다해 뛰어오르는 것이고 두 번째 자세는 장애물 앞에서 고심하면서 뛸까, 말까 망설이는 자세, 세 번째 자세는 장애물을 보고 지레 겁을 집어먹고 아예 뛰어넘을 엄두도 내지 못해 결국 포기하고 마는 자세다. 그대는 이 세 가지 자세 중에서 현재 어떤 자세를 지니고 살아가고 있는가.

자꾸만 나타나 애를 태우는 얄미운 연적처럼 장애물은 잊을 만하면 하나씩 나타난다. 하나의 장애물을 겨우 통과하고 나면 휴식을 취할 틈도 주지 않고 더 크고 육중한 장애물이 나타나서 안도감에 경계심을 풀고 있던 사람의 뒤통수를 후려친다. 그래서 많은 사람들이 그런 장애물의 무자비한 습격에 주저 앉아버리거나 아예 장애물을 넘어설 엄두도 내지 못한 채 자신의 한정된 영역에서 벗어나지 못하고 그저 그런 삶을 살고 있는 것이다.

이런 인생의 장애물들을 효과적으로 넘어서기 위해서는 무엇이 필요할까. 어떻게 하면 우리들은 첫 번째 자세를 숙지하고 두려움 없이 장애물들을 뛰어넘어 설 수 있을까. 그래서 마침내 위대한 인생의 승리자가 될 수 있을까. 그것에 대한 정답이 여기에 있다. 그 정답은 바로 여러분이 오늘이라는 시간을 충실하게 살아가는 일이다.

만약 그대가 회사에서 가장 유능한 사원이 되기를 원한다면 비록 승진에서 매번 탈락되는 시련이 이어지고 있다고 해도 오늘 더 많이 업무에 대해 공부하고 자신이 맡은 분야에 대한 살아있는 지식을 쌓아야만 한다. 그렇지 않고 오늘이라는 시간을 신세한탄이나 하면서 보낸다면 회사에서 승진이 되기는 요원한 일이 되고 말 것이다. 경쟁자들은 그대가 그렇게 땅이 꺼져라 한숨을 쉬면서 자신의 처지를 비관하고 있을 동안에도 쉬지 않고 노력하고 있을 것이며 상사는 그런 그대를 바라보면서 혀를 끌끌 차며 고개를 저을 것이다.

'아직 멀었군.'

그러나 그대가 그와 반대로 오늘이라는 시간을 지나온 것들에 대한 미련에 후회하면서 보내지 않고 더욱 솔선수범하여 회사생활을 하고 남들보다 더 일찍 출근하고 더 늦게 퇴근하면서까지 맡은 일에 성의를 다해 노력한다면 상사는 비로소 미소 지을 것이다.

'이젠 됐어, 더 많은 일들을 맡겨도 훌륭하게 해낼 것 같군.'

오늘의 1시간, 오늘의 1분, 오늘의 1초라는 시간을 허비하지 않고 알뜰하게 절약하면서 의미 있는 일에 쓸 수 있다면 그것이 내일의 행복한 일들을 만들고 행운을 불러들이고 성공을 이끌어올 것이라는 사실을 명심하라. 1분이라는 짧은 시간 동안 우리는 무엇을 할 수 있을까. 어떤 이는 라면을 끓여서 먹기에도 부족한 시간이라고 투덜거릴 것이고 어떤 이는 책 한 페이지도 읽을 수 있는 넉넉한 시간이라고 만족스러워 할 수도 있다. 어차피 시간이라는 것은 개개인에 따라서 느껴지는 길이가 다르다. 똑 같은 1분이 주어진다고 해도 어떤 사람은 길고 지루하게 느껴지기도 하고 어떤 사람은 짧은 시간이라고 아쉬워하는 사람도 있으니 말이다.

어떻게 시간을 느끼느냐에 따라서 시간을 대하는 태도도 달라진다. 하루가 화살처럼 빠르게 지나간다고 느끼는 사람은 하루의 시간이 얼마나 소중한 것인지를 뼈저리게 알기 때문에 매일 아침에 자리에서 일어날 때면 이렇게 다짐한다.

"오늘 하루도 보람 있는 일을 하면서 열심히 살아가야지. 분명히 기분 좋은 즐거운 하루가 될 거야."

하지만 하루가 죽을 만큼 지루하고 따분한 사람은 아침에 자리에서 일어날 때면 이렇게 읊조린다.

"지겨운 하루가 시작되는군, 아휴~ 오늘은 또 얼마나 힘든 하루가 될까. 어떻게 긴 하루를 보내지."

어떤 사람이 자신의 인생을 알차게 꾸려나갈지 예상되지 않는가. 정말 꿈에서라도 만나고 싶지 않은 인생의 장애물들을 만나게 되더라도 우리가 오늘의 이 시간들을 알차게 보낼 수 있다면 얼마든지 극복해낼 수 있게 될 것이다. 오늘의 1분이 미래의 자신의 위치를 결정짓는 가장 중요한 관건이 된다는 사실을 기억하길 바란다. 꼭 해야만 하는 일이 있는데 혹시 지금 '조금만 더 있다가 해야지' 하면서 미루고 있다면 더 이상 미루지 말고 그 일을 시작하라. 미루는 습관을 지니는 순간 성공으로부터 멀어지고 자존감을 상실하게 된다.

    자신이 원하는 꿈을 위해 오늘의 1분을 투자한다면 1분이 모여 하루가 되고 하루가 모여 일 년이 되고 일 년이 모여 꿈을 이루는 튼튼한 토대가 이루어지게 되는 것이다. 강물보다 더 빠른 속도로 시간은 흘러가고 그 속도에 비례해서 우리들은 성장하고 노화되어 간다. 한정되어진 시간 속에서 기적처럼 주어진 자신의 삶을 사랑한다면 지금 이 순간을 위해 순수한 열정을 기울일 줄 알아야 할 것이다.

사랑은 인생을 아름답게 만든다

제 3장

사랑하라

    인간의 역사상 가장 많은 사람의 입에 오르내린 단어지만 그것에 대한 동경과 아쉬움으로 수많은 사람들이 힘들어하기도 했던 것을 아는가. 그것은 가슴 두근거리는 아름다운 천상의 단어 사랑이다.

    인간의 절대 명제 사랑, 그 누가 사랑의 포근하고 보드라운 울타리 안에서 감히 벗어날 수 있겠는가. 또 그 누가 사랑의 따스한 굴레를 벗어나고 싶어 일부러 몸부림치겠는가. 그대와 내가 탄생하게 된 것도 사랑이 있었기에 가능했던 일이고 그대와 내가 지금 이렇게 갖가지 편리한 문화혜택을 누리며 살아가고 있는 것도 모두 다른 이들의 사랑에 의해 빚어진 찬란한 문명 덕택일 것이다.

    인간에게서 사랑이란 말을 빼버리면 무엇이 남겠는가. 아마 텅 빈 폐허의 도시처럼 쓸쓸하고 괴괴한 기운만 감도는 음산한 세상이 되어버릴 것이고 사랑이 없으므로 세상에는 새로운 인류가 더 이상 나타나지 않아 인류는 서서히 소멸되고 말 것이다.

그러나 다행히 우주의 주관자는 인간에게 사랑을 부여한 순간 그 사랑이 영원히 지속될 수 있도록 해주고 더 큰 사랑을 생성해 낼 수 있는 힘을 지닌 사랑의 에너지를 함께 주었다. 그럼으로써 인간이 존재하는 한, 사랑 또한 영원히 존재할 수밖에 없다. 심지어 인간이 지구상에서 멸망하더라도 인간들이 나누었던 사랑의 기억들은 화석처럼 오롯이 우주의 시공간 속에 남아 있게 될 것이다. 그것은 사랑이 지닌 불멸성에서 기인한다. 사랑은 죽음조차 빼앗아가지 못하는 신이 주신 거룩한 축복 중의 하나다.

사랑의 종류가 다양하듯이 사랑을 하는 사람의 자세도 다양하며 사랑을 받아들이는 마음가짐도 여러 가지이다. 그리고 사랑이란 말은 언제 어디서 들어도 우리들의 가슴을 따뜻하게 만들어주기에 충분한 충만하고 따사로운 느낌인 것이다.

사랑하기에 오늘이 얼마나 좋은 날인지 혹시 알고 있는가. 어제 미처 고백하지 못한 사랑에 대해 아쉬워하거나 내일이나 먼 훗날 누군가에게 그동안 못해준 사랑을 한꺼번에 나누어 주어야겠다고 미룬다는 것은 사랑에 대한 일종의 배신행위이다.

사랑은 현재 지금 이 순간에 사람들로부터 주목받기를 원한다. 그대에게 부와 명예 그리고 세상의 모든 존경이 한꺼번에 벅찰 만큼 많이 주어졌다고 하더라도 사랑이 빠져있는 삶이라면 모두 쓸모없고 부질없는 것들이 되고 말 것이다. 그러므로 이제 우리들은 사랑을 하며 살아야 한다. 그것도 지금 현재에 그 사랑을 실천에 옮겨야 한다.

사랑을 하며 살아야 한다. 그렇게 하지 않는다면 인간은 멸망하고 지구는 황폐화된 행성으로 전락해 산산이 해체되고 우주 내에서 도태되고 말 것이다. 그러나 사랑으로 모든 인류가 하나가 되어 서로를 위로하고 감싸안아주며 서로의 고통을 기꺼이 들여다보고 찢겨지고 곪아터진 상처에 희망의 약을 발라줄 수 있다면 멸망이 아니라 행복과 번영이 가득한 행성이 될 것이다.

그대에게 사랑이 필요한 건 인류를 위해서이기도 하지만 우선은 그대 스스로를 위한 일이기도 하다. 굳이 광대하게 인류나 지구 등을 거론하지 않더라도 한 사람 한 사람이 자신에게 꼭 필요한 것이 사랑이라는 사실을 깨우치고 실천에 옮긴다면 사랑은 무한한 에너지로 승화되어 인류와 지구를 지키는 막강한 힘을 발휘할 것임은 틀림없는 사실이다.

그렇다면 사랑이 무엇인지 살펴보자. 사랑을 정확히 이해해야 그것을 간절히 원할 수 있다. 사랑이 무엇인지 실체조차 제대로 모르는 사람이 어떻게 사랑을 지니고 싶다는 마음을 가질 수 있겠는가. 무엇이든 그것을 원하고자 하면 그것이 무엇인지 정확히 알고 낱낱이 이해해야 한다. 그래야 그것을 갖고 싶다는 욕망이 발현될 수 있다.

인간의 몸을 취하고 태어난 존재라면 사랑이란 말을 누구나 한 번쯤은 들었을 것이다. 그만큼 사랑은 모든 인류에게 공통된 가치이며 보편화된 감정이며 행위이다.

　얼마나 사람을 사랑해야 사랑한다고 말할 수 있을까를 생각해보자. 그대의 곁에 있는 사람을 바라보면서 그를 사랑하고 있는지 스스로 자문해 보라. 가장 가까이에 있는 사람조차 사랑하지 못한다면 더 넓은 세상의 숱한 사람들을 사랑하기란 더 어려운 일이 되어버릴 것이다. 그러므로 이제 그대는 늘 만날 수 있고 같은 공간에서 함께 주거하고 있는 가족부터 사랑하길 바란다. 그런 후에 더 많은 사람들 그리고 사람이 아닌 동물과 식물 무생물까지도 사랑할 수 있기를 원하라.

　그렇다면 사랑은 무엇인가. 사랑이란 것이 도대체 얼마나 굉장한 존재이기에 심지어 목숨조차 아낌없이 버리고 그것을 선택하는 사람들이 이렇게도 많은가. 연인을 사랑하기 때문에 그녀를 위해서 또는 그를 위해서 자신의 목숨을 바치는 사람들, 자식을 사랑하기 때문에 평생 자신의 소중한 인생마저 포기하고 남편의 모진 학대를 견뎌내면서 사는 이 땅의 가여운 엄마들, 자유와 정의를 사랑하기 때문에 독재자의 서슬 퍼런 권력의 칼날 앞에서도 몽둥이에 맞고 방패에 찍혀 살점이 뜯겨져 나가 붉은 피를 낭자하게 흘리면서도 조국의 미래를 걱정하며 자신을 희생하는 모든 의로운 이들, 인류를 사랑하기 때문에 지구촌 곳곳의 재난과 재해를 바라보며 가슴 아파하고 그들의 고통이 사라지길 간절히 기도하는 사람들. 그들은 이렇게 애타게 사랑하고 있다. 그런 눈물겨운 사랑이 모여 지금의 세상이 이루어진 것임을 잊지 말라.

사랑은 '나'라는 의식세계를 가뿐히 초월한 큰 인간의 마음이다. 큰 인간이란 키가 크거나 덩치가 위협적이며 크다는 것이 아니라 마음의 크기가 크다는 말이다. 나만을 향하고 있던 이기적이고 편협한 시각으로부터 벗어나 나 아닌 다른 것들의 고통과 아픔에 대해 눈길을 줄 수 있을 때 시작되는 아침이슬처럼 맑고 순수한 감정의 은은한 울림이다. 인생에서 크게 성공하고 싶다면 사랑하는 마음이 있어야 한다. 어떤 분야에서 대가가 되고 싶다면 사랑을 해야 한다. 자기 인생에 대해 만족하고 싶다면 더욱더 사랑하는 마음을 지녀야 한다. 그리고 외롭거나 고독하다면 특히 더 사랑하는 일을 즐겨 해야 한다. 즉 인생의 모든 것에서 사랑은 긍정적이면서도 성공적인 방향으로 안내하는 현명하고 유익한 길잡이가 되어주는 것이다.

그런데 왜 사람들은 사랑하는 일에 이토록 어색하고 서툰 것일까. 그것은 우리들이 사랑의 표현에 서툴기 때문이다. 단 한 개의 단점도 없이 수많은 장점만을 지닌 사랑을 그저 서툴고 어색하다는 이유만으로 멀리한다면 인생의 성공을 이루고 행복을 완성해갈 수가 없음을 알아야 한다.

그대에게 사랑이 필요한 만큼 타인과 다른 사물들에게도 사랑이 필요하다. 이 시간부터 그대는 누구든 무엇이든 공평하게 사랑하겠다는 마음자세를 지녀야 한다. 사랑이 무엇인가. 그것은 아름다운 희생이다. 자신의 것을 누군가에게 기쁜 마음으로 줄 수 있다면 그것은 사랑의 시작이 될 수 있다. 아름다운 사람은 얼굴이나 몸매가 아름다운 사람이 아니다. 내면에 사랑이 가득한 사람이 가장 아름다운 사람이다. 사랑이 가득차서 주체 할 수 없는 그런 사람이 되라. 사랑을 주고 싶어 안달이 나는 그런 마음을 지녀라. 오늘부터 사랑에 익숙해지는 연습을 해보자. 얼마나 사랑할 대상이 많은지 또한 그동안 얼마나 많이 자신이 세상으로부터 벅찬 사랑을 받고 살아왔는지를 알게 된다면 정말 깜짝 놀라게 될 것이다.

사랑이 없는 세상은 어떤 일이 벌어질까

우리가 뭔가의 소중함을 뼈저리게 체험하게 될 때는 언제인가. 아마 그 때는 무엇인가가 자신의 곁에서 안타깝게 사라지고 난 후일 것이다. 늘 항상 함께 할 거라고 생각하면 우리는 그것의 소중함을 깨닫지 못하고 지내기가 쉽다. 그러나 늘 그렇게 그 자리에 변함없이 있을 것만 같았던 존재가 어느 날 홀연히 자취를 감추어버리면 우리는 적잖이 당황하고 아쉬워하기 마련이다. 심지어 전혀 안면이 없는 사람의 실종 소식에도 가슴이 싸늘해지는 것을 보라. 인간은 항상 따뜻하게 데워진 애정의 혈관으로 서로 거미줄처럼 이어져 있는 지극히 가까운 관계이다. 그러므로 누군가의 아픔과 고통에 아무렇지 않을 수가 없는 것이다. 얼음처럼 차가운 피를 지닌 냉혈한이 아니라면 누구나 타인의 슬픔어린 눈물에 마음과 영혼이 슬프게 반응한다. 그렇게 정이 많고 온화한 심성을 지닌 인간에게서 어느 날 갑자기 장난꾸러기 신이 사랑을 거두어 가버린다면 어떤 일이 벌어질까.

사랑이 없는 삭막한 세상을 떠올려 본다는 일 자체가 크나큰 고역일 것이다. 그러나 이제 그대는 그런 세상을 간접 경험함으로써 사랑의 소중함과 필요성에 대해 다시 한 번 생각해 볼 수 있는 사색의 시간을 가져보길 바란다. 여기 사랑이 없는 세상에서 살아가야 하는 한 사람의 일상을 함께 따라가 보자.

어젯밤 잠자리에 들기 전 희미한 의식으로 본 마감뉴스에서는 급박한 아나운서의 목소리가 긴급속보를 연신 알리고 있었다. 내일부터는 이 세상에서 사랑이 사라질 것이라는 신의 지침이 내려졌다는 보도였다. 신이 언제부터 인간의 일에 이렇게 세밀하게 간섭을 해왔는지는 모르지만 신의 지침이 언론사를 통해 이렇게 대대적으로 보도된다는 것은 인류 역사상 처음 있는 이례적인 일이었다.

세계 각국의 반응을 전하는 50대 중반쯤 되어 보이는 비쩍 마른 중년기자의 말끝이 심하게 떨리고 있었고 어둠속 광장에 모여든 시민들의 표정에는 불안한 기색이 역력했지만 나는 코웃음을 치며 그 뉴스를 비웃었다. 설마 그런 일이 있을까 싶었다. 요즘 지구 온난화로 인한 환경문제와 연예인들의 사생활 뉴스 외에는 뾰족한 뉴스거리가 없는 방송국에서 기자들에게 그럴듯한 이야기를 지어 국민들을 현혹시켜 보라고 옆구리를 찔렀을 것이 틀림없었다. 아침 햇살은 여전히 눈부신 것만 같았다. 아니 그렇게 느끼고 싶었다. 사실 하늘은 잔뜩 화가 난 구겨진 깡통처럼 찌푸린 얼굴로 아까부터 나를 노려보고 있었다.

십년 가까이 혼자 사는 집 안에는 질서와 체계란 개념을 오래 전에 상실한 물건들이 여기저기 어지럽게 널브러져 있었다.

출근시간에 지각하지 않기 위해서 나는 아침식사를 간단히 우유와 빵으로 해결하기 위해 냉장고를 열었다. 그런데 냉장고가 열리지 않는 것이었다. 냉장고 문이 고장이 났나 하며 이곳저곳을 살펴보아도 아무런 이상을 발견할 수가 없었다. 나는 고개를 갸우뚱거리며 냉장고 문을 발로 걷어찼다.

"야, 빨리 열려. 왜 이러니. 나 얼른 아침식사하고 출근해야 한단 말이야."

하며 두어 번 걷어차고 뒤돌아서려는데 나지막하고도 차분한 음성이 들려왔다.

"알아. 네가 배고픈 거."

분명히 내 주변에는 사람이 없었다. 나 혼자 사는 집 안에 다른 사람이 있을 리가 만무한 것이다. 나는 귓구멍을 오른쪽 새끼손가락으로 여러 번 후벼 팠다. 귀지가 가득 차서 헛소리가 들리는 것 아닌가 싶었기 때문이다.

"나야. 네가 매일 가슴을 열어보는 냉장고야."

"뭐라고? 냉장고라고."

나는 도무지 믿기지 않는 그 말을 확인해보기 위해 냉장고를 뚫어져라 바라보았다. 혹시 누군가 숨어서 장난치는 건 아닌가 싶어서 주위를 경계의 눈초리로 둘러보았지만 역시 아무도 없었다. 냉장고는 여전히 누렇고 꼬질꼬질한 피부를 지닌 채 그 자리에 멀뚱히 서 있었다. 냉장고 표피에 입술이나 스피커가 생겼다든지 하는 특이한 변화 또한 감지할 수 없었다. 아무래도 어젯밤에 말도 안 되는 뉴스 속보를 보고서 정신이 몽롱해졌나보군 하며 세수를 하기 위해 욕실로 들어가려고 발걸음을 옮기는데 방금 전 그 목소리가 또 들려왔다.

"미안하다. 오늘은 너를 위해 내 가슴을 열어줄 수가 없어."

냉장고에서 나오는 소리가 틀림없었다.

"정말 너 냉장고구나!"

나는 마치 동화 속 신비의 나라에 온 어린아이처럼 들뜬 목소리로 소리치고 냉장고 앞에 풀썩 주저앉았다.

"내게 있던 사랑이 갑자기 사라져버렸어."

냉장고의 목소리는 점점 작아지고 있었다.

"그동안 난 너를 사랑하고 있었거든. 네가 눈치 챘는지 모르겠지만."

"날 사랑하고 있었다고?"

"그래. 난 너를 오래전부터 지켜봐 왔지. 아니 내가 처음 이 집에 오던 날부터 모든 걸 기억하고 있어."

나는 냉장고가 말을 한다는 것에 대한 놀라움보다는 냉장고가 나를 사랑하고 있었다는 사실이 더 놀라웠기 때문에 냉장고를 더 뚫어져라 쳐다보았다.

"넌 항상 일터에서 지친 모습으로 집에 돌아왔지. 그리고 피곤에 절은 손길로 내 가슴을 열어 시원한 물 한잔을 마시고는 살며시 미소 지었어. 그 모습이 난 너무 좋았어. 너에게 시원한 물과 싱싱한 과일을 줄 수 있게 하기 위해 매일 뼛속을 얼리는 차가운 냉기도 기쁘게 품고 널 기다렸는데."

냉장고는 잠시 숨을 고르는지 가래 끓는 소리를 내며 덜컹거렸다.

"그랬었구나. 난 너를 냉장고 그 이상도 그 이하도 아닌 존재로만 인지하고 살았었는데. 넌 내게 사랑을 주고 있었다니."

내 말을 듣고 있던 냉장고가 울먹이는 목소리로 말했다.

"그래도 좋았어. 네가 나의 존재에 대해 아무런 느낌도 없었다고 해도 나 혼자서라도 너를 사랑할 수 있었다는 사실만으로도 마냥 행복했는데 이제는 그 모든 사랑이 사라지고 말았어. 사랑이 사라진 나는 더 이상 너의 곁에 머무를 자격이 없어진 건 아닐까. 그래서 더 슬프단다."

냉장고는 그 말을 끝으로 더 이상 말을 하지 않았다. 간간이 눈물을 흘리는지 물방울이 떨어지는 조그만 신음소리만 어렴풋이 들려왔다.

　냉장고가 나를 사랑하고 있었다는 가히 충격적인 고백을 듣고도 나는 여전히 멀쩡했다. 이건 혹시 꿈이 아닐까 하는 생각을 하는 걸 보면 전혀 이상하지 않다고 말할 수 없는 상태가 틀림없었지만 나는 억지로 냉정을 되찾아 낡은 검정색 구두를 발에 끼워 넣고 집을 나섰다.

　사랑, 그것이 도대체 뭔데 사라진다고 어젯밤부터 온 세상이 떠들썩하게 절망하고 난리를 치는지 아직은 이해가 되질 않았다. 지금 같아서는 사랑 그런 것 하나쯤 없어도 세상은 멀쩡히 잘 돌아갈 것만 같았다.

　검푸른 휘장이 축 드리워진 것처럼 거리는 유난히 적막했다. 오가는 사람들이 확연하게 눈에 띄게 줄어들거나 차들의 수가 어제보다 감소한 것도 아닌데 어딘지 모르게 평상시와 달랐다. 지나가는 행인들의 눈에는 초점이 흐려진 눈동자가 파기된 알처럼 박혀 있었다. 초여름 아침치고는 참으로 캄캄한 아침이었다. 전철 안의 사람들은 서로에게 시선을 주지 않으려는지 각자 다른 방향을 찾아 시선을 꽂느라 여념이 없었다. 사람들의 얼굴에서는 미소가 보이질 않았다. 모두들 한결같은 무표정을 얼굴에 매달고 멍하니 한 곳만 응시하고 있었다. 나 또한 어제와는 뭔가 달라진 감정으로 채워진 마음이 느껴졌다. 가슴에 구멍이 뚫린 것처럼 허전한 그것이 무엇 때문이지 아직 모르겠지만 영 개운치 않은 느낌이다.

무표정하게 굳은 사람들의 숲을 헤치고 사무실 근처 골목길에 다다랐을 때 나는 한 젊은 청년과 마주치게 되었다. 청년은 먹구름 속에 숨어 있는 태양을 향해 기도를 올리고 있었다. 그가 마련해 놓은 제단 위에는 굵은 문체로 휘갈겨 쓴

"신이시여, 내게 사랑을 돌려주소서."

라는 짤막한 기도문이 적혀 있었다. 반짝이는 청년의 이마 위에 방울방울 땀방울이 맺혀 있었다. 나는 걸음을 멈추고 청년의 곁에 서서 물었다.

"왜 당신은 그렇게 간절히 사랑을 돌려받길 원합니까?"

나의 목소리를 들었는지 그가 감겨있던 눈을 치켜뜨며 소곤거리는 듯한 조용한 말투로 대답했다.

"어머니 때문이지요."

"어머니 때문이라뇨?"

갑자기 호기심이 발동한 내가 그에게 그 이유를 대답해달라는 투로 되물었다. 그러나 그는 다시 눈을 감아버렸다. 나는 궁금한 건 참을 수가 없는 성질이다. 출근 시간이 코앞에 다가왔는데도 그 청년 곁을 떠날 수가 없었다. 그가 왜 이 시간에 길거리에서 사랑을 되돌려 받기 위해 무릎을 꿇고 기도를 하고 있는지 의문이 풀리지 않은

까닭이었다. 기다리다가 지쳐 내가 막 그곳을 떠나려고 하는데 청년이 다시 눈을 뜨며 나를 불러 세웠다.

"기다리셨습니까? 죄송합니다. 제가 지금 마음이 너무 급합니다."

"아, 아니 괜찮습니다. 난 당신이 왜 그토록 간절히 사랑을 되돌려 받길 원하는지 궁금했습니다. 이유를 들려주실 수 있겠습니까."

"저희 어머니는 하나 뿐인 자식인 저를 위해 평생을 헌신하신 분이시지요. 어젯밤에 신께서 이 지구상의 모든 인간으로부터 사랑을 거두어들인다는 발표를 하신 이 후로 저는 제게 있는 사랑을 지키기 위해 안간힘을 썼습니다."

"네. 그렇군요."

나는 고개를 끄덕이며 그의 눈을 바라보았다. 참 맑고 깨끗한 눈망울이었다.

"바로 어머니께서 지금까지 베풀어주신 무조건적인 사랑에 보답하고 싶었기 때문입니다. 그런데 오늘 아침에 저는 사랑이 빠져나간 텅 빈 마음을 발견하고 말았습니다. 제게는 이제 사랑이 없습니다. 고맙고 감사하다는 마음은 그저 형식적인 감정일 뿐 어머니를 위해서 사랑을 표현할 그 어떤 의지도 없어진 것입니다. 인간으로서 그것보다 더 슬픈 일이 어디 있겠습니까. 난 다시 사랑을 찾고 싶습니다. 그래서 어머니께 자식으로서 해드릴 수 있는 사랑을 모두 선물해 드리고 싶습니다. 그러나 그게 가능할까요. 당신은 괜찮으신가요. 전 지금 죽을 만큼 힘이 듭니다."

청년은 거친 숨을 몰아쉬며 말을 맺었다. 그의 이마에 맺혀 있던 땀방울들이 한꺼번에 쏟아져 흘렀다. 마치 거대한 눈물의 폭포수 같았다.

"저도 오늘 아침부터 뭔가 이상한 기분이 느껴집니다. 하지만 아직 사랑이 없어져서 특별히 고통스럽거나 힘들지는 않습니다."

나의 말에 청년은 모호한 표정을 지으며 다시 기도에 열중했다. 제단 위에 적혀진

"신이시여, 내게 사랑을 돌려주소서."

란 문구가 주문을 외는 소리처럼 귓가에 뱅글뱅글 맴돌았다.

나는 시계를 들여다보다가 문득 오늘 아침에 사장에게서 온 전화를 떠올렸다.

"오늘은 회사에 나오지 않아도 되네."

"네? 무슨 말씀이신지. 말일이라 이것저것 할 일도 많은데요."

나의 말에 사장은 딱딱하게 굳은 식빵 같은 소리의 부스러기를 수화기 너머에서 퉁명하게 던져주었다.

"안 나와도 된다고 하지 않나. 무슨 말이 이리 많아."

그리고는 일방적으로 전화를 끊어버린 것이었다. 나는 잠결에 받아서 그 전화가 꿈속의 일인 것만 같았다. 그래서 잠시 사장의 전화자

체를 망각했던 것이다. 출근한다고 이렇게 나온 내가 한심스러워서 헛웃음을 웃었다. 그런데 사장은 평상시와 완전히 달라진 말투를 쓰고 있었다. 지나치게 뚱뚱하고 행동이 느리긴 하지만 사장은 직원들의 사소한 걱정거리까지도 함께 고민해주는 자상한 마음씨를 지닌 사람이었다. 이렇게 무책임하게 회사에 나오지 않아도 된다고 한 마디 내던지고 일방적으로 전화를 끊을 그런 사람은 아니었던 것이다.

오늘은 모든 것들이 엉망으로 돌아가는 것 같다. 그 때 뭔가 물컹한 게 신발바닥에 밟혀져 왔다. 이런, 떠돌이 개가 싸놓은 똥이었다. 더럽고 냄새나는 것. 하지만 누구나 살아 있다면 배설해야 하는 것 아닌가. 나는 저절로 인상이 변기 속 휴지처럼 구겨졌다. 좀 깨끗한 땅에 구두 바닥을 닦아볼 요량으로 고개를 돌리는데 누군가 말을 걸어왔다.

"이것 좀 도와주시겠습니까?"

단정하게 빗은 단발머리가 인상적인 중년의 여인이었다. 그녀는 커다란 물체 두 개를 앞에 두고 그것들을 잇는 끈을 내게 내밀었다.

"고맙습니다. 난 과학자예요. 인간에게 사랑을 대체할 그 무엇을 개발하고 있는 중입니다."

나는 그녀가 내민 끈의 한 쪽을 건성으로 잡아주었다.

"잘 되어 가십니까?"

나는 전혀 관심이 없었지만 인사치레로 물어보았다. 사랑을 대체

할 그 무엇을 개발한다면 실험실에서 조용히 만들던지 자기 집 안방에서 구상하던지 그래야지 대로변에서 지금 이 사람은 뭐하는 건가. 혹시 사기꾼이나 사람들을 교묘하게 유혹하려는 사이비종교의 신도가 아닐까하는 생각도 들었다.

"아닙니다. 잘 되지 않습니다. 어제 낮까지만 해도 저는 인간의 불치병을 치료하는 신약개발을 하고 있었습니다. 그런데 어젯밤에 이 세상에서 사랑이 사라지게 된다는 사형선고와 같은 말을 듣고 나서 바로 사랑을 대체할 물질을 개발하는데 착수했습니다만."

과학자는 한숨을 땅이 꺼지고도 남을 만큼 내쉬었다. 그녀의 미간에는 깊은 시름의 흔적인지 주름살이 눈에 띄게 많아보였.

나는 슬그머니 그녀의 몸매를 훑어보고 있었다. 여자만 보면 왜 이렇게 눈길이 이곳저곳을 더듬는지 모를 일이었다.

"이제는 그렇게 절실하게 사람들을 위해 뭔가를 개발하겠다는 마음이 들지 않네요."

나는 발정 난 수컷의 그것처럼 흔들리는 시선을 겨우 바로잡고 그녀의 눈에 시선을 고정시켰다.

"정말 이상하네요. 왜 다들 사랑이 없어진 이후로 이렇게 혼란스러워하는지 모르겠습니다. 허허."

나는 마음속에 슬그머니 번져오는 혼란을 숨기고 싶어서 다른 이들을 개탄했다.

"사람들은 사랑이 그동안 얼마나 많이 자신의 삶을 든든하게 지탱해왔는지 깨닫지 못했던 것이지요. 저도 또한 그랬고요."

과학자는 들고 있던 끈 한쪽을 힘없이 내려놓았다. 나도 마지못해 들고 있던 끈을 홀가분하게 내려놓았다.

"지금 저는 무엇을 위해 살아가야 할지 모르는 사람이 되어버렸습니다."

"당신은 지금까지 훌륭한 일들을 많이 해왔을 것이고 앞으로도 그보다 더 좋은 일들을 할 분 같습니다. 용기를 내십시오."

"그래요, 고맙습니다. 사랑을 대체할 물질을 얼른 개발해야겠지요. 그런데 간절히 원하는 마음은 없네요. 다른 사람들에게 도움을 주고 싶다는 그런 마음도 없고요. 사랑이 없는 마음은 이처럼 삭막하고 가슴이 타고 갈증 나는 것이네요."

과학자를 남겨두고 그 곳을 떠나오는데 그녀가 흐느끼는지 울먹거리는 소리가 등 뒤에서 들려왔다. 그러고 보니 곁을 스쳐가는 사람들의 표정은 하나같이 음울했다. 건들면 툭하고 터뜨려질 것만 같았다. 눈물이 가득 채워진 풍선을 하나씩 가슴에 매달고 지나가는 것 같았다. 잠결에 받은 사장의 전화가 생각이 나서 그런 회사에 나의 열정을 쏟을 필요가 없다는 생각이 갑자기 들어 집으로 돌아가야겠다고 생각한 내가 횡단보도 앞에 서있는데 90은 족히 넘어 보이는 노인이 내 곁에 섰다. 신호등 색깔은 붉은 색에서 초록색으로 막 바뛰려고 하고 있는 중이었다. 그런데 노인은 잽싸게 내가 말릴 겨를도 없이 횡단보도 위를 빠른 걸음으로 걸어갔다. 그런데 과속으로 달려오던 승용차 한 대가 그만 노인을 보고 멈출 틈도 없이 노인의 마른 몸을 허공으로 날려버렸다. 외마디 비명도 내지르지 못하고 노인의 몸은 수 미터 밖까지 날아가서 툭하고 떨어졌다. 나와 같이 그 장면을 목격한 횡단보도앞 사람들만 해도 이십 명은 넘었다. 그러나 그 누구도 그 노인에게 다가가 상태를 살피거나 안타까워하지 않는 것이었다. 모두들 멍한 표정으로 피 흘리는 노인을 보고 무관심한듯 지나쳐갔다. 사람들의 가슴에는 따뜻함이 사라져버린 것일까. 사랑이 사라져버린다는 건 따뜻한 마음이 사라져버린다는 것과 같은 말인 것 같았다. 지옥이 따로 있을까 싶다. 이제 인간은 죽어서 지옥에 갈 걱정을 하기 보다는 살아있는 동안 끔찍한 경험을 하게 된 것이다.

 나는 말하고 싶다. 어느 행성에 또 다른 인간들이 살고 있다면 사랑이 당신들 곁에 머무를 때 바로 그 때가 천국에 살고 있는 것이라고. 사랑을 소중히 여기고 가슴에 늘 간직하라고. 사랑이 없는 세상은 생명이 잉태될 수도 없으며 유지될 수도 없는 죽음의 땅이라고.

 짧은 시간동안이지만 사랑이 없는 세상에 다녀온 그는 우리에게 이렇게 호소하고 있다. 사랑이 당신들 곁에 머무를 때 바로 그 때가 천국에 살고 있는 것이라고.

 사랑이 없는 사람을 보라. 그의 얼굴은 넘쳐나는 물질로 기름지고 윤기가 날지 모르지만 그의 마음속은 헐벗고 가난하다. 고갈되어가는 천연자원처럼 점점 줄어들어가는 우리의 사랑을 이제는 합심해서 지켜야 할 때이다. 지키는 것에서 그칠 것이 아니라 더 많이 퍼뜨리고 번영시켜야 한다. 사랑이 없어지는 그런 인성의 종말과 같은 참담한 세상이 되기 전에 자신에게 내재되어 있는 사랑의 씨앗들을 찾아 싹틔워야 할 것이다. 그대의 가슴 속에 타인을 배려하고 이해하며 희생하는 비옥한 마음의 토양을 마련해보길 바란다.

    사랑 받으며 살고 싶은가. 그렇다면 먼저 그대 눈앞에 있는 모든 것들을 사랑하라.

사랑은 인생을 향기롭게 한다

　친절하고 온화한 성격을 지닌 사람이나 괴팍하고 난폭한 성격을 소유한 사람이나 지저분하고 정리정돈 할 줄 모르는 사람이나 깔끔하게 자신의 주변을 잘 관리하는 사람이나 정작 자기 몸에서 악취가 나는 걸 원하는 사람은 없을 것이다.
　그가 흙먼지 휘날리는 고속도로 건설현장에서 일하는 시커멓게 그을린 피부를 지닌 일용직 일군이든지 아니면 그가 백만 달러의 몸값을 지닌 꽃미남 한류스타이든지 자기 몸에서 코를 마비시킬 만큼 썩은 냄새가 나도록 방치하지는 않을 것이다. 우리는 누구에게나 향기로운 존재로 기억되길 원한다. 그런데 대부분 외모를 가꾸는 일에만 치중하고 자신의 내면을 돌보는 일에는 짧은 시간조차 내기를 아까워한다. 아무리 값비싸고 향기로운 향수를 몸 구석구석에 뿌린다고 해도 내면의 아름다움이 채워지지 않은 사람에게서는 형언할 수 없는 악취가 진동한다. 주위 사람들은 그의 냄새를 금세 알아차리지만 정작 본인은 자신에게서 그런 불결한 체취가 새어나오는 걸 느끼지도 알아차리지도 못하는 게 대부분이다. 왜냐하면 인간은 자신의 단점보다는 장점만을 끈질기게 바라보려고 하기 때문이다.

사랑이 없는 사람에게서는 그런 악취가 참을 수 없을 만큼 진동한다. 그 악취를 맡을 수 없는 사람은 오로지 자기 자신 뿐이다. 주위의 모든 사람들은 그 사람에게서 세상에서 가장 추악한 냄새가 나고 있다는 걸 인식한다. 그러나 아무도 그에게 그 사실을 알려주지는 않을 것이다. 그에게서 얻어낼 것이 있다고 판단하는 사람은 그의 곁에 자발적으로 머무를 것이고 그렇지 않은 사람들은 미련 없이 그의 곁을 떠나게 되어 있다. 그의 곁에 남아 있는 사람들은 비록 물질적인 이득을 얻기 위해 함께 있지만 그에게서 나오는 고약한 악취를 참아내기 위해 남몰래 고생하게 될 것이다.

여러분에게 사랑의 잔고가 줄어들어가고 있다면 조심하라. 지금 어느 부위에서 서서히 악취가 생성되고 있는지도 모른다. 어서 빨리 그대의 인생통장에 사랑이란 현금을 서둘러서 입금시켜야 한다. 인생의 통장이 바닥이 드러나게 내버려둔다면 그 통장에는 악마와 타협한 불행한 감정들이 무더기로 자동이체 되어 들어 올 것이다. 인생을 자신의 의지대로 살아가고 보람을 느끼며 살고 싶다면 그대는 사랑을 가득 채울 수 있는 방법을 가만히 생각해보아야 한다.

어떻게 하면 마음속에 사랑을 가득 채울 수 있을까. 사랑은 연민의 시작점이다. 우리가 무엇인가를 사랑하려면 그것에 대해 연민을 느낄 수 있어야 할 것이다. 연민은 가여워하는 마음 안타까워하고 걱정해주는 마음이다. 가식적으로 걱정하고 염려하며 가여워하지 않고 진심으로 걱정하고 염려하며 가여워하는 마음을 지녀야 사랑의 첫 발자국을 내디딜 수 있는 것이다.

진심은 거짓이 없는 마음의 순결한 상태임을 기억하라. 진심으로 사람을 대하고 진심으로 사람에게 말하며 진심으로 사람을 존중한다면 여러분은 완벽한 심성의 소유자이다. 그 어떤 차원 높은 지식을 지닌 사람이 하는 진심이 배제된 말은 진심을 지닌 사람이 하는 한마디 말보다 못하다. 그러므로 그대가 진정 아름다운 사랑을 하고 싶다면 진심을 지녀야함을 잊지 말라.

사랑으로 인생을 향기롭게 채워가고 싶은가. 그렇게 하기 위해서 우선 자신의 모든 것을 먼저 사랑해야 할 것이다. 자신을 사랑할 줄 아는 사람이라야 타인도 사랑할 수 있는 마음의 공간이 생겨날 수 있다. 지금 현재의 자신의 모습을 바라보라. 비록 남들보다 가진 게 없고 배운 게 조금 부족하다고 해도 그대 자신은 세상에서 가장 존귀하고 뛰어난 존재이다.

우주에 현존하는 모든 것들은 평등하다. 누가 더 잘났고 누가 더 못났다고 하는 것은 어리석은 인간들의 생각일 뿐이다. 그대가 현명하다면 지금 자신 앞에 있는 모든 것들이 모두 귀하고 소중한 존재라는 것을 알고 있을 것이다. 그 중에서 가장 대접해야 하는 사람이 누구인가. 바로 자기 자신이다. 자기 자신을 사랑하는 마음을 먼저 지니도록 하라. 타인을 사랑하기 전에 자기 자신을 사랑해야 함은 당연한 일이다. 자신이 지닌 단점들에 대해서 자책하며 포기하지 말고 더 나은 미래의 모습을 향해 나아가기 위해 단점들을 수용하고 장점으로 바꾸어가도록 노력하길 바란다.

단점은 얼마든지 장점으로 찬란하게 승화될 수 있다. 사악한 인간도 얼마든지 세상에서 가장 착하고 자애로운 인간으로 바뀔 수 있다. 그것은 자신을 얼마나 사랑하느냐에 따라 좌지우지 된다는 것을 명심하라.

사랑은 인생을 향기롭게 한다. 다만 자신을 사랑할 수 있는 사람에게만 사랑의 향기는 꽃처럼 살포시 피어나게 될 것이다.

지나친 자기애를 주의하라

나는 앞에서 자신을 사랑할 것을 여러분에게 부탁했다. 하지만 자신을 사랑하는 일에도 경계해야 할 것이 있다. 자신을 사랑해야 하는 것도 어느 정도에 한해서이다. 어떤 일에서건 적당한 선이라는 것이 있다. 그 선을 넘어서서 감당할 수 없는 지경에 이르도록 어리석게 같은 행동을 지속하면 필연적으로 해로운 결과를 초래하게 된다.

우리가 수술을 받을 때 병원에서 주로 쓰는 마취제인 프로포폴도 고통을 줄여주고 편안히 수술을 받을 수 있게끔 많은 도움을 주지만 그것을 습관적으로 남용하게 되는 상황에 다다르면 갑작스럽게 비참한 최후를 맞이하게 될 수도 있다. 그러므로 자신을 사랑하는 일에 있어서도 적절한 자제력이 필요하다. 지나친 자기애에 사로잡히게 되면 타인에 대한 배려나 존경심을 갖기가 어려워진다. 무엇이든 나 중심으로만 생각하고 행동하게 되므로 편협한 세계에 스스로를 가두고 마는 결과를 초래하게 되는 것이다.

　인간은 서로 기대고 의지하며 살아가고 있는 상호의존적인 존재임을 잊지 말도록 하라. 자기 자신만 아끼고 위하게 되면 위험한 상황이 벌어지게 된다. 주변 사람들은 그대로부터 관심과 사랑을 받기를 무의식중에 바라고 있다. 그런데 그대가 오로지 자신만 위하여 살아간다면 그들은 또한 무의식중에 분노를 하게 되어 있다. 이것은 본능이므로 인간성과는 전혀 상관이 없는 이야기다. 그렇게 자신만 위하여 살아가는 이기적인 사람에 대해 주변 사람들은 좋지 않은 감정을 느끼게 된다. 그래서 자기만 지나치게 사랑하는 사람은 다른 사람들로부터 사랑을 받을 수 없을 뿐만 아니라 비난과 따돌림을 당하게 될 가능성이 농후해진다.

　사랑받지 못하는 삶의 비참함은 지옥의 불구덩이에 빠진 죄인의 고통에 버금갈 만큼 처절하다. 수많은 흉악범죄자들의 대부분이 어린 시절에 사랑을 받지 못하고 자란 경우가 많이 있는 것을 보더라도 사랑이 얼마나 인간에게 필요한 것인지를 깨닫게 될 것이다.

　자신을 사랑하고 싶은 것은 당연한 마음이다. 그러나 지나치다 싶을 정도의 자기애에 사로잡히지 않도록 늘 주의하라. 자신을 사랑하면서도 타인을 사랑하는 것, 이것이 진정한 사랑이다. 타인으로부터 사랑받고 싶은 마음도 지극히 순수한 바람이라는 것을 인정하도록 하라. 당신의 소소하고 작은 사랑도 그것보다 훨씬 크고 아름다운 사랑으로 되돌려 줄 것이다.

지독한 자기애에 사로잡힌 채 숨을 헐떡이며 욕심의 이물질이 낀 충혈 된 눈으로 세상을 살아가는 사람에게는 연민을 느껴라. 그들의 살찐 뱃속에는 지금 위험한 욕망들이 꿈틀거리며 도사리고 있다. 그것은 겉보기엔 얼핏 성공의 표상처럼 보이긴 하지만 사실 파멸의 수렁으로 이끌려가고 있는 영혼의 절규가 팽창한 것들임을 알아야 한다. 곧 터질 것 같은 위태로운 순간이다. 그들에게 같은 인간으로서 연민을 느끼고 지독한 자기애로부터 벗어나 타인과 세상을 향한 사랑을 나눌 수 있는 넓은 마음을 지닐 수 있도록 도와주길 바란다. 그들에겐 현명한 그대의 도움이 필요하다.

자신을 끔찍이 사랑하는 사람은 그만큼 다른 사람들로부터 사랑받지 못한 사람임을 스스로 드러내고 있다. 타인으로부터 진실하고 따뜻한 사랑을 받아보지 못했기에 스스로를 지나치게 집착하며 사랑하게 되는 것이다. 그러므로 그대의 주변에 그런 사람이 있다면 아무런 조건을 내걸지 말고 그를 사랑해주길 바란다. 그는 지금 사랑이란 약이 간절히 필요한 사랑결핍 중증환자인 것이다.

진정한 사랑은
죽음도 소멸시킬 수 없다

    몇 년 전 중국의 수려한 풍경을 지닌 평온한 도시 쓰촨성에서는 상상할 수 없을 만큼 강도가 큰 대지진이 일어나 수 만 명의 아까운 인명이 희생되는 슬픈 일이 있었다. 순식간에 어떻게 할 방법도 없이 벌어진 대자연의 재앙 앞에 많은 사람들이 안타까운 죽음을 맞이해서 전 세계인들의 가슴을 아프게 하였다.

    실로 인간이란 얼마나 나약한 존재인가 체감할 수 있었던 사건이 아니었는가. 인간이 자랑스럽게 여기며 수천 년 동안 세워놓은 건물들이며 온갖 문명의 이기들이 한 순간에 물거품이 되어버리는 광경을 보고 경악하지 않을 수 없었다.

    우리들의 가슴을 미어지게 한 숱한 사연들이 속속들이 드러나면서 사람들을 울게 만들었다. 지진이 폭풍우처럼 휩쓸고 간 어느 지역에서 두 구의 시신이 발견되어 현장에 있던 구조대원들은 물론 세상의 모든 사람들을 숙연하게 만든 일이 있었다. 그것은 바로 젊은 엄마와 어린 아이의 주검이었다. 흙더미를 뒤집어쓴 채 고요히 잠든 두 사람의 모습은 금방이라도 다시 깨어날 것처럼 생생했다.

방금 전까지 오순도순 식사를 하고 있었던 듯 두 사람의 손에는 수저와 젓가락이 들려 있었고 엄마는 아이를 지키기 위해 필사의 몸부림을 쳤던 듯 아이의 작고 여린 몸을 꼭 끌어안고 있었다.

얼마나 사랑하고 아끼던 자식이었을까. 그 자식을 위해 김이 모락모락 나는 밥을 짓고 맛있는 반찬들을 준비해서 막 식사를 하려던 찰나에 생각지도 못한 지진으로 인해 흙집의 지붕이 와르르 무너져 내릴 때 엄마의 마음은 얼마나 처참하게 무너져 내리고 말았을까. 자신의 죽음보다는 아직 피어보지도 못한 어린 것의 고통과 죽음에 더 가슴이 찢겨지는 슬픔을 느꼈을 것이다. 엄마는 아이를 안고 눈물 속에 숨을 멈추고 스러져 갔지만 우리는 그들의 모습에서 분명히 보았다. 죽음조차도 소멸시키지 못한 사랑의 아름다운 힘을.

두 사람의 생명의 불꽃은 지진이 일어나 흙집이 무너져 내린 바로 그 순간에 모두 사라진 듯 보이지만 사랑으로 맺어진 엄마와 아이의 영원한 생명은 우주의 시공간 속에 영속되고 있었던 것이다. 그래서 세상에 남겨진 수많은 사람들에게 진실한 사랑의 아름다움과 진정한 가치에 대해 영혼의 몸짓으로 말해주고 있었던 것이다.

사랑은 모든 생명을 집어삼키는 암흑의 사자, 죽음도 어찌하지 못하는 영원불멸의 존재이다. 그대가 지금 누군가를 진심으로 사랑하고 있다면 그 사랑의 영원함을 믿어라. 그리고 더 많이 그를 사랑하고 또 다른 사람들을 사랑하는 일에 기쁘게 나서도록 하라.

진정한 사랑은 죽음도 소멸시킬 수 없다는 우주의 진리는 우리 인간에게 얼마나 큰 위안이 되는 일인지 모른다. 사랑이 이 생애에서 끝나버리는 덧없는 것이라면 지금까지 이렇듯 아름답고 따뜻하고 고운 사랑의 입자들이 인간에게 끊임없이 전해내려 오지는 못했을 것이다.

도저히 사랑할 수 없는 사람이 있는가. 그 사람만 보면 혈압이 치솟고 뒷골이 당기며 삶의 의욕조차 잃어버릴 만큼 싫은 그런 사람이 있는가. 사랑하고 싶은 마음이 샘물처럼 솟아나게 만드는 사람을 사랑하는 일은 아무나 할 수 있는 일이다. 하지만 도저히 사랑할 수 없는 사람을 사랑하는 일은 아무나 할 수 없는 신성하고 가치 있는 행위이다.

인생의 연금술을 터득하기 위해 나와 함께 여행을 나선 용기 있는 그대라면 도저히 사랑할 수 없어 보이는 그런 사람을 사랑하는 일에 더 많은 정성과 시간을 기울여야 할 것이다. 어떻게 하면 그런 이들을 사랑할 수 있을까. 진정한 사랑을 할 수 있는 사람이라면 가능한 일이다.

모든 생명을 집어삼키는 무법자 죽음도 존경하고 두려워하는 진정한 사랑을 하고 싶다면 자신이 지금 사랑하고 있는 익숙한 사람만 사랑하기 위해 노력하지 말고 도저히 사랑할 수 없는 더럽고 추하고 수준 낮고 악랄한 그런 사람을 사랑하도록 심혈을 기울여 보길 바란다. 그것이 곧 진정한 사랑의 길임을 서서히 깨닫게 될 것이다.

바로 오늘부터 사랑하라

　어떤 것도 인공적으로 첨가하거나 그럴 듯하게 포장하지 않고 순수하게 단어 그 자체만으로도 숱한 사람들의 가슴을 콩닥콩닥 뛰게 만들고 설레게 만드는 마법의 힘을 지닌 사랑을 하고 싶다면 언제부터 하고 싶은가.
　더 이상 우물쭈물 망설이거나 하염없이 미래의 어느 날로 미루지 말고 바로 오늘부터 사랑하라. 꿈과 희망과 생의 의지를 상실한 그들은 지금 이 순간 절실하게 그대의 사랑의 말 한 마디 사랑의 손길 한 번을 기다리고 있다. 어제의 지나간 시간 속으로 회귀해 누군가가 자신을 사랑해주길 바랄 수도 없는 일이고 내일이나 십년 후 쯤 멋진 누군가가 찾아와 자신을 사랑해주길 그저 막연히 상상하며 살아가기도 어려운 일이다. 바로 오늘이야말로 그대가 꽃잎처럼 향기로운 사랑의 언어와 자애로움 가득한 사랑의 몸짓을 해줄 수 있다면 실의

에 빠져 절망의 독주를 들이키고 있던 어둠 속의 사람들이 삶의 밝은 희망을 되찾고 잃어버렸던 행복을 되찾을 수 있는 것이다. 그들에게 굳센 신념과 힘의 숨결을 불어넣어주고 다부진 용기를 건네줄 수 있는 사람은 옆집에 사는 똑똑해 뵈는 철이 엄마나 아래층 사무실의 말수 없는 김 과장이 아니라 바로 그대 자신이다.

바로 그대가 바로 오늘부터 자신들을 사랑해주길 많은 사람들이 열렬히 바라고 있다. 어떤 사랑을 해주길 바라고 있을까. 그것은 그대가 사랑을 줌으로 인해서 삶의 보람과 긍지를 느끼고 행복을 가슴 속에 한 아름 품어 안을 수 있는 그런 사랑이다. 그대는 사랑을 함으로써 인생의 그늘 속에 지쳐 쓰러진 사람들을 위로할 수 있고 자신 또한 삶의 모든 분야에서 의욕이 고취되고 향상될 수 있는 신선한 계기를 마련하게 될 것이다.

자식을 사랑하는 것도 부모를 사랑하는 것도 이웃을 사랑하는 것도 연인을 사랑하는 것도 생면부지의 낯선 거리의 걸인을 사랑하는 것도 모두 아름다운 일이다. 여러분이 그 사랑을 진실한 마음으로 하고 있다면 세상의 어떤 미사여구도 필요치 않은 가장 으뜸이 되는 사랑을 하고 있는 것이다.

그렇지만 이토록 아름답고 가치 있는 사랑도 오늘 하지 않으면 아무 소용이 없다. 과거로 자꾸만 향하여 가는 고집스런 생각의 발걸음을 현재로 되돌려 세우고 미래로 자꾸만 밀쳐내려는 망설임의 유혹을 결연하게 물리치고 현재의 모든 것들을 사랑하는 일에 자신의 마음을 온전히 주어라.

오늘 그대가 사랑해줄 수 있는 사람이 얼마나 많은지 알고 있는가. 오늘 그대가 그들을 사랑해 줌으로써 그들의 인생이 완전히 바뀌고 새롭게 변화될 수 있다는 기적 같은 사실을 믿길 바란다. 인류에게 큰 공헌을 한 위인들에게는 그들을 전적으로 믿고 사랑해주었던 사람들이 한 폭의 은은한 배경처럼 늘 자리하고 있다.

사랑의 말 한 마디가 한 사람의 인생을 성공의 방향으로 이끌고 죽음의 수렁에서 건져내어 긍정적인 인생관을 가질 수 있도록 할 수 있음을 기억하라. 그대의 사랑은 수 천 또는 수 백만 명의 사람들에게 그런 생명수와 같은 희망의 메시지를 전달할 수 있는 거대한 힘을 지니고 있다.

인간의 몸은 산소 65%, 탄소 18.5%, 수소 9.5%, 질소 3.2%, 칼슘 1.5%, 인1%, 황 0.3% 로 이루어져 있지만 거기에 보이지 않는 사랑이 더해져 우주에서 가장 아름답고 지혜로운 생명을 유지하고 있는 것이다. 사랑으로 인해 인간은 비로소 완벽한 영혼을 완성할 수 있었다. 그 완벽한 영혼으로 지상의 모든 것들 위에 제왕처럼 군림하고 있는 것이다.

그러나 점점 물질만능주의에 물들어가는 세상에서 사랑은 설 자리를 잃고 쓸쓸히 거리를 떠돌고 있다. 자신을 버린 주인들에게 원망조차 하지 못한 채 대기 중에 외롭게 유영하고 있는 상처 입은 사랑들을 보라. 사랑을 냉정하게 자신의 몸 밖으로 내버리고서도 사람들은 더 잘 먹고 더 잘 입으며 심지어 사랑을 지니고 살 때보다도 더 잘 사는 것처럼 보인다. 그러나 그것은 모래 위에 지어진 화려한 성과 같이 허황한 이룸이다. 머지않아 사랑이 없이 이루어진 모든 것들이 허물어지고 파괴될 것임은 분명한 우주의 진리이다. 이제는 우리가 인간의 본성을 온전하게 지탱해주고 또한 영혼을 아름답게 완성시켜주는 사랑을 되찾는 일을 시작해야 한다.

"너부터 해. 난 지금 다른 일로 바쁘니까 너희들부터 사랑하란 말이야."

라고 떠넘기지 말고 그대가 먼저 사랑을 하고 버려진 슬픈 사랑들을 되찾아 새로운 보금자리를 마련해주는 선구자의 길을 걷길 바란다. 그러는 동안 그대는 크나큰 우주의 축복과 많은 이들의 더 큰 사랑이라는 돈으로 환산할 수 없는 소중한 선물을 받게 될 것이다.

사랑을 찾고 키워가며 나누어줄 수 있는 의미 있는 일을 시작하는 시간이 바로 오늘이 될 수 있는 가슴이 참 따스한 사람이 되라.

한 사람을 사랑하는 일은
우주를 사랑하는 것과 같다

　사람이 사람을 사랑하는 일은 생각과는 달리 그리 간단하거나 쉽지만은 않다. 솔직히 인간은 서로를 사랑하기보다는 다른 이들의 숨겨진 약점과 단점을 꺼내어 틈틈이 술안주를 씹어 먹듯이 헐뜯기를 즐기고 날카로운 증오의 손가락으로 타인의 입술을 강제로 벌려 쓰디쓴 비난의 독주를 먹이기를 즐겨한다. 그렇게 하는 것이 누군가를 지극히 존경하고 사랑하는 일보다 수월하게 느껴진다. 그리고 타인의 삶을 속살이 드러날 때까지 낱낱이 발가벗기고 살가죽을 상처내고 깎아내리면서 자신이 조금 더 우월한 위치에 올라선 것 같은 착각의 늪에 자주 빠지곤 한다. 그러나 그것은 정말 어디까지나 자신만의 오해와 착각일 뿐이다. 타인의 상처 난 등을 짓밟고 올라선 정상은 참다운 성공의 자리가 아니라 그들의 눈물을 양분 삼아 잠시 머무르고 있는 공허한 세계임을 알아야 할 것이다. 다른 이의 가슴에 못을 박고 상처를 내면서 무엇을 얻고자 하는 일처럼 어리석고 비열한 짓은 없음을 기억하라. 타인을 사랑하는 마음을 갖기 위해 조금이라도 노력해보지 않은 사람은 인간의 모양을 한 가면을 덮어쓰고 잠시 세상을 살아가는 무생물과 같은 존재이다. 그러므로 여러분은 한 사람을 사랑하는 일에 진심을 다하는 자세를 항상 가슴에 지녀야 할 것이다.

바르게 참되게 살아가는 일이 고루한 옛 조상들의 정신이라고 치부해버리지는 않는가. 그러나 이것은 영원불멸의 진리이다. 인간다운 삶을 살아가고자 한다면 반드시 갖추어야 하는 예의이며 기본적 소양인 것이다.

한 사람을 사랑하는 일은 저 무한한 우주를 사랑하는 것과 같다. 한 사람 한 사람은 모두 우주를 축소시켜놓은 소우주와 같고 그 안에는 인생의 원천이 될 수많은 이야기들이 담겨져 있는 것이다.

그 누구도 단정적으로 다른 사람의 영혼의 깊이와 넓이를 함부로 추정해서는 안 된다. 심지어 자기 자신조차 자신이 얼마나 깊고 넓은 자아와 재능을 지니고 있는지 모르고 살아가고 있는 것이 현실이다. 이러한 상황에서 타인에 대해 판단의 잣대를 들이대는 일이 얼마나 어리석고 무모한 짓인가. 그래서 누군가를 제멋대로 판단하려고 하지 않고 그대가 한 사람을 거짓 없이 마음에서 우러나오는 진실함으로 사랑할 수 있게 되었다면 광활하고 신비로운 우주를 사랑할 수 있게 된 것과 같다. 그만큼 사람을 사랑한다는 일은 힘겨운 일인지도 모른다.

　나는 여러분과 지금 영혼의 교류를 하고 있다. 내가 어디에 있든 여러분이 어느 자리에서 이 책을 읽든 이 글을 읽을 때 내 영혼의 일부가 그대와 대화를 나누고 있다고 생각하면 될 것이다. 내가 쓰는 글들 속에는 나의 영혼이 새겨져 있기 때문이다.

　사랑은 인간의 절대적 본질이다. 한 사람을 사랑하는 것은 우주의 모든 것들을 사랑하는 것과 같다는 것을 다시 한 번 그대에게 말해주고 싶다.

　당신에게 백 명의 친구가 있다면 그 백 명의 친구를 모두 한꺼번에 사랑하기 위해 애쓸 것이 아니라 우선 한 사람이라도 완벽하게 사랑하게 될 때까지 사랑해 보라. 그것이 사랑의 현명한 방식이다. 한 사람을 참으로 깨끗한 마음으로 사랑할 수 있게 된다면 나머지 사람들에 대해 사랑하는 자세가 갖추어져 있게 되므로 더 많이 사랑하고 더 애틋하게 사랑하고 더 진실한 사랑을 하게 될 것이다.

　어떻게 그 한 사람을 진정 사랑하게 될 수 있을 것인가. 이제 그 방법에 대해 진지하게 고민해봐야 할 것이다. 무엇을 얻고자 한다면 그에 상응하는 노력을 대가로 치러야 하는 것이 법칙이며 순리이다. 그대가 사랑으로 가득 찬 사람이 되길 원한다면 그렇게 되기 위한 노력을 해야 한다. 그리고 또한 노력에는 반드시 어떤 보상이 따르게 되어 있다. 당장에 그 보상이 보이지 않는 것 같을지라도 노력에 대한 보상은 언젠가는 그대에게 찾아오게 되어 있다.

많은 사람들이 열심히 무엇인가를 이루기 위해 노력하다가 보상의 기미가 보이지 않는다는 사실에 실망한 채 중도에서 그 노력을 포기해버리기 때문에 성공의 길에 들어서지 못한다. 그들은 성공의 집 바로 앞에까지 왔다가 대문이 열려있지 않다는 이유 하나만으로 뒤돌아서서 예전의 그저 그런 삶으로 되돌아가버린다. 조금만 더 힘을 내어 문을 밀기만 하면 되는데 그 마지막 노력을 하지 않음으로 해서 성공으로부터 영영 멀어져버리게 되는 것이다. 사랑을 하는 것도 노력이 필요하다.

모든 것들을 아우를 수 있는 큰 사랑을 할 수 있게 되기를 소망하는 사람이 되라. 추악함과 빈곤함과 비통함과 최상의 환희에 이르기까지 그 모든 것들을 공평하게 사랑할 수 있는 사람이 되기를 원하도록 하라. 그리고 그런 사람이 되기 위해 노력하는 것을 잊지 말고 실천하라.

한 사람을 사랑하게 된다면 우주를 사랑하게 된 것과 같은 신비하고 놀라운 결과를 가져온다. 그것으로 인해 그대의 인생은 행복의 꽃잎을 지닌 한 송이 꽃이 되어 영원 속에 활짝 피어나고 지상에서 오래도록 행복할 것이다.

미운 사람을 미워하는 일은 인간에 대한 이해가 부족한 사람들의 몫이다. 여러분은 미운 사람을 미워하기보다는 오히려 사랑해주고 한없이 악한 사람에게도 무지개처럼 아름다운 사랑을 전해 착한 심성을 지닌 사람으로 바꾸어줄 수 있는 하늘과 같은 마음을 지닌 사람이 되길 바란다. 그대는 누구보다도 더 특별한 영혼을 소유한 사람인 것이다.

거짓 없이 사랑하라

　누군가를 혹은 무엇인가를 사랑을 하는 데도 예절이 있다. 바로 거짓 없이 사랑해야 한다는 것이다.
　한 여자가 한 남자를 사랑하면서 그 남자를 이용해 자신의 물질적 이익을 추구하려고 한다는 사실을 알게 된다면 상대방의 마음은 어떠하겠는가. 한 남자가 한 여자를 사랑하는 척하면서 오직 그 여자의 육체를 탐닉하기 위하여 거짓으로 사랑을 맹세하며 실컷 농락하다가 헌 신발짝 내버리듯이 냅다 버리고 다른 여자의 신선한 몸을 찾아 떠나는 일도 비일비재한 세상이다. 거짓으로 그럴 듯하게 꾸며서 타인을 현혹시키고 이득을 추구하는 일만큼 비열한 짓은 없다. 더 기가 막힌 것은 거짓말을 밥 먹듯이 하는 사람의 얼굴은 더 착해보이고 순수해보이기까지 해서 외모만 보고 그 사람의 내면을 금방 알아차릴 수가 없다. 그러므로 많은 사람들이 그들의 간교한 거짓말에 깜박 속아 넘어가 가진 재산을 잃고 치명적인 정신적 상처를 받고서 후회하게 되는 것이다.

인생의 지혜를 얻고 행복한 삶을 이루기 위해서는 자신을 속이고 타인에게 씻을 수 없는 상처를 줄 수 있는 거짓말을 해서는 안 된다. 거짓을 포함한 모든 행동들 역시 해서는 안 되는 금기사항이다. 진실하지 못한 사람은 성공을 이룰 자격을 이미 상실한 사람이다. 그런데 거짓말을 입을 열 때마다 상습적으로 내뱉는 사람이 그렇지 않은 사람들 보다 더 많은 돈을 벌고 사회적으로 성공하고 있는 경우가 많이 있다. 그러나 그 성공은 오래가지 못하므로 부러워할 필요가 없다. 거짓이 없는 깨끗한 마음으로 세상을 살아간다면 먼저 그대 스스로가 자신을 자랑스러워하게 되고 주위 사람들의 마음도 맑게 교정시켜 줄 수 있게 될 것이다. 그것만으로도 그대는 세상에 좋은 일을 한 사람이 되는 것이다.

타인을 속이거나 기만하지 않고 사는 사람에게 성공은 자연스럽게 찾아온다. 그것이 비록 물질적인 성공은 아닐지라도 가장 큰 성공 즉 바로 자기 자신에게 인정을 받게 되는 것이다. 스스로가 자신의 삶에 대해 만족할 수 있다면 그것이 가장 큰 성공이다.

거짓으로 덕지덕지 더께가 낀 사람은 결코 자기 자신의 모든 것들에 대해 만족할 수 없다. 아무리 부정하려고 해도 거짓으로 범벅이 된 자신의 양심을 속일 수는 없는 일이기 때문이다. 정직함은 그래서 인생의 연금술을 이루려는 우리에게 가장 소중한 자산이다.

사랑하는 자세 역시 거짓이 없어야 한다. 그것이 인류에 대한 사랑이든 이성에 대한 사랑이든 또는 부모 형제에 대한 사랑이든 마찬가지이다. 거짓으로 사랑하게 되면 상대방은 은연중에 그 사실을 알게 될 것이다. 그것은 강간을 당하는 여인의 심정과 같이 처참한 심경을 상대방에게 안겨주는 모욕적인 행위이다. 거짓은 인간의 가장 아름답고 성스러운 가치인 사랑을 철저히 유린하는 반인간적인 행위이기도 하다.

반면 고운 마음을 지닌 사람은 사랑하는 자세에도 거짓이 없을 것이다. 진정한 사랑을 베풀면 그대는 그 사랑의 배 이상의 사랑을 다시 되돌려 받게 될 것이고 마음의 평화를 덤으로 얻게 될 것이다. 타인을 속이거나 기만하지 않고 늘 정직하게 대하니 다음번에 만나면 또 어떤 거짓말로 그를 교묘하게 속여야 하나 걱정할 일도 없을 것이고 재수 없게 들통 나면 어쩌지 하며 근심할 일도 없을 것이므로 늘 마음이 잔잔하고 평화로울 것이다.

거짓 없이 사랑하라. 그렇게 하면 그대의 하루하루가 편안할 것이다.

사랑이 우리에게 주는 선물들

누군가에게서 예상치 못한 선물을 받는다는 일은 분명 기분 좋고 유쾌한 일 중의 하나일 것이다. 사랑을 하게 되면 우리는 원하지 않아도 갖가지 알차고 향기로운 선물들을 받게 된다. 특이한 점은 선물을 주는 주체와 선물을 받는 주체가 동일하다는 사실이다. 그대가 어느 날 사랑을 하게 되면 그대 스스로의 가슴속에서 우러나오는 숱한 선물들을 받게 되는 것이다. 그것은 인간이 세상을 살아갈 수 있는 힘의 원천이 되기도 하고 더 많은 사랑을 생성할 수 있는 촉진제가 되어주기도 한다. 그리고 무엇보다도 자신의 입술에 봄꽃처럼 화사한 미소가 잔잔하게 머무를 수 있게 해주는 역할을 한다. 사랑은 우리에게 어떤 선물들을 줄까.

첫 번째 선물은 고운 마음이다. 비단결처럼 부드럽고 목화솜처럼 폭신한 가슴을 지닌 사람으로 다시 태어나게 해주는 고운 마음을 우리에게 선물한다. 사랑을 하게 되면 우리의 생각들은 배려의 토양에서 아름다움을 간직한 푸르른 씨앗이 되어 조금씩 발아하게 된다. 그를 위해 무엇을 해주면 그가 기뻐할까. 그를 위해 어떻게 해주면 그가 행복해 할까. 그녀를 위해 어떤 말을 해주면 그녀가 편안해 할까. 그녀를 위해 내가 해줄 수 있는 일들은 무엇일까 하는 생각들이 지배적으로 우리의 영혼을 주도해가게 되므로 나 위주의 생활습관에만 철저하게 젖어 있던 사람이라도 사랑을 하게 되면 사랑하는 사람을 위한 인생을 살아가는 일을 즐겁게 받아들인다. 왜냐하면 기본적으로 사랑은 주는 것이기 때문이다.

사랑은 주고 또 주어도 더 주지 못해 안달이 나는 갈급한 마음이다. 내가 지닌 것들 중에서 가장 좋은 것만 골라서 주고 싶은 마음이 영원히 마르지 않는 샘물이 솟아나듯이 끊임없이 솟아나게 되는 현상을 불러오는 마법의 감정이기 때문이다. 아낌없이 주고도 더 주지 못해 가슴 아파할 수 있는 마음, 바로 그런 마음이 고운 마음을 지닌 사랑이다. 너의 눈에 눈물이 고이기 전에 너의 슬픔을 미리 알아챌 수 있을 만큼 너에 대해 간절히 생각하는 것 그것이 사랑하는 사람의 마음이다. 이런 모든 일들은 고운 마음이 가슴 속에 있지 아니하면 실현불가능한 일이다. 그러므로 사랑을 하게 되면 고운 마음이라는 선물을 필연적으로 받게 될 수밖에 없는 것이다.

지금 누군가를 사랑하고 있다면 그는 분명히 고운 마음을 지닌 사람일 것이다. 고운 마음을 지니게 된 그대는 더 아름답고 지혜로운 사랑의 메신저가 될 것이다. 거칠고 포악한 마음을 지닌 사람마저도 그대의 고운마음 앞에서는 한 마리 순한 꽃사슴처럼 순화되어 갈 것이다. 사랑이 우리에게 주는 첫 번째 선물인 고운 마음을 지니게 되었는가.

그럼 두 번째 선물을 받아들일 준비가 된 것이다.

사랑이 우리에게 주는 두 번째 선물은 만족이다. 만족은 불만족의 반대되는 개념이 아니다. 만족한다는 것은 감사함이 더욱 진화된 형태의 고결한 감정이다. 사랑을 하게 되면 왜 만족을 느끼게 되는 걸까.

사랑이란 것은 충만한 마음 상태이기 때문이다. 아무리 가난하고 궁핍한 사람이라도 사랑이란 매혹적인 세계 속에 들어가게 되면 어떤 상황에서도 자신이 가장 부유하고 풍족한 사람이란 것을 느끼게 될 수 있다. 그만큼 사랑은 많은 사람들에게 부푼 희망을 안겨주고 긍정적인 꿈을 무한하게 품게 해주고 절망의 수렁에서 신속히 빠져나올 수 있는 계기를 마련해 줄 수 있기 때문이다. 그대가 사랑을 함으로써 만족을 얻게 되면 삶의 비관적인 면에 더 이상 은연중에 흡착되지 않고 더 나은 인생의 길을 수월하게 찾을 수 있을 것이다. 그 까닮은 사랑은 나만을 위한 이기적인 집착을 자의적으로 거부하고 타인을 위해 기쁜 마음으로 봉사와 희생을 할 수 있도록 그대의 손을 잡고 친절하게 인도할 것이기 때문이다.

나 자신만을 위해 살아갈 때는 추악한 욕심에 사로잡혀 눈앞의 조그만 이득을 획득하기 위해 벌겋게 충혈된 두 눈을 희번덕거리던 사람도 사랑을 만나서 논길 사이에 얼굴을 내민 풀잎처럼 수수한 사랑의 느낌들을 체험하게 되면 자신이 가진 것들에 대해 겸허히 만족하는 마음을 지니게 된다.

만족할 줄 아는 사람에게 신은 행복을 소유하고 관리할 수 있는 평생 자격증을 주었다. 인간의 세계에서는 무슨 자격증이든 자격증을 따기 위해서는 그에 관한 공부를 해야 하고 운도 따라줘야 하겠지만 우주가 수여하는 자격증인 만족은 다만 인간이 사랑이라는 마음을 영혼 깊이 품어 안기만 하면 주어진다.

만족을 모르는 사람은 인생에서 결코 행복을 맛보지 못할 것이다. 그러므로 여러분이 사랑을 하게 된다는 일은 만족한 인생을 살아갈 수 있는 지름길을 미리 예약한 것이나 다름없는 기쁘고 축복해줄 만한 일이다. 그 사랑이 불완전한 사랑이어도 혹은 완전한 사랑이어도 이미 그대의 마음속에는 사랑을 하기로 한 순간부터 만족이란 선물이 도착해 있다는 사실을 기억하라.

무릇 마음이 너그러운 사람은 내면에 만족함이 가득한 사람이다.

행복한 인생을 위해서는 너그러운 마음씨를 지녀야 함은 물론이다. 그러기 위해서 우리는 사랑을 해야 한다. 사랑은 우리에게 만족이라는 커다란 보상을 준비해두고 있다. 돈이 없어도 백만 달러를 지닌 사람보다 더 부자가 될 수 있는 방법이 있다. 소유하고 있는 부동산이 없어도 세계 최고의 부동산 갑부가 될 수 있는 비결이 여기에 있다. 바로 사랑을 하는 것이다. 사랑을 하면 우주의 모든 시공간이 그대의 것이 될 것이다. 사랑은 만족을 선물해 주어서 어떠한 환경에도 풍족한 마음상태를 유지해갈 수 있게 할 것이다.

그대 곁에 있는 사람의 두 눈 속에 결핍의 조짐이 보이지 않는가. 그는 사랑을 갈구하고 있는 가여운 존재이다. 그대가 관심을 기울여주고 사랑의 말을 건네주기를 절박한 심정으로 지금 기다리고 있는 것이다. 사랑을 하라. 아무것도 가진 것이 없는 빈털터리도 최고의 만족을 느끼며 다시 일어서서 성공의 희망을 찾을 수 있게 해주는 것은 바로 사랑이다.

하염없이 반복되는 고루한 생활에 지친 우리들에게 사랑이 주는 세 번째 선물이 여기 있다. 그 선물의 이름은 세상의 아름다움을 바라볼 수 있는 눈이다. 인간이 사물을 인식하는데 가장 큰 도움을 주는 눈. 그러나 우리들은 원치 않는 광경들, 차마 보고 싶지 않은 흉악한 성격을 지닌 사람들, 보고 나서 후회가 되는 참혹하고 처참한 장면들을 눈으로 보기도 한다. 그래서 어쩔 때는 그 장면을 보고 싶지 않아서 두 눈을 꼭 감아버리기도 하며 차라리 보지 말걸 그랬다며 홀로 후회하기도 한다. 시각장애인들을 보노라면 그들은 눈이 보이지 않아 세상을 속속들이 볼 수 없을 것 같지만 그들은 그들만의 시야를 이미 지니고 있어서 정상적인 눈으로 세상을 살아가는 사람보다 더 많은 것들을 보고 느끼고 있는 경우가 많이 있다.

사슴처럼 까맣고 반짝이는 예쁜 눈, 새우처럼 작고 옆으로 찢겨진 인상이 좋지 않은 눈, 겹겹이 주름진 눈꺼풀 아래에서 현명하게 빛나는 노인의 눈 등 눈의 모습들은 인간의 얼굴만큼이나 다양하기 그지없다. 눈을 바라보면 그의 인생 역경이 고스란히 빠짐없이 담겨져 있다.

그렇게 수많은 눈들 중에서 가장 사람의 심금을 울리는 눈이 있으니 그 눈은 바로 세상의 아름다움을 바라볼 수 있는 눈이다. 사랑은 우리에게 그런 기적적인 눈을 지닐 수 있도록 만들어준다. 그러므로 그대가 세상에서 가장 멋지고 예쁜 눈을 갖고 싶다면 인기 있는 성형외과에 찾아갈 것이 아니라 오늘부터라도 사랑을 하면 된다. 성형을 해서 인위적으로 만들어진 눈은 세월이 흐르고 서서히 세포가 노화되면 피부가 처지고 눈동자도 흐릿해지고 볼품없이 늙어가고 말 것이지만 사랑으로 형성된 보석처럼 빛나는 눈은 영원히 그 모습 그대로 그대의 내면에 별빛처럼 고운 모습으로 머무를 것이다.

세상의 아름다움을 바라볼 수 있는 눈은 어떤 눈일까.

여기 한 명의 지탄받는 비리 정치인이 있다. 그는 촉망받는 젊은 정치인이었으나 얼마 전 모 기업인으로부터 수 억 원의 돈을 받고 사업상 이익이 될 만한 정보를 넘겨주었다는 사실이 검찰 수사에 의해 발각되었고 그로 인해 사회적으로 매장될 만큼 언론에 연일 대서특필 되었고 수의를 입고서 구속되는 처량한 신세가 되었다.

그대가 세상의 아름다움을 볼 수 있는 눈을 지녔다면 그 비리 정치인의 부정직하고 부패한 면만을 보지는 않을 것이다. 그는 어쩌면 가난하고 열악한 환경을 지닌 빈농의 아들로 태어나 일생을 힘겹게 지내왔는지도 모른다. 여러 시련기를 거쳐 이를 악물고 노력해서 정치인이 되었으나 어릴 적부터 젖어있던 가난의 공포가 그의 목을 옥죄고 있었는지도 모른다. 그는 비록 넉넉한 돈을 이미 소유하고 있었으나 가난으로부터 받았던 공포가 두려워서 더 많은 돈을 소유하고 싶은 욕심에 상대방의 유혹에 쉽게 빠져들었는지도 모른다.

비리 정치인에 대해 그 누가 이런 동정어린 눈길을 보낼 수 있겠는가. 너도 나도 손가락질하며 비난하기에 바쁠 테니 말이다. 타인에게 향하는 손가락은 하나이지만 나머지 손가락은 자신에게 어김없이 향하고 있다는 사실을 기억하라. 그에게 누가 돌을 던지겠는가. 우리에게는 반드시 감추고 싶은 결점들이 있음을 잊지 말자. 가끔 그것을 망각하게 될 때 타인에 대해 거침없이 비판을 쏟아내게 될 것이지만 분명 그것은 비겁한 짓이다. 왜냐하면 전혀 비난받을만한 일을 하지 않고 일생을 살아가고 있는 사람이나 살았던 사람은 단언하건데 단 한명도 없기 때문이다.

사랑이 가득한 사람의 눈은 세상의 모든 아름다움을 볼 수 있다. 아무리 더럽고 추잡한 인간이나 환경에서도 그 안에 내재되어 있던 고유의 아름다움을 발견해낼 수 있는 능력이 있는 것이다. 화원에 아름답게 피어난 장미꽃을 보고서 그 아름다움을 찾아내는 일은 쉽게 해낼 수 있겠지만 진흙탕 속에 뭉개진 햇살을 보고서 그 햇살의 아름다움을 찾아낼 수 있는 일은 세상의 아름다움을 볼 수 있는 눈을 지닌 사람에게만 허락되어 있다. 사랑이 있는 사람의 마음은 가식적이지 않고 타인의 불행에 기뻐하지 않으며 날마다 더 행복해지기 위해 자발적으로 진화되어 가고 있기 때문에 세상의 아름다움을 볼 수 있는 눈을 지닐 수 있게 된다.

혹시 지금 몹시도 우울한가. 그렇다면 그대에게는 세상의 아름다움을 볼 수 있는 눈이 반드시 필요한 시기이다. 그것을 획득하기 위해서는 사랑을 하면 될 것이다. 무엇을 사랑할까. 누구를 사랑할까. 가장 싫은 사람을 먼저 사랑하고 가장 꺼림칙한 것들을 더 사랑해야 한다. 공부를 할 때에도 가장 어려운 과목부터 먼저 정복하고 쉬운 과목을 하면 수월하게 되듯이 사랑을 할 때에도 가장 힘겨운 상대를 먼저 사랑하는 것이 현명한 방법이다. 자신을 지상에서 가장 괴롭게 하는 사람을 먼저 용서하고 사랑하게 된다면 사랑은 세상을 아름답게 볼 수 있는 눈을 그대에게 줄 것이다.

　사랑이 우리에게 주는 네 번째 선물은 무엇일까. 그것은 여러분이 성공하기 위해 꼭 갖추어야하는 요소인 역경에 굴복하지 않는 정신자세이다.
　사랑은 타인에 대한 사랑에만 국한된 것이 아니다. 자기 자신에 대해서도 타인과 사물을 사랑하는 것처럼 진심으로 열렬히 사랑해야 한다. 자기 자신을 사랑하지 않는 사람이 다른 사람들에게 사랑을 나누어준다는 것은 있을 수 없는 일이다. 그것은 불가능한 일이며 만일 그런 사람이 있다면 그가 하는 사랑은 거짓임에 틀림없다.
　자신을 사랑하라는 말은 자신을 믿고 자신의 존재가치를 인정하며 자신이 지닌 꿈에 대해 긍정적인 사고를 해줄 수 있는 자세이다. 그렇게 되면 역경에 굴복하지 않는 정신자세가 소나기가 훑고 간 신록이 우거진 초원위에 피어나는 무지개처럼 찬란하게 찾아올 것이다. 역경에 굴복하지 않는 정신자세를 지니는 일은 대단히 중요한 일이다. 인간은 정신에 의해 지배받고 운영되는 개체이다. 정신은 영혼이며 넋이고 인간의 본체이다. 어떤 정신을 가지고 세상을 살아가느냐에 따라 인생 자체가 확연히 달라질 수 있음은 물론이다.
　그렇다면 그대는 어떤 정신자세로 살아가고 싶은가. 하고자 하는 일에 도전했으나 실패했을 때 '그래 난 가망 없는 인간이야' 하며 자괴감에 빠져버리는 연약한 정신자세와 '이번에는 비록 실패했지만 무한한 가능성을 보았어. 실패를 거울삼아 더 발전해야지' 하는 강인한 정신자세가 있다면 어떤 정신자세를 택할 생각인가.

인생의 연금술을 완성시키고 성공적인 삶을 영위해가기 위한 여정에 나선 그대이기에 마땅히 어떠한 역경에도 굴복하지 않고 이겨나갈 수 있는 강인하고 꿋꿋한 정신자세를 선택할 것이라 믿는다.

사랑을 하게 되면 그러한 유쾌하고 맑은 정신자세를 늘 유지해나갈 수 있다. 사랑은 끊임없이 그대에게 그런 정신을 선물해 줄 것이다. 좌절감에 빠진 그대를 파문 없이 일으켜 세워줄 그런 선물, 슬픔과 눈물의 강에 휩쓸려 떠내려가는 그대의 젖은 가슴을 따스하게 덥혀줄 그런 선물, 뼛속을 파고드는 외로움에 고개를 꺾고 있는 그대에게 언제 어디서든 '넌 혼자가 아니야' 라며 속삭여주는 다정하고 상냥한 그런 선물을 사랑은 그대에게 서슴없이 줄 것이다. 그러나 그 선물을 받을 수 있는 사람은 그러나 유감스럽게도 한정되어 있다. 그는 진심으로 나와 타인을 사랑할 수 있는 사람일 것이다.

사랑이 우리에게 주는 선물들을 손가락을 펼쳐 헤아려 보라. 밤하늘에 고요히 빛나는 별들을 엄마와 함께 헤아려보던 어린 시절의 그대처럼 맑고 투명한 마음가짐으로 그것들을 바라다보면 한 때 증오했던 그 누군가도 한 때 원망했던 그 누군가도 아무런 사심 없이 사랑해줄 수 있는 넉넉한 마음이 움터나게 될 것이다.
 사랑한다는 건 미움을 용서로 무관심을 관심으로 경멸을 존중으로만 바꾸는 일이 아니다. 타인과 사물의 본질 자체를 철저히 이해하고 송두리째 받아들이며 깊은 애정을 심장 깊숙이 간직하고 마음의 관용을 널리 베푸는 일이다.

목숨이 다하는 날까지 사랑하라

우리는 몇 살까지 살 수 있을까. 물론 아무도 자신이 몇 살까지 살 수 있을지 정확히 예측할 수가 없다. 병원으로부터 몇 개월밖에 살 수 없다고 확실하게 통고받은 사람조차도 그 예상을 보란 듯이 깨고 병을 완치해 더 긴 시간을 생존해나가는 사람도 있으며 늘 건강해보이던 사람이 어느 날 갑자기 허망하게 세상을 떠나는 경우도 종종 있기 때문이다. 그래서 우리는 언제 어느 시간까지 생명의 숨결이 육신의 굴레에 머물러줄 수 있게 될지 예감할 수 없다. 그렇기에 인생은 더 짜릿하고 소중한 가치가 있다.

영원히 죽지 않고 불멸의 길을 걸어갈 수 있다면 구태여 목표를 이루겠다는 특정한 기한을 정해 노력할 필요도 없을 것이다. 영원히 지겹도록 살 것이므로 절박한 심정으로 꿈을 향해 힘차게 달려갈 이유도 없어질 것이고 가족과 친구들도 소중하다기보다는 자칫 거치적

거리는 무감각한 존재가 되어 버릴 소지가 많아질 것이다. 그러나 다행인지 불행인지 우리의 목숨은 명백하게 한정되어 있다. 이것에 대하여 당당하게 이의를 제기할 사람은 단 한명도 없다는 사실은 서글픈 우리들의 단면이 아닐 수 없다. 누군가 소신 있게 그렇지 않다고 인간은 영원히 살 수 있다고 외치고 나와 그 방법들을 세세하게 알려준다면 그는 가장 많은 부를 소유하게 될 것이고 모든 이들로부터 추앙받을 것이다. 그렇지만 참으로 안타깝게도 그럴 사람은 애초에 없다. 누구나 자신만의 제한된 시간을 부여받고 그 시간만큼만 정확하게 살다가 이슬처럼 홀연히 사라지고 만다. 그것이 인간이든 동물이든 무생물이든 상관없이 정해진 공통된 운명인 것이다.

그렇게 언제 어느 때인가는 분명히 소리 없이 사라질 목숨이라면 주어진 시간 동안 어떻게 살아가는 게 현명한 일일지 당연히 생각해 보아야 할 것이다. 철없어 보이는 초등학생들도 방학을 맞이하기 전에는 며칠 전부터 부지런히 하루 일과표를 정성들여 작성한다. 그런데 성숙한 자아를 지닌 여러분이 몇 십 년이 될 인생에 대한 계획을 조금도 세우지 않고 될 대로 되란 식으로 살아간다는 것은 아까운 시간들을 끊임없이 낭비하고 있는 것이나 다름없는 안타까운 일이다. 그러므로 어떻게 하루하루를 살아가야 할 것인지 고심해보아야 하는 일은 밥을 먹고 잠을 자는 일보다 더 중요한 일이 될 수 있다.

인간은 다수의 동물들처럼 생존만을 위해 살아가는 존재가 아니며 단순한 쾌락만을 탐닉하고 추구하기 위해 살아가는 존재도 아니라는 사실을 명심하라.

자신의 삶을 어떤 식으로 살아갈 것인지 치열하게 고민해보지 않는다면 소중한 목숨을 스스로 덧없이 흘러가는 시간에게 상납해주고서 쓸쓸히 죽음을 맞이하고 마는 허탈한 신세가 될 것이다. 그렇다면 어떻게 매일 매일을 살아가야 할까. 그대는 목숨이 다하는 날까지 사랑하며 살아가야 한다. 그것이 인생설계의 가장 기본적인 밑바탕이 되어야 할 것이다.

사랑을 한다는 건 모든 것들에게 애정 어린 인사를 하는 것과 같은 일이다. 따뜻하고 자애로운 마음의 인사를 매순간 간절한 심정으로 건네는 일이 바로 사랑이다. 인사를 마음속으로부터 우러나와서 하는 사람은 상대방이 자신의 인사를 받아주지 않는다고 해서 그를 원망하거나 화를 내지 않는다. 그처럼 사랑을 진정한 마음가짐으로 하는 사람이라면 자신이 간직해온 사랑을 주어도 상대가 아무런 반응이 없거나 때로는 철저히 무시한다고 하더라도 더 많은 사랑을 주기 위해 노력하며 도리어 자신의 사랑이 부족하지 않았는지 되돌아본다.

사랑을 하는 시간을 몇 년 몇 월까지로 기한을 정해놓을 사람은 없을 것이다. 사랑은 목숨이 다하는 날까지 해야 하는 일이고 그것을 실천하는 사람에게는 정신적 풍요로움이 가득하게 될 것이며 생을 다하는 날 인생에 대해 만족할 수 있는 소수의 축복받은 사람 속에 포함될 것이다.

한 사람이 인생을 잘 살았다고 스스로 만족할 수 있다는 것은 죽음의 사신조차도 그에게 고개 숙여 경의를 표할만한 일이다. 우리는 그런 사람이 되어야 한다.

사랑을 이루는 요소

그대가 일찌감치 고향을 떠나와 타지에서 혼자 사는 직장인이든지 눈감고도 척척 집안일을 해내는 살림고수인 전업주부이든지 편의점 구석에서 얼큰한 국물의 컵라면으로 점심을 해결하곤 하는 외로운 샐러리맨이든지 먹는 시간마저도 아까운 자영업자이든지 요리를 맛있고 영양가 있게 잘 하기 위해서는 그 요리에 들어갈 각각의 재료들에 대해서도 여러 가지 유용한 정보를 골고루 습득해야 한다. 자신이 요리하려고 하는 여러 가지 야채나 고기, 생선 등에 포함된 영양소는 무엇인지 칼로리는 얼마나 되는지 건강에는 어떤 영향을 끼치는지 등 재료들에 대한 정보는 요리하는 사람이 꼭 알고 있어야 할 기본상식일 것이다.

인생을 살면서 사랑을 맛깔나게 하는 사람이 되기 위해서도 물론 사랑이 무엇인지 사랑을 이루는 각각의 요소들에 대해 누구보다 더 잘 알아야 할 것이다. 지금까지 우리가 사랑의 표면을 멀리서 광범위하게 전체적인 면을 관조해봤다면 이제부터는 사랑의 내면을 이루는 다양한 요소들에 대해 가까이 다가가서 차분히 세밀하게 주시해 보도록 하자.

사랑은 무엇일까. 사랑은 어떤 것들로 이루어진 것일까. 백정미란 사람은 왜 이토록 사랑이란 주제에 대해 길게 말을 하고 있는 것일까 하는 의문을 지금쯤 그대는 지니고 있는지도 모른다. 물론 나는 여러분보다 도덕적으로 더 반듯하다고 할 수도 없고 지적으로도 더 우월하다고 할 수도 없다. 나는 다만 우주의 지혜를 좀 더 많이 깨달을 수 있는 예민한 감수성을 타고났을 뿐이며 그런 보석 같은 생의 지혜들을 여러분에게 나눠주기 위해 이 글들을 쓰고 있는 것이다.

현실에서의 나는 이상적인 사랑이 가득한 그런 사람이 아닐 수도 있고 여러 가지 면에서 부족한 사람이라는 사실을 미리 고백하고 싶다. 참 다행스럽게 흠 하나 없이 완전한 사람은 찾아보기 어렵다. 그러므로 그대 또한 어떤 면에서 부족하거나 남들보다 조금 뒤떨어진다고 해서 한 뼘 자신감이 줄어들거나 소금에 절여진 배추처럼 주눅들 필요는 없다. 오히려 모자라고 부족한 점이 그대를 더 분발시키는 영감과 추진력을 줄 것이다. 잔잔하게 일렁이는 호수 위에 반짝거리는 햇살 같은 명랑한 자부심과 자신감을 가지고 시선이 닿는 모든 것들을 두루 사랑을 할 필요가 있다. 사랑의 비밀스러운 내부를 이제 지그시 들여다보자.

가장 먼저 눈에 띄는 것은 미워하지 않는 마음이다. 아이보리색 자잘한 레이스가 달린 드레스를 입은 중세의 공주처럼 아름다운 검은 머리카락을 휘날리며 사랑의 내면에서 우아하게 웃고 있는 존재. 사랑은 미워하지 않는 마음 그 자체이다.

누군가를 미워해본 적이 있는가. 누군가가 미워 죽겠어서 밤 새 잠을 못 이루었던 적은 없었는가. 밥을 먹긴 먹어도 껄껄한 모래알을 집어넣고 억지로 씹는 것 같고 감칠맛 나는 국물을 마셔도 쓰디쓴 쓸개즙을 목구멍에 들이 붓는 것 같고 아무리 웃긴 이야기를 들어도 웃음이 절대 나오지 않던 그 답답하고 폐쇄적인 느낌. 언젠가는 멋지게 복수해주리라 다짐하며 그에 대한 분노를 가슴에 품고 이글이글 자신의 마음을 불태우지는 않았는가. 누군가를 미워한다는 것은 자신의 가슴에 뜨거운 불덩이 하나를 피워놓고 끝없이 새로운 휘발유를 끼얹어주는 행위이다. 그런 불안하고 갈피를 잡을 수 없을 정도로 일그러진 마음에 어떻게 평화가 찾아올 수 있겠는가. 타인을 미워하는 일은 자신에게 더 큰 고통을 주는 일임을 잊지 말라.

사랑의 내면에는 타인을 미워하지 않는 마음이 있다. 그것은 너그러운 마음이고 자비로운 마음이며 한없이 겸손한 마음이다. 인자한 말과 행동으로 다른 이의 가슴에 편안함과 안도감을 주는 사람에게는 사랑이 있다. 사랑은 미움 받아 마땅한 행동을 하는 사람조차도 용서하고 포용하며 적의 없이 이해한다. 그대에게 아직도 누군가를 미워하는 마음이 남아 있다면 아직 사랑이 내면에 온전히 깃들지 못했다는 증거가 될 것이다.

왜 미워하는 것이 결국엔 자신을 해치는 일이 될까. 누군가를 미워하게 되면 단 한 순간도 평화로울 수가 없기 때문이다. 미워하는 일에 생명의 에너지를 쏟게 되므로 자신을 위한 일에 쏟을 에너지가 현격히 부족하게 된다. 인간은 매일 매순간 조금씩 성장해 나간다. 신체적인 성장은 일정한 시간이 되면 멈추게 되지만 정신적인 성장은 평생을 두고 이루어 가야하는 필생의 과제인 것이다. 그리고 이런 성장은 신성한 생명의 에너지를 필요로 한다. 그러나 누군가를 미워하게 되는 순간 인간의 몸속에 있던 생기 있던 에너지들이 미움을 유지하고 더 키워가기 위해 다 쓰여 버리게 되므로 정신적 성장을 위해 투자할 여력이 없어지게 되어버리는 것이다. 그래서 결국에는 황폐화된 정신상태가 되고 가뭄에 말라버린 황야처럼 메마른 삶을 살아갈 수밖에 없다. 미워하는 일을 즐겨하는 이의 입가에는 미소 대신 우울한 그림자가 깃들 것이고 눈동자에는 기쁨의 빛이 아닌 원한의 불꽃이 서리게 될 것이다.

인생의 연금술을 이루기 위해 가장 중요한 것은 마음의 평화이다. 그런데 누군가를 원망하게 되면 그런 마음의 평화를 이루는 일

자체가 요원한 꿈이 되어 버린다. 지금 그대의 가슴에 바위덩어리처럼 들어앉은 그 누군가가 있는가. 그를 생각하면 심장이 쉴 새 없이 요동치고 혈압이 오르고 침이 바짝 마르고 주먹이 불끈 쥐어지며 참을 수 없는 분노가 치솟아 오르지 않는가. 그렇다면 그대는 그를 미워하고 있는 것이다. 그리고 동시에 자신에게 가혹한 벌을 내리고 있는 것이다. 미워하는 일은 자신을 아프게 하는 것이지 미움 받는 상대방에게는 아무런 해도 끼치지 않는다. 사랑의 내면에는 미워하지 않는 마음이 있으며 우리들이 누군가를 미워함으로 인해서 상처받게 된 영혼을 치유해줄 수 있는 능력도 가지고 있다. 가슴에 사랑이란 숭고한 감정을 품게 되면 더 이상 누군가에게 미움을 품지 않게 될 수 있다. 다시 한 번 가슴 속에 각인시켜 보라. 미워한다는 일은 나 자신을 더 큰 고통에 빠트리는 참 바보 같은 일이라는 것을. 그리고 그것은 사랑만이 멈추게 할 수 있는 일임을 기억하길 바란다.

사랑의 내면에는 또 다른 두 번째 요소가 존재하고 있다. 그것은 원망하지 않는 마음이다. 우리는 자신의 현재의 모습에 어느 정도의 불만을 가지고 살아가고 있다. 아름다운 장미의 가지에 날카로운 가시가 돋아 있듯이 향기로울 것만 같은 인생에도 반드시 불만이라는 뾰로통한 가시가 있다.

눈, 코, 입 얼굴 생김새부터 성격에 대한 불만, 직장 동료들과 상사들에 대한 불만, 정치인들에 대한 불만, 부모님에 대한 불만, 학교 친구들에 대한 불만, 살고 있는 집에 대한 불만, 자녀들의 성적에 대한 불만, 편파적인 방송에 대한 불만, 자신의 능력에 대한 불만 등.

불만의 수는 이루 말할 수 없이 많으며 일상에서 불만이 차지하는 깊이의 경중에도 많은 차이가 있다. 이 불만이 문제가 되는 것은 불만은 불만에서만 그치지 않고 더 나아가 원망하는 마음이 되어버리기 때문이다. 불만이 불만 그 상태로만 머무를 수는 없다. 불만은 쌓이고 쌓여서 누군가를 원망하는 마음이 되기 위해 잉태된 어둠의 사생아이므로 불만을 품게 된 순간 인간은 원망하는 마음을 동시에 지니게 되는 것이다. 지금의 자신의 처지에 대해 다른 사람을 탓하고 있다면 이제부터는 스스로가 이렇게 만들어 왔다고 인정하는 연습을 하길 바란다. 설령 타인이 강제적으로 자신의 인생을 불행하게 만드는 데 일조를 하였다고 하여도 자신의 책임을 면하거나 회피할 수는 없다.

인생의 주인공은 바로 그대 자신이다. 이제부터는 그대가 각본을 쓰고 그대가 직접 연기를 하고 그대가 당당하게 연출을 하도록 하라. 아무리 다른 사람이 고의적으로 그대의 인생을 손에 쥐고 이리저리 제 멋대로 흔들려고 해도 그대 자신이 흔들리지 않기로 작정한다면 그 누구도 그대의 인생에 대해 이래라 저래라 참견할 수가 없다. 인생을 타락시킬 원흉인 원망을 저만큼 밀쳐낼 수 있는 것도 자신의 의지에 달려 있음을 명심하라.

    원망하는 마음을 버리기 위해 사랑을 선택하는 것은 현명한 방법이다. 사랑은 원망하지 않는 마음을 제 가슴에 바탕화면으로 꾸미고 있기 때문에 사랑을 하기 시작하면 원망은 봄 햇살에 눈이 녹아내리듯이 스르르 녹아서 영원히 의식 속에서 사라지고 말 것이다. 아무것도 원망하지 않기로 하였다면 이제 좀 더 당당해진 자세로 스스로의 인생에 대해 주인의식을 가지고 삶을 살아갈 수 있게 된다. 껌을 씹는 것처럼 늘 습관적으로 누군가를 탓하며 자신의 처지를 비관해오던 사람이라도 사랑을 품에 안게 되면 편협하지 않고 열린 마음과 포용력 있는 자세를 지니게 되어 누군가를 원망하기 보다는 그들의 처지까지도 아량 있게 헤아려 줄 수 있는 사람이 될 수 있다. 불만을 지니고 타인을 탓하며 살아가던 과거의 어두운 시절의 삶을 가뿐히 버리고 향기로운 사랑의 에너지가 가득한 일생을 살아가는 사람에게는 밝은 내일이 찬란하게 무지개 언덕 위에 예비 되어 있다.

    자신의 생각의 자궁 속에 원망하지 않는 마음을 품고 있다가 누군가 원하면 그것을 순순히 내어주는 사랑이란 것이 불굴의 집념을 지니고 도전해야만 겨우 성취할 수 있는 일이 아닌 것은 다행스러운 일이다. 죽기 아니면 살기로 까치발까지 하며 덤벼들어야 하는 그런 필사적인 노력을 요구하는 것도 아니며 누구나 인생의 방향키를 조금만 더 긍정의 방향으로 선회할 수 있다면 도달할 수 있는 것이 사랑이란 영역임은 얼마나 고마운 사실인지 모른다. 사랑을 하는 일은 결코 버거운 일이 아니다. 기쁘고 행복하고 감사함을 느낄 수 있는 쉽고도 즐거운 일이다. 사랑의 내면에 항상 깃들어 있는 원망하지 않는 마음을 여러분이 어느 날 사랑을 받아들임으로써 극적으로 획득하게 된다면 수시로 불안하게 온 몸을 엄습해오던 인생에 대한 막연한 공포로부터 해방되게 될 것이라는 것을 약속한다. 공포로부터의 해방은 삶을 컴컴한 다락방에서 햇살이 사방에 융단처럼 깔려있는 금빛 대지위로 순간이동 시켜주는 놀라운 경험을 의미한다. 어떠한 역경에도 부정적인 결과를 예측하지 않고 긍정적인 결말을 이루어내기 위해 전진해갈 수 있는 힘을 스스로 생성해 내게 되는 계기가 될 것이다. 사랑의 내면에 깃든 원망하지 않는 마음으로부터 그대는 궁극적인 행복에 이르게 되는 비밀열쇠를 찾을 수 있는 보물지도를 발견하게 될 것이다.

사랑을 이루고 있는 세 번째 요소는 자신이 한 일에 대해 무한한 책임을 지는 마음이다. 책임진다는 말을 처음 들으면 어느새 자동적으로 연상되는 이미지는 무거운 짐을 등에 가득 지고 가파른 언덕길을 올라가야 하는 다리가 풀린 늙은 당나귀가 매달고 있는 삶의 무게 또는 그에 준하는 막중한 부담감이거나 혹은 모든 걸 초연히 받아들이는 달관한 수도자의 자세이다.

만일 주변에서 그대에게 뭔가를 책임져라 하면 부담스러운 감정이 먼저 앞서 나타나는 건 어쩔 수 없는 반응이다. 평범한 우리들에게 책임진다는 일은 그 내용이 어떠한 것이든 선뜻 앞에 나서고 싶지 않은 일인지도 모른다. 그렇지만 진정한 사랑을 하는 사람은 책임지는 마음을 지닐 수밖에 없다. 거룩한 성인이 아닐지라도 인간으로 태어난 생명은 누군가를 책임지고 살아가는 운명이다. 그 무엇도 책임지고 싶지 않다는 것은 헛된 바람일 뿐이다. 인간은 부모의 책임지는 마음으로 인해서 세상에 태어날 수 있게 되었다는 사실을 잊고 살아가는 무모함을 범한다. 어머니가 생명을 책임지는 마음을 지니지 못했다면 결코 우리는 이 세상에 태어나는 행운을 누리지 못했을 것이다. 아버지가 자식을 책임지는 마음을 지니지 못했다면 결코 인간은 인간다운 인간으로 성장해나가지 못했을지도 모른다.

책임은 인간과 인간 사이에만 있는 것은 아니다. 우리가 우리의 생명을 존재하게 해주는 대지의 어머니 지구에 대한 책임을 무시하고 수 백 년, 수 천 년 동안 오염물질을 무차별적으로 배출한 결과 지금 우리의 지구는 온난화와 환경오염으로 인해 아사 직전의 아이처럼 애처롭게 신음하고 있지 않은가. 앞으로도 계속 이렇게 지구를 책임지지 않는 인간의 오만한 행태가 계속될 경우 우주의 법칙은 한 가지 길로 수십억 지구인들을 이끌어갈 수밖에 없다. 그것은 아름다운 행성 지구의 처참한 종말일 것이다. 그렇지만 이제라도 지구에 대한 책임의식을 통감한 많은 사람들로 인해 조금씩 오염물질 배출을 자제하고 친환경 에너지를 사용하고자 하고 있으므로 우리 지구의 미래는 그리 어둡지만은 않다.

이렇듯 책임지는 마음은 한 개인의 생명이 탄생하는 일에서부터 거대한 지구의 운명을 결정할 만큼 중대한 마음가짐이다. 그렇지만 책임진다는 일에 미리 겁먹고 두려움을 느끼고 뒤로 물러서지는 말기 바란다. 무엇을 하기 전에 그것에 기가 꺾이거나 압도당하는 것은 이미 절반 이상을 지고 시작하는 패배한 게임이나 마찬가지이듯이 책임진다는 일에 미리 압도되어서는 책임질만한 일에 마땅히 책임지는 성숙한 의식을 가지기는 힘겨울 수밖에 없는 것이다. 그러므로 자신이 한 일에 대해서는 언제든지 그 일에 대해 책임을 지겠다는 각오를 지니고 하루하루를 살아가야 한다. 사랑의 본질에는 책임지는 마음이 있음을 기억하라. 사랑은 특히 자신이 한 행동에 대해 확실하게 책임지기를 두려워하지 않는다. 사랑을 이루고 있는 요소들 가운데 책임지는 마음이 차지하는 비중은 그러기에 클 수밖에 없다.

타인과 세상에 대해서 한 행동을 책임지는 일만큼 자기 자신에 대해서 책임지는 일도 그에 못지않게 중요하다. 사랑이 가득한 사람이 되면 자신과 세상의 경계가 무너지고 세상은 곧 자신이며 자신은 곧 세상이라는 새롭고도 조화로운 가치를 추구하는 의식이 생겨나게 된다. 그러므로 타인의 올바르지 못한 행동으로 인해 자신이 얼마간의 고통을 받게 되더라도 그에게 무작정 비난과 복수의 칼끝을 들이대기보다는 그의 정신적 미숙과 모자란 삶의 지혜에 대해 가슴 아파할 수 있게 될 것이며 자신이 행하는 모든 행동 하나하나에 따라오는 결과는 자신에게만 한정적으로 영향을 끼치는 것이 아니라 주변의 모든 사람들과 심지어 우주의 모든 존재들에게까지 광범위하게 영향력이 적용된다는 참다운 진리를 깨달을 수 있게 되는 것이다. 그러한 의식의 기조에는 물론 사랑이 있으며 자신이 한 일에 대해 끝까지 겸손하게 책임지는 건전한 사고방식이 자리 잡고 있음은 명확한 사실이다.

그대가 정녕 많은 사람들에게서 마음으로부터 우러나오는 사랑을 받고 싶다면 그들에게 값비싼 선물과 입에 발린 달콤한 언어를 쥐어주기 보다는 그와 세상 앞에서 하는 스스로의 모든 말과 행동과 생각들에 대해 결연하게 책임지겠다는 성실하고 바른 자세를 보여주면 된다. 그렇게 하면 사방에 침을 튀겨가며 구태여 열변을 토하는 수고를 하거나 자신의 위대함과 우수성을 이곳저곳에 광고하지 않아도 사람들은 그대의 인간적이고 건실한 모습에 자연스럽게 반하게 될 것이며 신뢰와 존경을 보내게 될 것이다.

사랑을 이루고 있는 요소들 중에서 여기 말없이 조용하고 낮은 자세로 있는 듯 없는 듯 존재하는 것이 있다. 네 번째 요소인 소박하고 검소하며 순박하기까지 한 그것은 바로 절제의 미덕이다.

절제란 무엇인가. 절제는 현실의 표면을 뚫고서 끝없이 솟구쳐 올라오는 욕망을 적절하게 조절하는 것이다. 너무 지나치거나 모자람 없이 어떤 일에 대해 반응할 때 한 쪽으로 격하게 치우치지 않고 지나치게 몰입함으로써 일어날 수 있는 온갖 불상사와 폐해로부터 자신을 방어하는 현명한 삶의 방식이기도 하다.

사랑의 내면에는 그러한 절제가 부드러운 천상의 미소를 머금고 자신의 이름을 드러내지 않으며 국가의 안위를 위해 새벽마다 기도하는 강직한 충신처럼 항상 청렴하게 머무르고 있다.

절제는 자신을 외부에 요란스럽게 표출하지 않고서 사랑의 내부를 든든하게 지탱하고 있어서 겉으로 보이는 사랑에는 그것이 잘 보이지 않을 때가 더 많다. 하지만 사랑의 가치와 의미를 터득하게 된 사람에게는 절제의 미덕이 사랑을 이루는 커다란 핵이었다는 사실을 인정하고 받아들이게 될 것이다.

시간과 장소에 따라서 적절하게 절제할 줄 모르는 사람은 브레이크가 고장 난 성난 자동차처럼 한없이 욕망의 끝을 향해 미친 듯이 질주해 갈 뿐이다. 황홀하게 점점 가속도가 붙어가는 차량의 내부에서 그는 내장을 훑어 내리는 쾌감의 최고속도를 알알이 느끼며 향락을 즐기지만 그것은 결국 죽음과 파멸을 향해 가는 눈 먼 자의 질주일 뿐임을 알아야 한다.

우리는 매순간 시간을 절약하고 이성을 절제할 줄 알아야 한다. 그것은 인간을 지나치게 쾌락에 몰두하지 않게 해주며 건전하고 합리적인 사고방식을 지니게 함으로써 험준한 이 세상을 용기와 자긍심을 가지고서 헤쳐 나갈 수 있게 도움을 주는 고마운 마음이기 때문이다.

사랑에는 그러한 절제가 은밀하게 내재되어 있다. 사랑을 하게 되면 그러한 절제의 미덕을 가까이 접할 수 있게 될 뿐만 아니라 그러한 마음가짐을 특별한 어려움 없이 습득할 수 있게 된다. 왜냐하면 사랑은 절제이고 절제는 사랑을 필요로 하는 떼어내려고 해도 뗄 수 없는 불가분의 관계이기 때문이다.

있는 듯 없는 듯 겸손하게 사상의 지표 위에 엎드려 인간의 상처나고 궁핍한 영혼을 치유해주고 채워주기 위해 절제는 오늘도 사랑의 이름 안에서 우리를 기다리고 있다.

어떤 좋은 물건을 보고서 온전한 내 것으로 소유하고 싶다고 느끼지 않는 사람이 몇이나 될까. 그런 것들을 자신의 고유영역에 고스란히 가두어 두기 위해서 우리는 이른 새벽부터 밤늦은 시간까지 열정과 노력을 투자해 돈을 벌고 있다. 그 돈들은 원하던 물건이 되어 사람들의 품 안으로 들어오게 되지만 그러나 그것은 결국 한낱 먼지로 변하고 말 헛된 환영일 뿐임을 기억하라. 아무리 기를 쓰고 영원히 그것들을 간직하려고 해봐도 소용없는 일이라는 사실을 너무나도 잘 알면서 왜 사람들은 짐짓 모른 척 하며 살아가고 있을까. 솔직하게 터놓고 말하자면 우리 모두는 알고 있다. 그 어떤 좋은 물건도 처음 구입했을 때처럼 고스란히 보존될 수는 없다는 사실을.

그렇지만 인간은 일시적 만족을 얻기 위해 끊임없이 자신의 열정과 노력을 그리고 시간을 헛된 욕심의 주식에 투자해가고 있다. 그것이 무모한 도전일 뿐임을 알고 있지만 풀리지 않는 마법에 걸린 가여운 빨간 구두 아가씨처럼 제자리에서 욕망의 쳇바퀴를 굴리느라 여념이 없는 것이다. 더 좋은 것 더 새로운 것 더 값비싸고 진귀한 것을 갖고 싶은 마음은 진리와 겸손과 사랑을 추구해야할 인간의 마음을 속절없이 어지러운 혼란의 수렁 속에 빠트리기에 충분하다. 그러나 인생을 행복한 나날이었고 영원히 후회하지 않을 소중한 시간들이었다고 먼 훗날 회상하고 싶은 사람이라면 이제 절제의 미덕을 익혀야만 한다. 행복해지고 영혼의 자유를 만끽하고 싶다면 그대는 절제해야 한다. 그러기 위해 그대는 겹겹이 껴입고 있던 욕망의 껍데기들을 버리고 사랑의 품 안으로 길 잃은 어린 사슴처럼 가엾게 안겨도 좋다.

사랑은 오랜 시간 욕망과 세상의 더께에 시달려서 피폐해질 대로 피폐해진 인간의 헐벗은 마음을 다정하게 보듬어 안아줄 넓은 아량을 지니고 있다. 포근하고 안락하게 그대의 시린 가슴을 어루만져 주면서 여생을 안정되고 평안하게 지낼 수 있도록 긴밀하게 도와줄 것이다. 사랑을 하면 절제를 수용할 수 있게 되고 절제를 가슴 속에 수용할 수 있게 될 때 그대의 인생은 겸손과 온화함으로 가득 채워지고 최고의 비전과 꿈을 지닌 삶을 살아갈 수 있는 비옥한 토양이 비로소 마련될 수 있다. 그러므로 오늘부터라도 사랑하기에 모든 정열을 기꺼이 바치길 바란다.

지금부터 눈을 최대한 크게 뜨고 바라보고 귀를 쫑긋 기울여 들어보라. 여기 사랑을 이루는 요소 중에서 가장 큰 비중을 차지하고 있는 다섯 번째 요소가 있다. 그것은 용서하는 마음이다.

용서하는 마음이 없는 사랑이란 상상할 수조차 없을 만큼 사랑은 용서를 간절히 필요로 한다. 사랑은 용서를 먹고 매일 조금씩 자라나는 어린 떡갈나무와 같기 때문에 용서를 뺀 사랑은 아무런 존재의 가치가 없음을 인식하라.

여러분이 누군가를 진정으로 사랑하고 싶다면 그의 모든 잘못들을 아무런 조건 없이 무조건 용서하겠노라는 스스로의 강한 의지가 필요하다. 그것이 바로 사랑이기 때문이다.

어느 날 그가 그대를 버려두고 비정하게 다른 사람에게 떠나간다고 해도 용서할 수 있겠는가. 평생을 바쳐 죽을 만큼 헌신적으로 사랑한 자신을 무참히 배신하고 무시하고 모른척하더라도 마지막까지 그를 순수하게 사랑할 수 있겠는가. 처절하게 모욕을 당해도 그에게 여전히 사랑하는 마음을 담은 해맑은 미소를 지어보일 수 있다면 그대는 용서의 참다운 의의를 아는 사람이다.

사랑은 겉보기에는 한없이 아름답고 향기로워 보이지만 그 내면에는 아무도 알지 못하는 당사자의 힘겨운 사투가 있다. 결코 용서할 수 없는 사람을 용서해야 하는 일은 얼마나 고통스러운 일이겠는가. 절대로 용서하고 싶지 않은 사람을 용서해야 하는 일은 또 얼마나 긴 인고의 시간과 자신과의 싸움을 필요로 하겠는가. 하늘이 무너져도 용서해서는 안 될 중범죄를 저지른 사람을 용서하라니 얼마나 기가 막힌 일이겠는가. 웬만한 의지를 지니고서는 실천하기 어려운 힘든 결단이 아닐 수 없다. 그만큼 용서한다는 것은 어렵고 꺼려지는 일일 것이다.

그러나 사랑은 이렇게 힘겨운 일이 될 수밖에 없는 용서하는 마음을 그 안에 가장 많이 지니고 있다. 우리가 원하지 않아도 이미 그렇게 오래 전에 프로그래밍 되어 있는 것이다. 그리고 다행인 것은 인간은 누구나 스스로가 원한다면 사랑의 힘으로 누구든지 무엇이든지 어떤 일이든지 말끔히 용서를 할 수 있다는 사실이다. 어쩌면 그대에게 가장 큰 결단을 요구하는 일이 될지도 모르는 용서하는 일을, 사랑을 함으로써 편안한 미소를 수반한 채 수월하게 해낼 수 있는 것이다.

내가 나의 허물을 별 비난 없이 바라보듯이 그렇게 너그러운 시선으로 다른 이들의 치부와 허물을 바라볼 수 있기를 소망하라. 뒤에서 그대의 등 뒤에 비수를 꽂는 사람이 있거든 그의 떨리는 손을 이끄는 잔혹한 인간성에 결핍된 것이 바로 사랑이라는 사실을 인지하고 그를 불쌍히 여기도록 하라. 잔혹한 심성은 사랑의 결핍에서 나오는 아픈 상흔이며 준엄한 형벌의 피고름이다. 그것은 그러나 아무런 통증을 유발하지 않기 때문에 본인은 자신의 잔혹함을 잘 모르고 점점 증세가 심해져 가고 마는 심각한 상태에 이르게 되는 것이다. 따라서 용서를 받아야할 사람들은 자신의 잘못을 인식하지 못하고 있는 특별한 뇌구조를 지니고 있다고 해도 과언이 아니다. 우리는 뭔가를 몰라서 한 잘못에 대해서는 대단히 관대한 마음으로 용서한다. 모르고 하는 행동은 악의가 없다고 생각하기 때문이다.

세 살짜리 아기가 혼자서 걸음마 연습을 하다가 방 안에 있는 비싼 물건을 넘어뜨려서 산산조각 나게 했다고 해서 우리는 그 아기를 미워하거나 증오하지는 않는다. 아기는 그럴 수밖에 없는 불완전하고 연약한 존재임을 알고 있기 때문이다. 칠순이 넘은 할머니가 길을 걷다가 노구를 주체하지 못해 중심을 잃는 바람에 당신의 구두를 살짝 밟았다고 해서 그대는 물론 불같이 화를 내지는 않을 것이다. 병들고 나이든 할머니의 신체적 특징에 따른 어쩔 수 없는 현상임을 아주 잘 알고 있기 때문이다.

그렇다면 이제는 이렇게 생각하는 건 어떤가. 그대 주위에 있는 모든 사람들은 언젠가는 중대한 실수와 죄를 저지를 수 있는 충분한 가능성을 이미 지니고 있는 불완전하고 연약한 존재라고 생각하는 것이다. 그리고 그것은 그대 자신도 예외가 아니다. 모든 사람에게는 실수하고 잘못을 범할 가능성이 광범위하고 평등하게 내포되어 있다. 그리고 언제 그런 성질이 불시에 발현될지는 아무도 모른다. 그런 그들을 단죄하기 보다는 자애로운 사랑으로 용서하는 일은 자신의 심신의 안정을 위해서도 바람직한 일일 것이다.

그대는 용서를 받는 사람이 되기보다는 용서를 할 수 있는 사람이 되라. 또한 용서를 할 때에는 티끌 하나 남김없이 깨끗이 용서하고 더불어 사랑의 묘약으로 상처로 얼룩지고 영혼의 번잡한 고뇌가 서려있을 그의 환부를 치유해주도록 하라. 그렇게 하는 것이 참다운 용서다. 이것은 사랑이 이루어낼 수 있는 아름다운 기적 중의 가장 아름답고 희생적이며 인간애적인 기적이며 지금까지 인류가 평화롭게 공존해올 수 있었던 시발점이 된 것이다.

자신이 아직 누군가를 용서할 수 있는 기력이 남아 있을 때 많이 용서하고 사랑하는 시간을 가질 수 있도록 하라. 그 시간은 그리 길지 않다. 왜 그들을 좀 더 사랑하지 못했을까 후회하는 날은 인생을 올바른 방향으로 돌이키기에 너무 늦은 때이다. 너무 나이가 들어서 뇌가 제 구실을 못하게 되면 자신이 누구인지도 까마득하게 잊어지기도 하지 않은가. 세월의 무심한 손길이 우리의 얼굴에 굵고 어두운 주름살을 만들고 죽음의 사신이 문 앞에 찾아오기 전에 싱그러운 세포가 더 노화되기 전에 더 많은 사람들을 용서할 수 있어야 할 것이다. 용서하는 마음은 많이 가지면 가질수록 더 행복해지는 것이며 적게 가지면 가질수록 더 불행해지는 것이다. 그러므로 인간은 욕심을 내어 용서하는 마음을 더 많이 소유하고자 하여도 비난 받지 않을 것이다. 오히려 용서하는 마음이 많으면 많을수록 칭찬을 듣게 되고 사랑을 받게 될 것이므로 더 용서하고 더 사랑하는 삶의 시간들을 오늘도 가꾸어 나가는 데 인색하지 않기를 바란다.

사랑을 이루는 요소 중에서 이것을 뺀다면 많은 사람들이 섭섭해 할 것이 있다. 그것은 바로 여섯 번째 요소인 거짓 없는 마음이다.

한 사람이 진실이 아닌 거짓을 입에 올리는 한 그 사람에게는 행복과 마음의 평화를 획득할 수 있는 인생의 연금술을 체득할 수 있는 절호의 기회는 영영 있을 수 없다.

인생에서 가장 행복하고 찬란한 시기는 언제인가. 바로 대나무처럼 강직하고 난초처럼 청아한 정직에 기초를 두고 삶을 하루하루 성실하게 살아가는 시기일 것이다.

거짓말을 아무런 죄책감 없이 내뱉으면서 그것을 이용해 타인의 가슴에 씻지 못할 상처를 남기는 사람들의 가슴에는 도대체 무엇이 들어 있을까. 겉은 반지르르하고 윤기가 나는 것 같지만 속은 시커멓게 썩어서 버려진 과일처럼 거짓은 코를 마비시킬 만큼 추악한 악취를 사방에 내뿜을 것이다. 사랑은 그런 거짓을 대단히 경멸한다. 사랑의 내면에는 거짓 없는 순수하고 진실 된 마음만이 가득하기 때문이다.

순결하고 청초한 진실한 마음과 최대한 자주 접속하라. 아침이슬을 먹고 자라나는 숲 속의 향긋한 백합처럼 사랑은 정직과 진실의 달콤한 과즙을 먹고 마시며 아름답게 자라난다. 거짓이 그 입술에 기어 들어가는 순간 사랑은 어느새 시름시름 말라서 시들어버리고 죄악으로 가득 찬 한 인간이 있을 뿐이다. 그대에게 거짓과 진실을 건네주며 어느 것을 선택할 것인지 묻는다면 당연히 진실을 선택하여야 할 것이다. 그러나 삶의 고단한 시계바늘은 그대 자신이 본래 지니고 있는 그런 진실에의 갈망과 순수한 열정을 깡그리 무시하고 거짓의 그림자를 밟고 살아갈 수밖에 없는 처지를 만들어 주곤 한다. 그런 경우는 수없이 많이 있다. 거짓과 함께 동행 하는 길은 가로등도 환하게 밝혀져 있고 주변 사람들의 관심과 환호도 있어서 외롭지 않고 오히려 안락하기까지 하므로 대부분의 사람들이 그런 유혹에 쉽게 빠져든다. 반면 진실과 함께 동행 하는 길은 어둡고 비좁으며 사람들의 조롱거리가 되기도 하고 경제적으로 견딜 수 없을 만큼 궁핍하기까지 해서 그 길을 자청해 가는 사람은 극히 드물다.

그러나 세상에는 그렇게 힘들고 비좁고 어둡고 괴로움이 가득한 진실의 길을 가는 사람들이 많이 있다. 그렇지 않았다면 지금 우리들이 누리고 있는 자유와 평화는 아득한 꿈이 지향하는 먼 나라의 이야기일 뿐이었을 것이다.

거짓 없는 사람의 두 눈은 수정처럼 맑게 빛나고 시냇물처럼 고요히 흘러가며 주위 사람들에게 삶의 기쁨과 희망을 전해주지만 거짓이 가득한 사람의 두 눈은 불투명하고 음흉하며 주위 사람들과 자기 자신에게 삶의 절망과 회의를 안겨주게 된다. 거짓으로 살아가는 사람에게는 거짓된 성공이 어김없이 기다리고 있다는 사실을 간과해서는 안 될 것이다. 거짓된 성공은 진정한 성공이 아니기 때문에 어느 날 갑자기 화르르 불타 사라지고 마는 아슬아슬한 운명을 지니고 있다.

진실 되지 못하고 정직하지 못한 사람이 행복한 삶을 살기를 바라는 것만큼 어리석은 일도 또한 없다. 자신을 속이고 타인을 속이느라 거짓생각이 가득한 사람은 늘 그 혀와 뇌가 바쁘다. 하나의 거짓말로 타인을 속이고 나면 또 다른 더 큰 거짓말이 그를 유혹한다. 거짓은 거짓을 잡아먹고 겨우겨우 연명해가는 비루한 목숨이라서 진실과 동떨어진 사람일수록 더 심각하고 정교한 거짓말에 차츰 익숙해져갈 수밖에 없다.

자신에게 가장 가치 있다고 느껴지는 한 가지 일에 전념할 때 거짓으로 범벅이 된 술수를 부리지 않는다면 정직한 성공이 함박웃음을 지으며 기다리고 있을 것이지만 이기적이고 다른 사람을 그럴듯한 거짓으로 속여 넘겨 가면서 그럴 듯한 결과를 도출해냈다면 비참한 실패가 파멸의 기운을 등에 업고 그를 기다리고 있을 것이다.

　사람을 속이는 일만큼 역겹고 나쁜 일은 없다. 사랑이 없는 사람은 그런 속임수를 즐겨 쓰는 사람이다. 사랑은 거짓 없는 마음으로 이루어진 불순물 없는 순백의 결정체이기 때문에 사랑이 그 가슴에 있는 사람에게는 거짓이 머무를 공간이 손톱만큼도 있을 수 없다. 사랑은 결코 거짓을 허락하지 않는다. 그러므로 사랑으로 온전하게 채색되어진 마음을 지닌 사람에게는 늘 개운하고 상쾌한 정직의 향기가 몽실몽실 피어난다. 정직의 향기는 마주치는 모든 이들에게 영혼의 안정을 전하는 안도감과 마음의 평안을 안겨줄 뿐만 아니라 지상의 모든 것들에게 아름다운 인간의 향기를 맡을 수 있게 해준다.

　'인간이 이렇게 아름다울 수도 있구나.' 하는 것을 느끼는 순간은 한 인간이 지극히 정직하고 순결한 마음으로 숨 쉬고 있을 때이다. 반대로 '인간이 이렇게 더럽고 추악할 수도 있구나.' 하고 느끼는 순간은 한 인간이 오물을 뒤집어쓴 듯 거짓의 덩어리들을 뒤집어쓰고 세상을 살아가는 모습을 보는 순간이다.

　꽃송이가 하얗게 흩날릴 때 풍겨져 나오는 그런 고운 향기가 있는 사람이 되고 싶은가. 그렇다면 정직하고 진실하게 살아가라.

　나는 꽃의 향기가 스며나는 그런 사람이 되고 싶다. 그대도 그렇지 아니한가. 그런 향기로운 사람이 되려면 사랑의 마음을 지니는 게 우선이다. 사랑을 하는 사람의 가슴 안에는 거짓 없는 깨끗한 마음이 있다. 그것은 사랑의 본질이기 때문이다. 타인을 속이는 일은 자신에게 더 큰 죄를 저지르는 일임을 명심해야 할 것이다. 사랑은 그런 죄를 범할 수 있는 가능성을 차단하는 유일한 방법이다.

사랑하라. 지금 있는 그대로의 그대와 그대를 지켜보고 있는 모든 사람들과 존재하는 생명체들과 무생물까지도 공평하게 심장이 멈추는 그 순간까지 진실하게 사랑하게 되기를 바란다.

여기 사랑의 내면에 천진난만한 개구쟁이처럼 통통거리며 뛰어다니는 귀여운 일곱 번째 요소가 있다. 그것은 바로 웃음과 미소에 인색하지 않는 예쁜 마음이다.

행복해지고 싶다면 웃어라. 즐거운 하루가 되었으면 좋겠다고 생각한다면 지금 바로 입가에 제비꽃 같은 미소의 꽃을 활짝 피워라. 웃지 아니하고서 지금 누군가가 행복해지기를 바라고 있다면 물을 받을 컵을 준비하지 않고서 물을 받아먹으려고 정수기 앞에 줄을 서 있는 사람과 같다.

웃음과 미소는 행복한 인생을 맞이하기 위한 준비물이다. 사랑에는 그런 웃음과 미소를 인색하지 않게 애교스럽고 깜찍하게 표현하는 예쁜 마음이 있다. 사랑이 충만한 사람의 얼굴엔 늘 꽃처럼 어여쁜 미소가 있다. 작은 일에도 소리 내어 명랑하게 웃는 그의 가식 없고 유쾌한 모습은 보는 사람조차도 즐겁고 상큼한 기분이 들게끔 하는 매력이 있다. 기분이 늘 즐겁고 행복할 수 있다면 얼마나 좋을까. 안타깝게도 우리들의 기분이란 것은 수시로 변하는 성질을 가지고 있다. 그러므로 하루 종일 우울하기만 한 사람도 하루 종일 즐겁기만 한 사람도 있을 수 없다.

우울하고 즐거운 기분은 늘 사선으로 교차하고 있다. 다만 우울할 때에도 즐겁고 명랑한 기분을 변하지 않고 유지할 수 있는 것은 각자가 지닌 사랑의 양에 의해서 결정되어진다. 사랑이 많이 있는 사람은 우울하고 가라앉은 기분 속에서도 자신을 고양시킬 수 있는 즐겁고 행복한 기분을 스스로 만들어 낼 뿐만 아니라 다른 사람에게도 친절하고 온화한 웃음과 미소로써 그런 좋은 기분을 무한대로 전파시킬 것이다. 그렇지만 사랑이 전혀 없는 삭막한 인격을 소유한 사람은 침울한 기분이 되었을 경우에 더 극심한 우울과 자기 연민 그리고 세상에 대한 원망 등으로 점차 우울한 기분이 확대 되고 재생산 되어 갈 뿐이다. 항상 그대로 변하지 않고 처음부터 끝까지 그 원형을 유지시킬 수 있는 것은 없다. 모든 것은 조금씩 변해가고 서서히 성장해가고 때론 급격히 쇠퇴해가고 있다.

웃음과 미소에 인색하지 않는 예쁜 마음을 지닌 사랑에게 자신의 마음과 몸을 온전히 맡겨라. 사랑은 그대가 웃고 싶은 기분이 전혀 들지 않을 때조차 살며시 나타나 어떤 웃음꽃 보다 더 영롱하고 선명한 웃음꽃을 피우게 해줄 것이다. 인생은 고단함과 슬픔과 괴로움 그리고 허기진 외로움의 피 튀기는 경연장이다. 그것들은 서로 치열하게 경쟁하며 인간의 지친 마음속에 흡혈귀의 끈적거리는 혓바닥처럼 악착같이 파고들어 온다. 갯벌 속에 자의적으로 갇힌 게처럼 연약한 영혼을 지닌 사람은 그런 어두운 감정들에게 온전히 사로잡혀 쉽사리 헤어날 수가 없다. 그러나 사랑으로 마음과 영혼이 채워져 풍족한 사람은 어떤 어두운 감정들이 불시에 떼 지어 찾아와도 유연한 미소를 머금으며 되돌려 보낼 수 있는 넉넉한 여유로움이 있다. 사랑은 나와 나 이외의 것들의 경계를 감쪽같이 허물어버리고 고독과 쓸쓸함 그리고 인생에 대한 허무감이 아무리 그럴 듯하게 유혹해도 타고난 긍정의 마인드를 결코 버리지 않는다.

예쁜 마음은 매순간 정말 예쁜 생각만 한다. 화가 나거나 절망하거나 때로는 참을 수 없이 삶이 공허하게 다가와도 현명한 사람은 예쁜 마음으로 인해 웃음과 미소를 잃지 않을 수 있을 것이다. 우리들은 누구나 예쁜 마음을 지니고 있다. 그것을 끄집어내어 험난한 인생길에 도움이 될 수 있도록 하는 것이 바로 사랑이다. 그대의 내부에는 이미 오래 전부터 정말 예쁜 마음이 단정하게 숨겨져 있었다.

가끔은 느끼지 않았는가. 자신과 아무런 관계가 없는 사람이나 동물의 고통스러운 모습을 보고서 뜨거운 연민의 눈물을 흘리던 일. 자신을 괴롭히고 상처를 준 사람이 오히려 가여워서 가슴이 아프던 시간들. 그것들은 모두 그대에게 이미 내재되어 있던 예쁜 마음의 소박한 발현들이다.

사랑으로 충만한 가슴은 광활한 초원보다 더 드넓고 더 풍만하기 때문에 슬픔과 고독에 지칠 대로 지친 인생의 나그네들에게 기꺼이 제 가슴을 내어 준다. 이제 그 가슴에 안겨서 잠시 편안하게 쉬어 가 보도록 하라. 그대는 지금껏 충분히 힘겨웠을 것이다. 충분히 아팠고 충분히 외로웠을 것이다. 사랑의 품 안에 안겨서 위로 받고 안전한 쉼을 얻을 수 있다면 남은 인생을 살아갈 또 다른 힘을 얻게 될 것이다.

웃어서 행복할 수 있다면 '그래 웃어야지.'라고 생각하라. 미소 지어서 행복할 수 있다면 '그래 미소 지어야지.'라고 다짐하라. 행복한 인생은 여러분이 선홍색 잇몸을 환히 드러내놓고 거리낌 없이 웃을 때, 수줍은 듯 살포시 미소 지을 때 마술처럼 다가올 수 있는 것이다. 분명한 것은 찌푸리고 인상 쓴 사람에게 행복과 마음의 평화가 찾아올 수는 없다는 사실이다. 어두운 표정을 하고서 행복하다고 느끼는 사람은 없을 것이다. 얼굴의 표정은 마음을 대변하는 것이 아니겠는가. 마음의 평화로 이루어진 행복은 인생의 연금술을 완성하는 데 꼭 필요한 존재임을 늘 기억하라.

행복과 마음의 평화가 동구 밖에서 어깨동무하고 깡충깡충 즐겁게 뛰어오다가 그대의 우울하고 찡그린 얼굴을 본 순간 뒤돌아서서 돌아가 버린다면 얼마나 안타까운 일인가. 웃음과 미소를 마음의 항아리 속에 가득 채워놓는다면 최악의 고통스러운 상황에서도 우리는 웃을 수 있고 미소 지을 수 있을 것이다. 그것은 사랑의 예쁜 마음이 우리를 위해 준비한 소소하지만 위대한 선물이다.

이번에 만날 사랑을 이루는 요소 중 여덟 번째 요소는 바로 슬픔을 아는 마음이다.

슬픔을 아는 마음이란 무엇일까. 이것은 가장 인간애적인 마음이며 이것을 뺀 사람은 뇌가 없는 무뇌아나 마찬가지라고 생각해도 무방하다. 인간이 느낄 수 있는 여러 가지 느낌 중에 왜 슬픔을 아는 마음이 중요한 걸까. 그것은 슬픔을 아는 자만이 인생의 기쁨과 행복의 참값어치를 진심으로 감사히 여길 수 있기 때문이다.

질펀한 진흙구덩이에 빠져본 사람이 보송보송하게 건조한 땅의 소중함을 더 뼈저리게 알게 되고 실패와 좌절의 침울한 맛을 본 사람이 성공과 희망의 달콤함을 더 절실하게 느낄 수 있는 것과 마찬가지 이치이다.

사려 깊고 이성적인 아름다운 지성을 갖춘 제대로 된 인간이 되길 원하는가. 그렇다면 슬픔의 의미를 간파하라. 슬픔은 인간으로서 살아가는 내내 우리의 곁을 떠나지 않고 머무르는 떨어지지 않는 분신과 같다. 점점 진행되는 노화에 결국은 한 낱 흙으로 돌아갈 인생에 대해 목젖까지 치밀어 오르는 푸르른 눈물로써 슬퍼하라. 그러한 절절한 슬픔의 의식을 거치지 않고서 인생의 진리를 깨달을 수 있기를 감히 바라지 말기 바란다.

사랑은 인생의 가치와 의미를 극도의 이해로 깨우친 사람만이 터득할 수 있는 생명의 빛이며 진리이다. 진실한 사랑은 모든 것들에 대해 지극히 뜨거운 연민을 느끼고 불쌍히 여기며 슬퍼한다. 그러한 슬픔은 사랑의 힘으로 승화되어 그들에 대하여 더 큰 관심과 봉사 그리고 진심어린 애정을 줄 수 있게 만드는 것이다.

누에고치 속에서 죽을 만큼의 몸부림을 치지 않고서는 빠져나오지 못하는 한 마리 나방처럼 인생의 슬픔을 온 가슴의 뼈와 살로 경험해보지 않은 인생은 소금기 없는 바닷물처럼 무의미하다. 그대에게 슬픔이 찾아오거든 기뻐하며 맞이하지는 못할지라도 슬픔이 곧 절망이라는 패배적이며 굴욕적인 인식은 갖지 말기 바란다.

이제부터 슬픔을 아는 마음을 지니기 위해 사랑을 하라. 사랑은 슬픔을 알고 슬픔에 대해 유연하게 대처할 수 있는 격조 있는 자세를 가르쳐 줄 것이다. 만신창이가 된 몸으로 거리를 서성이는 비루하기 이를 데 없는 행려병자를 보거든 슬퍼하라. 그대의 남편이나 아내가 혹은 주위의 이웃 중에 어떤 이가 간음하며 결혼의 순결을 짓밟는 어리석은 행동을 하는 것을 보거든 쾌락의 검은 손아귀에 사로잡힌 그의 가여운 영혼과 불륜의 죄로 심판받을 그의 사후세계에 대하여 슬퍼하라. 최고의 지능과 해박한 지식을 가지고서 민중을 위해 무엇인가를 베풀기 위해 살아가지 않고 오히려 배우지 못하고 부족한 민중을 이용해 사리사욕을 챙기는 배부른 정치인들을 보거든 그의 너덜너덜해지고 더러워진 지식과 국민으로부터 경멸받는 인격에 대하여 멀리서나마 슬퍼하여 주어라. 슬퍼해주기를 망설이지 않는 것이 바로 사랑이다. 그대에게는 슬픔을 아는 마음이 꼭 필요하다. 그것이 있어야만 기쁨과 행복을 만났을 때 단 번에 알아보고 정성껏 맞아들일 수 있기 때문이다.

사랑에는 슬픔을 아는 마음이 있다. 여러분이 사랑을 하게 된다면 사랑은 아무런 조건 없이 그것을 내어줄 것이다. 슬픔을 아는 것은 인생을 아는 것과 다름없는 일이라는 것을 기억하라.

차분한 마음으로 이제 사랑을 이루는 마지막 요소를 생각해보자. 그것은 무엇일까. 그대와 나는 함께 인생의 연금술, 즉 인생의 행복을 완성하는 지혜를 완성시키고 습득하기 위해 그 방법을 찾아가는 시간 속의 다정한 동반자이다. 울고 싶어도 지치지 않고 살아가고 싶은 것이 인간이다. 모든 걸 그만 두고 포기 하고 싶어도 다시 일어서서 멋지게 살아가고 싶은 것이 사람이다.

자, 그럼 마지막 요소에 대해 알아보자.

지금 이 순간 그대가 생각하고 있는 그것이 어쩌면 사랑을 이루고 있는 마지막 요소가 될 수도 있다.

인간은 각자의 세계 속에서 각자의 눈으로 세상을 바라보고 살아간다. 그렇지만 공통된 이상이 있으니 그것은 다른 사람으로부터 사랑받고 싶다는 욕망이 아닐까 싶다. 사랑받고 관심 받고 누군가에게 오래오래 기억되는 사람이 되고 싶은 것은 얼마나 애절하고 눈물겨운 바람인가. 그런 바람이 여기 사랑을 이루는 마지막 요소를 조용히 만들어내고 있는 것이다.

사랑을 이루는 마지막 요소는 사랑받고 싶은 마음이다. 우리는 흔히 사랑이란 단어를 들으면 누군가를 사랑하는 것만 생각하기 쉽다. 그러나 사랑은 주고받는 것이다. 나만 누군가를 일방적으로 사랑한다는 일은 짝사랑이지 참사랑이 아닐 것이다. 훈훈한 관심과 사랑을 받고 싶다는 자신의 마음이 결코 부끄러운 일이 아님을 알아야 한다. 그대는 사랑받을 자격을 이미 부여받고 세상에 태어난 존재이다. 그 생각의 폭을 더 확장시켜 보라. 다른 사람들에게 그 생각을 적용시키면 그들 역시 사랑받고 싶다는 간절한 열망을 지니고 하루하루 열심히 자신의 주어진 삶을 살아가고 있다는 명확한 진실 하나를 발견하게 될 것이다. 이것은 삶의 수많은 깨달음 중에 찬연히 빛나는 깨달음이다. 우리 앞에 선 모든 인간들은 단 한명의 예외도 없이 분명히 사랑받고 싶어 한다. 이 진실은 만물의 영장 인간에게만 적용되는 것이 아니다. 길 가에 우뚝 선 한 그루의 느티나무도 들녘에 외롭게 핀 한 송이의 백합꽃도 봄 하늘에 하늘거리며 날아다니는 한 마리의 노랑나비도 모두 사랑받고 싶어 한다. 누군가의 따뜻한 눈빛 아래에 지친 몸과 마음을 누이고 걱정 근심 없이 쉬고 싶고 누군가의 다정한 말 한마디에 수십 년 동안 쌓인 묵은 슬픔을 위로받고 싶고 누군가의 포근한 품에 안겨 살아온 날들의 모든 아픔과 고통의 기억들을 씻어내고 싶은 것은 인간으로서의 당연한 소망이다. 그것을 한 마디로 표현하면 사랑받고 싶은 마음이 아니겠는가.

나도 그리고 그대도 사랑받고 싶은 마음을 아무리 지우려고 해도 지워지지 않는 문신처럼 선명하게 온 몸 구석구석에 지니고 있다. 우리 곁에 있는 모든 사람들과 동물 그리고 식물 무생물들은 모두 그러한 뜨거운 사랑에의 염원을 지니고 있다.

그대가 사랑받고 싶은 만큼 타인을 사랑한다면 더 이상 그대 주위에는 외로움에 눈물짓거나 인생의 고단함에 남몰래 한숨짓는 사람이 없을 것이다. 그들도 마찬가지이다. 그들도 자신들이 사랑받고 싶은 만큼 그대를 사랑해준다면 더 이상 그대에게는 고독이라는 날카로운 바늘도 괴로움이라는 예리한 칼날도 존재하지 않게 될 것이다. 만약에 이 세상 사람들이 서로가 서로를 자신이 사랑받고 싶은 만큼만이라도 사랑할 수 있다면 얼마나 행복할까 생각해 보라. 그런 세상이야말로 꿈의 낙원일 것이고 땅위에 지어진 지상의 천국이 아니겠는가.

어쩌면 내일은 사랑받을 수 없을지 모른다. 어쩌면 내일은 그 사람을 사랑할 수가 없게 될지도 모른다. 늘 그런 만약의 가능성을 염두에 두고서 생활하라. 오늘 누군가가 정말 섭섭하고 미웠더라도 어쩌면 그를 내일은 볼 수 없을지도 모른다고 생각한다면 한없이 그가 가여워지고 사랑스러워질 것이다.

사랑받고 싶다면 먼저 사랑을 주는데 인색하지 말라. 사랑받는 상대방이 행복해하는 모습을 보는 것만으로도 그대는 최고의 축복을 그 순간 하늘로부터 내려 받고 있는 것이다.

제4장
꿈은 인생을 향기롭게 한다

꿈을 간직하라

그대는 그대의 한 번뿐인 인생을 어떻게 살고 싶은가. 어떤 사람이 되어 한정된 삶의 시간들을 보다 값어치 있고 보람차게 채워나가고 싶은가. 그것을 생각하고 고뇌하는 것이 바로 꿈을 간직하는 일의 기초적인 작업이다.

꿈의 크기는 각자 모두 다르겠지만 꿈의 가치는 누구에게나 동일하게 소중할 수밖에 없다. 왜냐하면 꿈은 한 개인의 인생 전체를 주도적으로 이끌어가고 그것 없이는 그 누구도 궁극적인 성공의 지표 위에 도달할 수 없기 때문이다.

꿈을 간직하고 살아간다는 것은 그러므로 그 어떤 일보다 더 시급하고 중요한 일이다. 지금 그대에게 꿈이 없다면 그것은 삶의 목표가 없다는 뜻이며 무엇을 위해 왜 살아가야 하는지를 모르는 채 하루하루 헛되이 삶을 낭비하고 있는 것이나 마찬가지이다. 그런 사람은 풍랑이 이는 거친 바다 위에 목적지도 대책도 없이 멍하니 표류하고 있는 어부보다 더 안타깝다. 여행을 하려는 사람이 자신이 어디로 가야 할지를 정하지 않고 무작정 길을 떠나는 것은 차라리 이것저것 새로운 경험과 돌발적인 요소들을 체험하는 짜릿한 모험의 재미라도 있겠지만 인생에서 꿈이 없이 살아가는 삶은 캄캄한 어둠 속에서 스스로 시커멓고 두꺼운 안대를 하고 집 밖으로 나서는 것과 같이 무모하기 짝이 없는 일임을 명심하라.

네모난 모양의 꿈을 간직한 사람이 있다. 그는 네모난 꿈을 그 무엇보다 애지중지 간직하고 그 꿈을 이루기 위해 열심히 노력하고 있는 중이다. 그런데 가족과 친척 심지어 친구들까지도 모두 그의 네모난 꿈을 비웃고 멸시한다. 그들은 동그란 모양의 꿈만이 최상의 것이라고 칭송하며 네모난 꿈을 간직하는 것 자체를 시도 때도 없이 조롱한다.

네모난 꿈을 간직한 사람에게는 네모난 꿈이 가장 위대한 인생의 목표이자 삶의 최종 목적지가 되기를 소망하는 마음이 있다. 그에게는 주위에서 권하는 동그란 모양의 꿈이 절대 털끝만큼도 끌리지 않는다. 그는 네모난 꿈이 너무나 좋다. 왜 그런지 그것을 가만히 생각해 본다. 그는 어린 시절 네모난 꿈을 꾸며 한없이 행복했었다. 주변 사람들 거의 모두가 더 늦기 전에 동그란 모양의 꿈으로 빨리 교체하라고 은연중에 압력을 넣고 심지어는 핍박도 서슴지 않는 경우도 있었다. 그러나 그는 알고 있다. 자신이 간직해온 네모난 꿈을 주위의 압력에 못 이겨 비겁하게 포기하고 다른 이들이 권하는 동그란 모양의 꿈을 마지못해 선택하는 순간 그의 순결한 희망과 궁극적으로 이루어질 인생의 행복은 일순간에 시들어버리고 말 것이라는 것을.

그대에게는 어떤 모양의 꿈이 있는가. 그대가 별 모양의 꿈을 지니고 있든지 막대사탕 모양의 꿈을 지니고 있든지 도넛 모양의 꿈을 간직하고 있든지 주위에서는 분명히 그대의 꿈을 자기들 멋대로 해석하고 분해하면서 얼토당토않은 비판을 가할 것이다. 그리고 은근히 속삭일 것이다. 그건 실현 불가능한 꿈이니 다른 것으로 바꾸는 게 어떠냐고. 하지만 그런 말을 하는 사람의 입술은 지금 그대가 지닌 꿈을 부러워하고 질투하는 시샘으로 가득 차 있다. 진정으로 그대를 사랑하고 아끼고 위하는 사람의 입술에서는 이런 말이 나오게 되어 있다.

"참 좋은 꿈이구나, 열심히 해 봐. 넌 분명히 이룰 수 있을 거라고 믿어."

그 외의 다른 부정적인 말들을 던지는 모든 이들은 지금 그대가 지닌 꿈을 시기하고 있다고 해도 과언이 아니다. 꿈을 간직하는 일은 자신을 굳세게 믿어야 만이 가능한 일이다. 쉼 없이 마구잡이로 흔들어대는 주변의 비평과 비웃음에도 결코 흔들리지 않는 **빳빳한 자존심이 있어야 한다**. 자기가 자기를 믿어주지 않고서 꿈을 간직하고 꿈을 이루기 위해 노력한다는 일은 있을 수 없는 일이다.

그대 자신을 독하게 믿어라. 자기 자신의 무한한 가능성과 성공에 다다르는 미래의 멋진 모습을 매일매일 상상하라.

그대의 꿈이 위대할수록 더 많은 사람들이 나서서 더 강하게 비난하고 심지어 궁지에 몰아넣기 위해 온갖 누명도 씌울 것이며 어떻게 해서든지 그대의 위대한 꿈이 이루어지지 못하도록 결사적으로 방해할 것이다.

어떤 사람의 꿈이 시장에 있는 조그만 신발가게에 가서 예쁜 운동화 한 켤레를 사서 신는 소박한 일이라면 그 꿈을 비웃거나 그런 꿈은 어리석은 것이라며 만류할 사람은 없을 것이다. 그러나 어떤 사람의 꿈이 폭압적인 정치권력으로부터 선량한 국민을 구제하고 자유와 정의가 실현되는 민주주의의 초석을 다지겠다는 광대한 꿈이라면 여기저기에 숨어 있던 부정직하고 타인의 인명과 재산을 염치없이 가로채오던 어둠의 무리들로부터 심한 저항에 부딪히게 될 것이다. 그들이 그렇게 나오는 것은 그대의 꿈이 한없이 부럽지만 자신들은 그런 꿈을 꿀 엄두조차 내지 못하기 때문이다. 밟히면 밟힐수록 더 질겨지고 튼튼해지는 잡초와 보리처럼 강인한 생명력으로 자신만의 꿈을 꿋꿋이 지켜내라.

꿈을 간직하고 유지해가며 그것을 이루는 일은 수많은 난관을 이겨내야만 하는 고통스런 길이다. 고통과 갈등 없이 꿈을 이룰 수는 없을 것이다. 수시로 의구심에 사로잡히는 자신과 꿈을 방해하는 타인과 그리고 열악한 환경에 굴복하고 결국엔 꿈을 버리고 마는 사람들이 얼마나 많은가.

　꿈을 잃은 사람의 일상은 열심히 꽤 활기차게 살아가고 있는 듯 보이나 알고 보면 아무 것도 아닌 쓸모없는 삶이다. 아무런 의미 없이 웃고 아무런 가치 없는 언어들로 억지로 명랑한 체 하면서 떠들고 있는 중이다. 얼핏 보면 그들이 세상에서 가장 유쾌하고 행복한 사람들 같다. 꿈이 없는 사람은 절제나 중용 그리고 목표의식이 없기 때문에 매우 자유분방하고 개방적이며 한없이 호의적으로만 보이기도 해서 대충 보면 그들은 세상에서 제일 성격 좋고 인간성 좋은 사람처럼 보인다. 그렇지만 속지 말라. 그들은 지금 정체성 상실로 인한 방황의 길에서 우왕좌왕 헤매고 있는 중이다. 그런 사람들과 어울리면 똑 같은 부류의 사람이 되는 건 시간문제다. 가슴 속 깊은 곳에 자신만의 소중한 꿈을 고이 간직하라.

강렬하고 긍정적으로
마음을 이끄는 것이 꿈이다

어느 날 감미로운 음악을 듣고 있을 때 섬광처럼 다가오는 형언할 수 없는 끌림을 느꼈다면 그 순간을 주목하라. 감동적인 영화를 보고 있을 때 전기에 감전된 듯 뜨거운 감정의 떨림이 오랫동안 유지되었다면 그 느낌을 주목하라. 사회의 질서가 무너져가는 뉴스를 볼 때마다 가슴이 터질 듯 속상한 마음이 들었다면 그 불같이 일어나는 정의로운 마음을 주목하라.

지금 강렬하게 마음을 이끄는 것이 바로 자신의 꿈이다. 그러므로 어느 순간에 평상시 느꼈던 감정의 수백 배 또는 그 이상의 진한 감정의 요동침을 경험했다면 그것은 분명 그대가 평생을 함께 동행해야할 궁극의 꿈과 관계가 깊다고 할 수 있다. 자신이 무엇을 바라고 무엇을 위해 살아가야 할지를 결정하는 것이 바로 꿈이다. 꿈이 없는 삶은 살아도 죽어있는 것과 마찬가지의 텅 빈 공백과 같은 삶일 뿐이다. 외향적인 모습은 분명히 인간의 모습을 갖추었으나 꿈이 없는 자의 몸은 한 마리 짐승의 몸과 전혀 다를 바가 없다. 그러므로 우리는 모두 자기 자신이 선택한 꿈을 지니고 있어야 한다.

어머니의 자궁으로부터 벗어난 날 육신은 세상에 나왔지만 진정으로 우리 모두가 지구 위에 빛나는 존재, 인간이라는 자긍심을 느낄 수 있는 순간은 바로 자신의 꿈을 찾아내어 그 꿈을 실현시키기 위해 땀 흘리며 살아가는 순간일 것이다.

꿈이 다가오는 순간은 예측할 수 없다. 언제 어느 때 자신 곁에 찾아올지는 아무도 미리 예상할 수가 없는 것이다. 그러나 꿈은 분명히 강렬한 마음의 진동을 유발하며 다가올 것이다. 아직 자신이 인생의 꿈을 찾지 못했다면 이제 그 꿈을 발견해내고 자신의 것으로 만들어내야만 한다. 그러나 언제 찾아올지도 모르는 꿈의 방문을 무작정 무기력하게 앉아서 하염없이 기다리기만 해서는 안 될 것이다. 시간은 꽁무니에 불붙은 화살마냥 바쁘게 과거 속으로 달음질치고 있다. 한 살이라도 더 어렸을 적에 자신의 꿈을 찾아내어 꿈이 인도하는 용기와 희망과 신념의 세계로 떠나야 할 것이다.

그럼 어떻게 해야 꿈을 찾아낼 수 있을까. 그것은 바로 자신이 인생을 전부 바쳐서라도 이루고 싶은 것이 무엇인지 자신이 그것 아니면 그 어떤 삶의 의미를 찾을 수 없다고 단언할 만한 것이 무엇인지를 예민한 감각으로 포착해 내는 지혜가 있어야 한다. 먹잇감을 사냥하기 위해 밀림의 사자는 날카로운 발톱과 번뜩이는 두 눈으로 사방을 주시한다. 조용히 자신의 시야 안에 들어온 먹잇감에게 시선을 고정시키고 그것을 덮칠 순간을 위해 최대한 긴장하며 온 신경을 곤두세운다. 한낱 동물도 자신의 먹잇감을 사냥하기 위해서 이렇듯 눈물 어린 노력을 하는데 한 인간의 모든 운명을 결정해낼 수 있는 꿈을 찾아내는 데 아무런 노력이나 긴장 그리고 민첩하고 통찰력 있는 시야를 갖추지 않는다는 것은 꿈을 찾지 않겠다는 것과 다름없는 말이 아니겠는가. 이제 꿈을 찾고자 하는 그대는 평범한 일상 속에 일어나는 온갖 일들에 대한 자신의 반응을 밀림의 사자가 먹잇감을 노리듯 주의 깊고 깊이 있는 시선으로 바라보아야 한다. 그 일들에 반응하는 자신의 느낌들 속에 바로 자신의 꿈이 있으니까 말이다.

어떤 느낌들 속에 꿈이 있는가. 바로 강렬하고 긍정적으로 그대의 마음을 이끄는 것이다. 강렬하지만 부정적으로 그대의 마음을 이끄는 것은 꿈과는 전혀 상관이 없고 오히려 적극적으로 피해야할 위험인자들이다. 이것은 꼭 기억해야하고 주의해야할 사항이다.

긍정적인 것과 부정적인 것의 차이는 삶과 죽음 그 이상의 차이를 지니고 있다. 그렇기 때문에 의도적으로라도 긍정적으로 마음을 끌어당기는 것들에게 관심을 집중해야 할 것이다.

꿈은 일찍 발견하고 찾아내어 간직하는 것이 좋으나 그렇다고 해서 성급하고 조급한 마음으로 꿈을 찾기 위해 동분서주 할 필요는 없다. 무엇이든 급하게 서두르면 비틀어지고 어긋날 가능성이 높아지므로 마음을 차분히 가라앉히고 고요하고 침착한 상태를 유지시키면서 꿈을 찾도록 하라. 꿈을 발견해내는 것은 단지 시간의 문제이다.

우리 모두에게는 자신에게 딱 알맞은 꿈이 주어져 있다. 강렬하고 긍정적으로 자신의 마음을 이끄는 것이 무엇인가. 침착하게 최대한 침착하게 그것을 바라보도록 하길 바란다. 그것이 그대의 꿈일 것이다. 그토록 찾아 헤매던 행복한 인생의 동반자가 되어줄 반가운 꿈의 얼굴일 것이다.

절박하게 이루고 싶은 꿈을 소망하라

　인간이 정의롭고 가치 있는 일에 임할 때 절박한 심정을 가진다는 것은 대단히 큰 의미를 포함하고 있다. 간절하고 절박하다는 것은 그만큼 절실하게 원한다는 뜻이기도 하거니와 그것을 향해 가는 동안은 그 어떤 고난이나 최악의 어려움도 거뜬히 이겨낼 수 있다는 건강하고 굳센 마음자세를 수반할 수 있기 때문이다. 그래서 그대가 꿈을 갖고자 한다면 나는 절박하게 이루고 싶은 꿈을 소망하기를 권할 수밖에 없다.

　조용하게 혼자 있는 시간에 그동안 살아온 날들을 지그시 한 번 떠올려 보라. 자신이 절실하게 이루고자 했던 일을 할 때는 아무리 힘들고 고단해도 전혀 피곤을 느끼지 못하지 않았던가. 육신은 비록 피곤에 지치고 궁핍함에 찌들어 금방이라도 쓰러질 것 같았어도 마음만은 오래 소망해온 목표를 향하여 조금씩 나간다는 희망과 기쁨으로 행복했음을 떠올릴 수 있을 것이다. 꿈은 그렇게 절박해야만 한다. 이루어도 그만 안 이루어도 그만인 꿈은 있으나 마나한 것이다.

꼭 이루고 싶은 것, 이루지 못한다면 차라리 죽을 것만 같은 것. 그런 지극히 절박한 심정을 저절로 유발시키는 꿈이 진짜 꿈이다. 그대는 남은 일생동안 소망하길 바란다. 그렇게 절박하고 심장이 쪼그라들고 타들어가는 뜨거운 그리움을 불러일으키는 꿈, 마치 보고픈 연인처럼 자꾸만 그 꿈을 이루어낸 자신의 대견한 모습이 떠올라 나도 몰래 흐뭇한 미소를 짓게 되는 그런 사랑스럽고 고귀한 꿈을 소망하길 바란다.

하늘도 땅도 하늘과 땅 사이의 바람도 그대가 그렇게 절박하게 소망하게 되면 감동을 받게 된다. 우주의 모든 기운들 또한 그대가 절박하게 바라는 꿈의 존재를 조만간 깨닫게 될 것이다. 그래서 그 꿈은 이루어지지 않을 수가 없게 된다. 왜냐하면 인간이 긍정적인 꿈을 절박하게 이루고 싶어 하는 순간부터 우주의 위대한 존재들이 협동하여 그의 꿈을 이루어주기 위해 자연스럽게 노력하게 될 것이기 때문이다. 인간의 꿈은 인간의 불타는 의지에 의해 탄생하게 된다.

만일 오늘 그대가 하나의 꿈을 고심 끝에 선택했다면 절박하게 이루고자 하여라. 그것은 꿈을 이루어낼 수 있는 가장 확실한 방법이다.

만약 운동선수가 되길 바란다면 가장 촉망받는 국가대표 선수가 되어 세계 대회에 나가 눈부신 활약을 보이기를 절박하게 원해라. 법조인이 되길 바란다면 정의의 선봉에 서서 사회를 좀먹는 불의를 바로잡는 뛰어난 법조인이 되길 절박하게 원해라. 농부가 되길 바란다면 이제껏 어느 농부도 이루지 못한 신기술을 접목시켜 가장 좋은 품질의 농산물을 생산해내는 최고의 농부가 되기를 절박하게 원해라. 가수가 되길 바란다면 자신의 노래를 듣는 사람들이 감동해서 쓰러질 만큼 아름다운 노래를 언제 어디서나 매끄럽게 부를 수 있기를 절박하게 원해라.

드디어 그대, 그토록 찾아 헤매던 삶의 희망이요 빛줄기가 되어줄 꿈을 찾았는가. 그렇다면 그대에게 이제 절박함은 보다 실제적인 행동을 요구한다. 단지 절박하게 원하기만 한다고 해서 꿈이 기적처럼 이루어질 수는 없음을 알아야만 한다. 그러나 실제적인 행동에 앞서 반드시 인간은 간절히 갈구하는 꿈을 지녀야 할 것이다. 그것 아니면 숨이 멎을 것 같은 갈급함에 사로잡힐 수 있는 꿈이어야 한다. 누군가 그 꿈을 빼앗아간다면 견딜 수 없을 만큼 슬플 그런 꿈이라야 한다. 그렇게 뼈저리게 원하는 자신만의 꿈을 찾았다면 한시도 지체하지 말고 꿈을 이루기 위한 본격적인 행동을 개시해야만 한다.

꿈은 단지 머릿속에 상상으로만 미라처럼 생명감 없이 존재하기를 원하지 않는다. 남은 생애를 꿈을 이루기 위해 최선을 다할 수 있을 때 그 꿈은 필연코 이루어질 것이다.

인간은 한 순간 교통사고로도 졸지에 목숨을 잃을 만큼 허무한 존재인 것 같지만 꿈이 그 안에 머무르는 한은 그의 생명은 영원불멸함을 기억하라.

누군가가 많은 사람들에게 맛있는 음식을 요리해 선물해주는 훌륭한 요리사가 되겠다는 꿈을 품고서 매일 구슬땀을 흘리며 주방에서 허드렛일을 하면서 어깨 너머로 요리를 배우다가 어느 날 예기치 못한 사고로 생을 마감했다고 해도 그의 빛나는 꿈은 사라지거나 소멸된 것은 아니다. 그의 육신은 죽음이 덮쳐온 순간부터 세포의 괴멸로 인해 냄새나고 썩어갈 것이지만 그가 평소에 절박하게 바라고 소망했던 꿈과 함께 그 영혼은 우주의 가장 보배로운 곳에서 아름다운 모습으로 행복하게 영원한 생을 누리게 될 것이다. 그러므로 내일 당장 지구가 폭발한다고 전 세계 언론과 유엔에서 떠들썩하게 경고한다고 해도 우리는 꿈을 포기하지 말고 밤새 어둔 세상을 밝혀주기 위해 자신의 책임을 다하는 가로등처럼 의연하게 최선을 다해 노력해야 한다. 꿈을 이루기 위해 노력하는 그 과정이 바로 인간에게 주어진 경건한 삶의 길이다.

인간에게 인간으로서의 보람찬 삶을 약속해주는 것이 바로 꿈이요, 꿈을 이루기 위한 인내와 노력 그리고 땀과 수없이 많이 흘릴 눈물방울인 것이다. 절박하게 이루고자 하는 염원을 붉은 심장에 깊이 아로새겨 넣고서 하루하루 겸손한 자세로 꿈을 향한 발걸음을 내딛

어라.

그대의 고귀한 땀방울에 시간은 보답해줄 것이다. 조금 더 인내하고 조금 더 노력해라. "이만큼이면 되지 않았는가." 한탄하며 중도에서 포기하지 말고 자신의 꿈이 자신을 배반하지 않을 것을 확실히 믿어 의심치 말아라.

나 역시도 꿈을 지니고 있다. 내가 지닌 꿈은 많은 사람들에게 삶의 희망과 용기를 심어주는 위대한 작가이다. 나는 나의 꿈을 믿는다. 그러므로 글을 쓴다. 그러므로 매일 목표한 만큼 자판을 두드리며 그 안에 내가 힘겹게 잉태한 사상의 씨앗들을 정성껏 심어놓는다.

여러분도 믿어라. 자신의 꿈이 장미꽃처럼 환하게 피어나서 그 향기가 온 세상에 흩뿌려질 그 아름답고 찬란한 생의 순간이 다가올 것을 확신하라. 절박한 심정으로 꿈을 지니고서 그보다 더 절실한 가슴으로 꿈을 이루기 위해 수고를 아끼지 말기를 바란다. 오늘 그대 자신이 하는 노력은 값진 보상을 부르는 원천이다.

미래의 성공을 가능하게 하는 것은 바로 꿈을 이루고자 하는 스스로의 절박한 마음이다. 꿈을 사랑해서 미칠 것 같은 그런 심정, 꿈이 너무 좋아서 잠이 제대로 오지 않을 만큼 설레는 그런 피를 토하는 절박한 심정으로 오늘과 내일 그리고 미래의 나날들을 살아가라.

꿈을 이루고 싶다면 노력하라

과수원에 있는 아름드리 사과나무에 아무리 탐스럽고 먹음직스런 붉은 사과가 주렁주렁 많이 열려 있다고 해도 수고해서 따지 않으면 생명을 연장시켜줄 귀한 음식이 되어주지 못한다. 깊은 바다에 값비싼 참치가 물 반, 고기 반으로 가득 차 있다고 해도 손수 배를 타고 풍랑을 헤치며 그물을 던지는 수고를 하지 않고서 참치를 한 가득 잡을 수는 없다.

아무리 원대하고 좋은 꿈을 발견하였고 또한 그것을 마음 깊이 소중히 간직하고 살아간다고 해도 꿈을 이루기 위한 구체적인 땀방울을 흘리지 않고서 성공적으로 이루어지길 바라는 것은 어리석고 딱한 일이다. 요즘 사회는 땀을 흘리는 힘든 일을 싫어하는 사람이 날로 늘어 고되고 험한 일자리에는 사람이 부족해서 아우성이다. 인생의 꿈을 이루는 데 있어서도 수많은 사람들이 노력을 조금만 하거나 아예 하지도 않고서 행운의 덕으로 쉽게 성취해보고자 바라는 위험한 사상의 풍토가 곳곳에 만연해 있다. 지금 이 시간 누군가가 노력하지 않고서도 꿈이 이루어질 거라고 안일하게 생각한다면 그에게 다가가 귓가에 봄바람의 살랑임처럼 간지럽게 가만히 속삭여 주고 싶다.

"제발 꿈 깨세요." 라고.

심지어 인간의 냄새나는 발바닥에 저항조차 하지 못하고 밟히는 가냘픈 몸매의 식물도 노력을 한다. 식물은 향기로운 꽃과 풍성한 열매를 맺기 위해 길고 긴 시간 차가운 얼음 같은 비와 눈을 전부 받아 먹으며 땅 속에 씨앗으로 웅크리고 있다가 비바람이 몰아쳐도 도망치지 않고 여리고 가냘픈 줄기와 잎을 지조 있게 흔들며 참아내고 어둡고 긴 밤의 시간들도 묵묵히 견뎌내며 고독과 외로움의 나날들을 기꺼이 버텨내지를 않는가.

그리고 우리가 살고 있는 덩치 큰 이 지구도 노력을 한다. 지구는 매일매일 자전과 공전을 반복하며 거대한 자신의 몸에 기대어 살고 있는 인간과 동물, 식물을 무한대로 책임지기 위해 생명의 끈을 놓지 않고 있다. 늙고 지친 지구는 지금 당장 삶을 포기하고 싶을 수도 있다. 인간이 배출한 더럽고 추한 오염물질들로 인해 지구의 상태는 이미 오래전부터 위험상태에 다다라 있기 때문이다. 그러나 지구에게는 자신을 기대고 믿고 살아가는 생명들을 보호하고 지켜주고 싶은 꿈이 있다. 그러므로 지구는 오늘도 인간이 자신의 수고를 알아주지 않아도 자신이 할 일을 말없이 묵묵히 수행하고 있는 것이다. 그것은 지구가 탄생한 이래 끊임없이 이어지고 있는 눈물어린 노력이다. 이렇듯 모든 것들은 노력이라는 토양 위에서 무럭무럭 어여쁘게 자라나고 있다. 노력이 없는 인생은 수액이 끊긴 채 환자의 팔에 덩그러니 꽂힌 멍청한 주사바늘과 같은 것이다. 수액이 없이 꽂힌 멀뚱한 주사바늘은 어떤 결과를 초래하는가. 붉은 피가 역으로 솟구쳐 올라 그대로 방치하면 환자의 건강이 위험할 수도 있는 것이다. 꿈에 있어서 노력은 수액과 같은 것이다. 그것이 없으면 꿈은 애당초 인간사에 존재할 수가 없다.

"어제까지 노력을 열심히 했으니 오늘은 좀 쉬어도 되겠지." 라며 어정쩡한 자세로 하는 노력은 꿈을 이루어내기에 역부족이다. 꿈을 이루기 위해서는 어제까지 열심히 노력한 만큼 오늘도 역시 최선을 다해 노력해야겠다는 일관된 자세가 필요하다. 조금만 더 노력하면 이루어질 것을 그 조금의 노력을 다하지 못해 꿈의 목전에서 그만 포기하고 마는 안쓰러운 인생이 너무나 많다. 꿈을 이루지 못한 사람들에게는 아주 조그만 노력이 절실하게 필요하였던 것이다.

성공과 실패는 눈에 확 띄는 커다란 차이가 아니라 미세한 노력 그 한끝 차이일 수도 있다. 자신이 원하는 꿈을 활짝 세상에 펼치며 행복하게 멋지게 인생을 살아가는 사람에게는 왜 꿈을 이룩하기 위해 노력해야 하는지 분명한 이유가 있다. 그 이유를 명확히 인식하고 있기 때문에 좌절하거나 포기할 수밖에 없어보이는 불행한 사태가 자신 앞에 전쟁터처럼 잔인하게 벌어져도 꿈을 버리지 않고 강건하게 살아갈 수 있는 것이다.

그렇다면 왜 인간은 꿈을 이루기 위해 그토록 노력해야 하는가 생각해보자. 꿈에 대한 생각은 깊이 있고 진지하게 하는 것이 좋다. 가벼운 말장난이나 들어도 그만 안 들어도 그만인 농담처럼 꿈을 무성의하게 대하지 말라.

꿈이 그대에게 그러하듯이 그대도 꿈에 대하여 진중하라. 꿈을 이루기 위해 왜 노력해야하는지 스스로에게 질문하는 것은 자신이 무슨 연유로 이 세상에 태어났는지에 대한 해답을 찾아내기 위해 수행하는 깨달음의 길과 오랜 세월 병행하는 공유의 길이다. 각자의 해답은 다를 수 있을 것이다. 그러나 궁극적으로 우리는 인간이라는 공통점으로 연결된 하나의 존재이다. 그러므로 왜 꿈을 이루기 위해 성실하고 일관된 자세로 노력해야 하는지에 대한 해답에도 공통점이 있는 것이 당연하다.

인간에게는 다른 존재들과는 분명히 차별되는 고차원적 '자아'가 있다. 그 자아는 끊임없이 성장하고 발전하며 진리를 추구하기를 원하고 있다. 그러나 그러한 자아의 바람을 깨닫지 못한 인간들은 자아를 방치함으로써 자아의 극심한 파멸을 초래하고 만다.

자아가 파멸된 사람들은 인간성의 상실로 이어지는 비참한 행로를 홀로 걸어갈 수밖에 없다. 술에 만취하고 마약에 영혼을 빼앗기고 도박에 인생의 운을 걸며 쾌락의 기쁨에 젖은 채 단 한 번뿐인 자신의 삶을 돌이킬 수 없을 만큼 처절하게 망치고 마는 것이다. 그렇지만 모든 사람들이 그렇게 자아를 무책임하게 방치하지는 않는다. 자신에게 있는 고차원적 자아를 성숙한 지혜의 눈으로 인지하고 자아가 간절히 원하는 꿈을 발견하고 그 원대한 꿈을 이루기 위해 쉽 없이 노력하며 살아가는 건실한 사람들이 있다. 그들이 이 세상을 이끌어가는 중심이며 인류의 새로운 역사를 유려하게 써가는 사람들이다. 인간으로 태어났다는 것은 꿈을 이루기 위해 고결한 생명을 부여받았다고 해도 과언이 아니다.

꿈을 이루기 위해 노력하지 않는 인간의 일생은 참으로 불행한 인생이다. 물론 모든 꿈들이 다 이루어질 수는 없을 것이다. 그러나 꿈을 이루기 위한 노력은 누구나 할 수 있는 일임을 부정하지는 못할 것이다. 그 노력조차 귀찮고 힘겹다고 무시하고 자신의 자아의 간곡한 소망을 팽개쳐버린다면, 사료에 코를 묻고 먹느라 마냥 바쁜 돼지와 다를 바가 무엇이 있겠는가. 꿈을 이루기 위한 노력을 하지 않는다면 슬프지만 그렇게 될 것이다.

결코 포기 하지 말라. 오늘 숨이 막힐 만큼 힘들 정도로 노력한다고 해서 당장 꿈이 이루어지지는 않을 것이다. 시간이 더 필요하다.

얼마만큼의 시간인가. 그것은 꿈이 익어가는 시간이다. 풋과일을 먹으면 배가 아프거나 탈이 날 수가 있다. 꿈도 익을 만큼 익어야 한다. 그렇게 하기 위해서 노력이라는 비료와 기다림이라는 인내의 시간이 더욱 필요한 것이다.

꿈을 이루고 싶다면 노력하라. 오늘 그대가 작은 항아리에 찰 만큼 노력하면 그만큼의 꿈이 더 이루어지고 있을 것이다. 왜 끝까지 노력하지 않고 포기하려고 하는가. 성공이 바로 거기에 있는데.

혹시 그대는 지금 자신을 향해 뻗어오는 꿈의 손을 뿌리치고서 다른 엉뚱한 것들을 향해 미친 듯 질주해 가고 있지는 않은가.

꿈을 이루기 위해 노력하는 그 순간이 인생의 연금술을 터득하는 역사적이고 경이로운 순간인 것이다.

꿈을 이루기 위해 지녀야 할 보물들

오늘도 삶은 번거롭고 불쾌한 사건과 사고들을 원치 않는 그대에게 다가와 한 아름 안겨줄 것이다. 항상 즐거운 일, 기분 좋은 일만 자신을 둘러싸고 무수히 일어날 수 있다면 얼마나 좋을까. 그렇지만 인생의 법칙은 유쾌한 일과 불유쾌한 일의 무한 교차로 인해 이루어진다. 이제는 수시로 발목을 잡아 흔드는 일상의 고민거리들을 과감히 물리치고 자신의 소중한 꿈을 이루기 위해 지녀야 할 보물들이 무엇인지에 대해 차근차근 알아봐야 한다.

훌륭한 인물이 될 수 있는 사람은 이렇게 구별된다. 그가 얼마나 오랫동안 고통을 잘 이겨낼 수 있는가이다. 고통은 육체적 고통일 수도 있고 정신적 고통일 수도 있겠지만 무엇보다도 영혼을 억누르는 생의 번민과 고통을 이겨내야만 한다. 그것들을 이겨내는 방법은 바로 꿈을 이루기 위해 지녀야 할 보물들이 무엇인지 분명히 알고 그것들을 가슴 깊이 축적하며 매일 하루도 거르지 않고 실천에 옮기는 일이다. 그리고 그 보물들이 가르쳐주는 준엄한 사상들을 숙지하고 공경하는 태도이다. 자, 이제 어떤 것들을 지녀야하는지 알아보자.

첫 번째 보물은 정직함이다.
정직한 사람은 순결하고 새하얀 눈꽃과 같고 정직하지 않은 사람은 바라만 봐도 가슴이 답답한 시커먼 먹장구름과 같다. 정직하지 못한 것은 어쩌면 정직의 중요성과 가치를 제대로 알지 못한 것일 수도 있겠지만, 정직하지 않은 것은 정직의 중요성과 가치에 대해 아주 잘 알고 있으면서도 그것을 우습게 알거나 무시하면서 행동하는 사람의 주된 양상이다.

그러므로 정직하지 않은 사람은 스스로에게 무척 부끄러울 수밖에 없다. 자신의 행동이 정직하지 못하다는 것을 누구보다 세세하게 잘 알고 있기에 행여나 남들에게 초라한 인격의 단면이 들통날까봐 더 그럴듯하게 거짓된 행동을 하는 것이다. 그런 사람에게는 성공이나 행복이 찾아와 머무르고 싶어도 머무를 수가 없다. 성공과 행복은 마음의 평화라는 평온한 대지 위에서만 온전히 꽃피워지는 것이기 때문이다.

정직하다는 것은 자신에게나 세상에게나 치명적인 부끄러움이 없다는 것이다. 착하고 진실한 마음으로 하루하루를 살아가기에 부정직하고 의롭지 못한 일들에 몸과 마음을 허무하게 빼앗기지 않는다. 자신이 가고자 하는 올바른 길을 향하여 변하지 않는 마음으로 꾸준하고도 반듯한 자세로 걸어 나갈 수 있다.

반면 정직하지 못한 사람의 인생행로는 어떠한가. 늘 겉이 번지르르한 위선으로 자신의 썩어문드러진 내면을 감추고 여러 사람들을 감쪽같이 속이는 일에 몰두해야 하므로 하루하루가 아슬아슬한 살얼음판 위를 걷는 듯 위태롭다. 그러므로 꿈을 향하여 자신의 열정을 불태우기도 힘들고 설령 꿈을 지니고 삶을 살아간다고 해도 정직하지 못한 마음을 지니고 있는 동안 그에게는 꿈이 이루어질 가능성조차 매우 희박하다. 왜냐하면 위대하고 가치 있는 꿈은 마음이 맑고 정직한 사람에게만 자신의 가슴을 열어 따뜻한 체온을 허락함을 기억하라.

사람들은 정직하지 못한 사람에게 크게 실망을 하게 된다. 아무리 좋은 옷을 입고 커다란 대저택에 우아하게 살고 신분이 높더라도 그가 정직하지 못한 사람이라는 것을 알았을 때, 그 어떤 충격보다 더한 충격을 받게 된다. 정직함은 인간 사이의 신뢰를 형성하는 중요한 뿌리가 되기 때문이다.

그대가 믿고 모든 걸 의지했던 사람이 정직하지 못하고 위선의 가면을 쓰고 살아가는 사람이라는 것을 알았을 때 기분이 어떠했는가. 그 기분이란 열대야로 잠 못 이루는 무더운 여름 밤 냉장고에서 갓

꺼낸 음료수를 시원하게 들이키다가 파리가 목구멍에 걸린 것처럼 놀랍고도 찜찜한 것이다. 그 사실을 알고 난 후에는 그가 평소에 했던 모든 말과 행동들에 대하여 의구심이 들 수밖에 없다.

꿈을 이루고 싶다면 언제 어디서나 정직해야 한다. 타인을 속이느니 차라리 자신의 혀를 침묵의 입 속에 꽁꽁 묶어두어라. 자신을 속이느니 차라리 인식의 창을 잠시 닫아 두어라. 나와 다른 사람을 기만하는 행위는 오랫동안 죄악을 잔존하게 만들 수 있는 패악한 행위이다. 인간과 인간 사이의 신의를 저버린 부정직은 상대방의 믿음에 대한 비열한 배신행위라는 것을 잊지 말자.

이제 그대는 정직함이라는 보물을 내면 깊이 간직하고 살아가야 할 것이다. 그것이 얼마나 인생에 있어서 중요한 지침이 되어 주느냐에 따라서 후세에 그대의 삶에 대한 평가가 달라질 것이다. 모든 것을 이룬다고 해도 정직하지 못하였다면 잠깐 사이에 사라져버리는 물거품처럼 아무 짝에도 소용없는 일임을 알아야 한다. 모든 것을 잃는다고 해도 그대가 끝까지 신의를 지키고 정직하였다면 모든 눈들이 그대의 의로움을 기억하여 선한 사람으로 기억할 것이다.

나와 타인을 위하며 꿈을 이루어 많은 이들에게 이로운 혜택을 주는 보배로운 삶을 살아가길 원한다면 정직함을 생활신조로 삼기를 번거로워하지 말라.

두 번째 보물은 긍정적 시선이다. 맑고 쾌청한 공원에서 우연히 함께 앉은 두 사람이 한 사람을 바라보고 있다.

그들이 바라보고 있는 그 사람은 찢어진 낡은 작업복 바지에 심하게 더러워진 허름한 셔츠 하나를 걸친 채 의자에 몸을 지탱하고 멍하니 앉아서 겨우 숨을 쉬고 있다. 그가 살아 있는 것을 증명하는 것은 간간이 오르내리는 가슴의 움직임뿐이다. 몹시 힘들어 하는 그는 눈을 감고 상념에 잠긴 듯 마치 식물인간과도 같은 모습으로 오고가는 사람들의 시선을 붙들었다.

한 사람은 그를 바라보는 순간 눈살을 찌푸리고서 비평의 말을 서슴없이 내뱉는다.

"저 몰골을 좀 봐. 어휴. 저러고 살고 싶을까. 얼마나 게을렀으면. 쯧쯧."

다른 한 사람도 그를 바라보았다. 그러나 다른 한 사람은 그를 바라보면서 연민의 눈빛을 가슴 가득 담는다.

"힘든 일이 있나봐. 얼마나 삶이 고단했으면 자신의 몸을 돌볼 틈도 없을까. 가여워."

두 사람이 본 광경은 동일했을 것이다. 그러나 그들이 느끼는 감정과 대응은 극과 극으로 달랐다. 한 사람은 부정적인 시선으로 보았고 한 사람은 긍정적인 시선으로 보았기 때문이다. 그것은 마치 화단에 핀 꽃 한 송이를 보고 한 사람은 아름다운 향기를 맡았고 한 사람은 날카로운 가시를 본 것과 같다.

   왜 인간은 부정적인 시선이라는 위험한 도구로 자신과 세상을 바라보면서 점점 더 어둡고 불안한 좌절의 늪에 빠져들고 있는가.

   부정적인 시선을 지니고서는 자신이 소망하는 꿈을 이루지 못할 것이다. 그는 자신의 인생전체를 송두리째 엉망진창으로 망칠 수가 있다. 부정적인 시선을 지닌 채 진정으로 행복한 사람은 없기 때문이다.

   꿈은 삶의 최종 목적지이고 그 꿈을 이루어내기 위해서는 희망이 있어야 한다. 희망이란 것은 긍정적인 바람이다. 부정적으로 미래가 펼쳐지길 소망하는 사람이 어디 있겠는가. 그런데 많은 이들은 스스로 긍정적인 상황이 아닌 부정적인 상황을 스스로 자초하고 있는 것이다. 더 심각한 것은 그렇게 행동하는 자신이 왜 자꾸 불행의 늪에 반복적으로 빠져들고 있는지 알지 못한다는 것이다. 하는 일마다 온통 오류투성이인 사람이 있다면 그는 이 모든 불행의 시초가 바로 부정적인 시선으로 삶을 왜곡하여 이해하기 때문이라는 아주 간결한 인생의 진실을 알 필요가 있다.

   꿈을 이루고 싶은가. 그렇다면 최대한 긍정적인 시선으로 사물을 보라. 긍정적인 시선을 토대로 삶에 부드럽게 대처해나가도록 하라. 그렇게 한다면 그 어떤 막강한 장애물도 그대가 꿈꾸는 이상의 행로를 방해하지 못할 것이다.

세 번째 보물은 갓 태어난 아기처럼 티 없이 순결한 영혼이다. 인간을 이루는 걸출한 두 가지 요소가 있으니 그것은 바로 육체와 영혼이다.

　동공을 통해 실제적으로 보이는 것은 육체가 전부인 것 같지만 생물학적으로 눈으로 볼 수는 없지만 가장 앞장서서 삶을 이끌어가는 것은 바로 영혼이다. 그런 영혼의 순결함에 대하여 그 누구도 중요성을 우리에게 절절하게 가르쳐주지는 않는다.

　나는 아름다운 그대에게 순결한 영혼의 중요성과 필요성에 대하여 나의 사상의 씨앗들을 전하려고 한다. 학교에서 수년을 열심히 공부해도 학원에서 밤잠을 못 이루며 매일 공부해도 영혼의 순결성과 행복하고 보람 있는 인생의 불가분의 관계에 대하여 어떤 선생님도 시간을 내어 성심성의껏 알려 주지 않는다.

　부모들은 자녀들의 성적이 이번 달에는 몇 점이나 올랐는가에 대해서만 관심의 촉수를 뻗을 뿐 아이의 영혼이 얼마나 순결한지 아니면 얼마나 타락하고 있는지에 대해서는 거의 무관심할 뿐이다. 그래서 점점 지구의 전반을 차지하고 있는 인간사회는 순결함과는 거리가 먼 암담하기 그지없는 퇴폐적 향락과 자멸의 세계로 달음질치고 있는 것이다.

　그대는 지금 얼마나 순결한가. 인생의 긍정적 꿈을 이루려는 야망과 포부를 지닌 사람이라면 순결하지 않는 영혼에 대해 더 이상 끈끈

한 미련을 두지 말고 냉정하게 버려야 한다.

　대우주의 자유롭고 영속적인 삶으로부터 잠시 벗어나 어머니의 뱃속에서 인간의 구체적 형태를 이루어가기 시작한 그 순간에 우리들의 영혼은 이미 완성되어 있었다. 그 실체는 순결함이었다. 지극한 순결함으로 인해 눈이 부시도록 깨끗한 영혼이었고, 그 누구도 침범할 수 없는 고유의 우아함을 지니고 있었으며 세상의 모든 것들과 편견 없이 소통할 수 있는 그렇게 맑고 순수한 영혼 그 자체였던 것이다. 그런데 어머니의 따뜻한 뱃속으로부터 벗어나 세상의 척박한 토양 위에 발을 내디디고 나서부터 인간의 영혼은 자신도 모르는 사이에 조금씩 암흑의 빛으로 변하기 시작하였다. 때로는 자신의 의지대로 때로는 타인과 주위의 배타적 환경으로 인해 우리들은 변화되어 왔을 것이다. 그러나 순수함을 잃어버린 현재의 자신에 대해 주위의 환경과 타인을 원망하기보다는 자신의 의지에 대해 우리는 각별히 유의해야 할 것이다.

　세상에 이로운 영향을 끼치려면 그의 인격이 모든 이들에게 모범이 되어야 할 것이다. 그런데 죄악에 물든 퇴폐적이고 타락한 영혼을 지닌 사람이 그런 좋은 인격의 소유자가 될 수는 없는 것이다. 그래서 꿈에 있어서 순결한 영혼의 중요성은 아무리 강조해도 지나치지가 않다. 그렇다면 자신의 의지에 의해 영혼의 순결함이 심각하게 훼손되는 경우를 살펴보도록 하자.

먼저 술을 마시는 경우이다. 기회가 있을 때마다 술을 마시고 있는 사람들의 눈동자를 가만히 들여다 보라. 그들의 붉게 충혈된 두 눈은 한없이 탁하고 몽롱하며 알 수 없는 환상에 사로잡힌 듯 애매모호하다. 술 취한 사람에게 가까이 다가가면 술이 그 영혼을 맛있게 갉아먹는 소리가 창고에서 생쥐들이 몰래 곡식을 갉아먹는 소리처럼 아득하게 들려온다. 그의 뇌는 이미 술이란 비밀스런 살인자에 의해 서서히 잠식되어 가고 있는 중이다. 그의 육체는 술에 의해 서서히 고통과 파멸의 길로 인도되어 가고 있는 중이다. 술을 마시는 것은 온갖 향료로 치장한 죽음의 묘약을 마시는 것과 같다. 술을 마시고 싶다는 것은 죽음의 자양분을 마시고 싶다는 것과 동일시해도 큰 무리가 없다. 술에 취해 이성의 끈을 놓아버리는 그 순간 그의 영혼은 술의 해악에 치를 떨며 신음소리를 내고 있다. 그러나 술에 이미 완벽하게 점령당한 사람은 그 신음소리를 미처 듣지 못할 것이다. 형편없이 취하기 전에 마시지 말라. 조금 마시는 건 건강에도 좋다면서 한 잔 두 잔 마시다보면 한 잔이 한 병이 되고, 한 병이 두 병이 되는 건 정말이지 시간문제이다. 한 잔의 술이라도 자신의 순결한 입술에 축이지 말라. 그 한 잔의 술은 그대의 영혼을 마비시키고 타락시키기에 충분한 양이다.

또 영혼을 스스로 해치는 경우는 담배를 피우는 것이다. 담배를 처음 배울 때 청소년들은 일종의 영웅적인 호기심이 발동한다. 여기저기에서 폼 잡고 담배 피우는 사람들을 보면 얼핏 멋있어 보이기도 하고 분위기도 있어 보이기 때문에 한창 모든 것들에게 도전심이 발동할 나이에 담배는 정복하고 싶은 매혹적인 상대가 되는 것이다. 처음 담배를 손가락에 끼우기 시작할 때 스스로를 단호하게 제어할 수 있다면 그 한 번의 충족감으로 만족하고 다시는 피우지 않아야 할 것이다. 담배와의 첫 만남은 그리 달콤하지만은 않았을 것이다. 왜 그렇게 맛없는 것을 피우는지 모르겠다고 고개를 갸우뚱거릴 정도로 씁쓸하고 매캐하지만 자꾸 피우다보면 이젠 그것이 없으면 온 몸이 제 기능을 못할 정도가 되어버린다. 담배는 본인에게만 해로운 것이 아니다. 주위에 있는 사람들에게는 그것만큼 참아내기 힘든 냄새도 없을 것이다. 각종 암과 끔찍스런 질병을 유발하는 독한 연기를 사과나 양해도 없이 양심을 내다버린 사람처럼 내뿜는 것은 범죄행위라고도 할 수 있을 것이다. 그래서 애연가와 함께 사는 가족이나 함께 근무하는 동료들은 그야말로 고역이 아닐 수 없다. 나와 타인의 건강과 행복추구권을 점점 말살시키는 것이 담배다. 그대가 지금 담배를 피우는 사람이라면 지금 당장 금연하길 바란다. 담배를 피우는 것은 자신의 순결한 영혼을 자발적으로 불태우고 있는 것과 같다. 하얗게 허공으로 치솟는 연기는 그대가 태어날 때부터 지니고 있던 순수한 정신의 일부분이 욕망이라는 불길에 휩싸여 뜨거워 몸부림치며 타오르는 공포와 체념의 연기이다. 담배 피우는 사람에게서 순수한 영혼은 그렇게 허무하게 사라지고 있는 중이다. 담배를 품안에서 꺼내는 순간이 자신의 순수한 영혼을 한 움큼 꺼내는 순간임을 명심하라. 꿈을 이루기 위한 긴 여정에 건강과 건전한 정신 그리고 순결한 영혼은 인간이 마시는 물과 공기처럼 필수적인 것이다. 그렇지만 담배를 피우는 사람에게 그런 것들은 요원한 희망사항이 될 뿐이다. 겉으로 멀쩡해 보여도 담배를 피우는 사람의 폐와 정신은 시커멓게 그을리고 타들어가고 있음을 알아야 할 것이다. 집 안에 있는 모든 담배 녀석들을 쓰레기통에 구겨 넣어 버리고 다시는 입에 대는 실수를 범하지 말라.

자신의 의지에 의해 영혼의 순결함이 훼손되는 또 다른 경우는 도박을 하는 것이다. 우리가 보기에 돈은 모든 것을 가능하게 한다. 인간의 세상에서 돈으로 불가능해 보이는 것은 거의 없는 것처럼 보인다. 그래서 사람들은 어떻게 해서든지 조금이라도 더 많은 돈을 자신의 수중에 넣고자 필사적으로 노력한다. 돈이 없는 사람은 궁핍과 가난에 찌들고 힘들어하다가 결국은 초라하게 일생을 마치고 만다. 돈이 많은 사람은 풍요와 부유함에 배불리 먹고 편안하게 지내다가 화려하게 장식된 무덤 속에 잠든다. 그래서 사람들에게 돈은 목숨만큼 중요한 것이 되어 버렸다. 돈이 없는 사람은 아파도 약을 사먹지 못하고 병원에 가는 것도 차일피일 머뭇거리며 치료시기를 놓치거나 수술비를 마련하지 못해 병의 증세가 더 악화돼 결국 고통 속에 삶을 마무리 한다. 돈이 많은 사람들은 별 특별한 병이 있는 것도 아닌데 매년 정기적으로 건강검진을 받고 몸에 좋은 보약과 건강식품을 챙겨먹고 유기농 채소와 최고급 고기를 먹으며 오래오래 살면서 사회에서도 특별한 존재로 대접받으며 잘 산다. 그래서 사람들은 돈을 벌기 위해 열심히 이리 뛰고 저리 뛴다. 하지만 모든 사람들이 합리적인 노력을 통해 돈을 벌려고 하지는 않는다.

여기 힘들이지 않고 쉽고 간단하게 큰돈을 수중에 넣으려고 하는 사람들이 있다. 바로 도박을 하기 위해 오늘도 휘황찬란한 불빛이 밝혀진 카지노의 입구에 다다른 사람들이다. 으슥한 골목길 평범한 가정집 거실에 둘러앉아 화투장을 손에 쥐고 긴장의 땀에 젖어 있는 사람들이다. 경마장에서 거액의 배당금을 걸고 달리는 말의 꽁무니를 뚫어져라 바라보고 있는 사람들이다. 도박하는 사람에게는 도박 자체가 인생의 전부가 된다. 왜냐하면 초창기 의도와는 달리 시간이 지날수록 도박은 돈을 벌기 위한 수단이 아닌 자신의 비뚤어진 욕망을 충족시키는 절대적 존재가 되기 때문이다. 처음에는 자신이 지닌 돈을 투자하지만 그것마저 바닥이 나면 빚을 내기를 서슴지 않는 것도 그런 연유에서 비롯된다. 처음에는 사람이 돈을 운영하는 것 같지만 도박의 늪에 빠지면 이제 돈이 사람을 운영하는 섬뜩한 지경에 이르게 된다. 마지막에 그는 돈의 노예가 되어 비참한 인생의 바닥에 떨어지게 된다. 그것이 도박을 밥 먹듯이 하는 자들의 최후이다. 이렇게 끔찍한 도박의 유혹을 벗어나지 못한다면 애당초 꿈을 지니는 것조차 불가능하다. 아름다운 꿈은 순결한 영혼으로 이루어진 보물인데 순결한 영혼을 죽음으로 몰아넣는 도박의 중독에 스스로 뛰어든 사람에게 꿈은 가질 수 없는 환상에 불과할 뿐이다.

무엇이든 노력하고 성의껏 최선을 다한다면 그것의 결과는 분명히 존재한다. 그러나 그 무엇이든이 순결한 영혼을 해치는 도박과 같은 헛된 신기루를 쫓는 것이어서는 안 될 것이다. 어떤 도박이든 다 마찬가지다. 다른 사람의 것을 공짜로 뺏어 취득하려고 하는 것 자체가 모두 도박이나 마찬가지다. 나의 땀과 노력이 깃들지 않은 것들은 모두 내 것이 아니라는 정당한 가치관을 지니길 바란다.

누가 강요하지 않았음에도 자신의 의지에 의해 순수한 영혼을 돌이킬 수 없을 만큼 훼손시키는 예가 또 있다. 그것은 바로 과도한 성적인 쾌락을 추구하는 것이다. 부드럽고 따뜻한 인간의 살결은 끊임없이 갈망한다. 또 다른 육체와의 완벽하고 황홀한 어우러짐과 현실의 고통과 번잡함을 순식간에 날려버릴 만큼의 황홀한 성적 카타르시스를. 그렇다. 그것이 원초적인 본능을 지닌 인간의 참모습이다.

성숙한 육체를 지닌 인간이라면 누구나 성적인 행복을 추구하고 그 행위로 인해 마음의 안정과 자신의 자존감을 채워가는 것이다. 사랑하고 사랑받고 싶은 욕망의 최대 꼭짓점이 바로 성적인 교감이 아니겠는가. 그렇지만 마음으로부터 사랑의 느낌이 들고 그로인해 서로 육체적 사랑을 하는 것과 오로지 성적인 쾌락만을 과도하게 추구하는 것과는 엄연히 다른 개념이다.

오로지 솟구치는 성욕을 충족시키기 위해 상대방에게 친절하게 대하고 값비싼 선물을 주며 사랑한다고 간지럽게 속삭이는 사람은 순수한 영혼을 타락시키는 오염된 강물에 빠져 헤어 나오지 못할 것이다. 설령 그가 정상적인 직장에 다니며 아주 건실한 듯 보이는 외모에 이웃에게 바르게 인사하더라도 그의 내면에 여전히 이성을 인간이 아닌 성욕을 충족시키는 도구라는 의식을 가지고 있는 한 온전한 인간이라고 할 수 없다.

타인은 자신의 육체적 쾌락을 만족시키기 위해 오늘 거기에 존재하는 것이 아니다. 자신 역시도 타인에게 육체적인 기쁨과 만족만을 주기 위해 오늘 여기에 존재하고 있는 것이 아니지 않는가.

인간은 누구나 소중한 자아와 독특한 자기세계를 지니고 나름의 꿈을 지니고서 불안한 미래의 얼음장 위를 조심조심 걸어가고 있는 것이다. 그가 걸어가고 있는 얼음장 위에 모욕의 돌을 던지지 말라. 우리가 누군가를 바라볼 때 오로지 성적욕망의 대상으로 느끼는 순간, 그가 밟고 선 얼음장 위로 작은 돌을 악의적으로 던지는 행위를 하는 것이나 마찬가지다.

  그 얼음판은 단단하게 그를 지탱하고 있는 것 같지만 사실 그 아래에는 불과 몇 센티미터의 연약한 얼음이 있을 뿐이다. 장난삼아 던진 돌들에 의해서 서서히 균열이 가고 어느 순간 그 얼음판이 깡그리 깨지면 그는 차가운 강물 속에 손 쓸 틈도 없이 침몰할 수 있다. 그래서 다시는 수면 위로 떠오르지 못할 수도 있는 것이다. 상대방의 의사와는 전혀 상관없이 자신의 성적욕구만을 해결하려고 하는 행동은 순수 그가 딛고 선 얼음장을 망치로 깨부수는 것과 같다.

  나의 순결이 소중하듯이 타인의 정조도 중요하다. 사랑이 가득한 마음이 들어 서로 주체할 수 없을 때 육체적 사랑을 나누어라. 과도한 성적쾌락을 추구하기 시작하면 순수한 영혼은 시들어버리고 꿈을 지향할 의욕도 희망도 어두운 쾌락의 그림자에게 희생당하고 말 것이다.

  꿈이 이루기 위해 달려가는 그대의 순수한 영혼을 훼손하는 네 번째 적은 바로 절망과 타협하는 것이다. 피부를 주름이 자글자글한 노화에 이르게 하는 결정적인 적이 자외선이듯이 인생을 결정적으로 망칠 수 있게 만드는 치명타를 안겨주는 것이 바로 절망과 타협하는 일임을 기억하라.

  절망이란 어떤 것인가. 앞이 보이지 않는 암흑의 구렁텅이이며 숨을 쉴 수 없을 만큼 절박한 몸부림의 끝이며 인간의 미래를 모조리 삼켜버리는 거대한 흡입구이다. 그것은 한없이 행복하고 아름다워야 할 삶의 영역에서 희망이라는 마지막 보루를 깨끗이 제거해버리는 일이다.

절망과 타협하는 행위가 주는 혜택이 있다면 약간의 안도감일 것이다. 더 이상 자신을 향상시키기 위해 잠 못 이루며 채찍질하지 않아도 되고, 더욱 성숙한 인격을 지닌 인간이 되기 위하여 진지하게 고민할 것도 없고, 피땀 흘려 꿈을 이루기 위해 노력할 것도 없는 인생의 진공상태가 바로 절망과 비열하게 타협한 자에게 잠시 도래하는 휴식의 시간이 될 수 있다.

그대가 지닌 최대의 장점이며 이 세상에 올 때부터 지니고 있는 소중한 재산, 밤하늘의 별처럼 순수한 영혼을 지키고 싶지 않은가. 그렇다면 절망이 손을 내밀며 미소 짓거든 뿌리치고 돌아서라. 미련을 두고 절망의 손에 키스를 하게 된다면 찬란하게 피어나야만 할 미래는 캄캄한 미로 속에 갇히고 말 것이다. 이제 절망이란 말은 자신의 사전에서 영원히 지워라. 절망과 좌절이란 것에 대해 완벽하게 무시하라.

얼마나 많은 돈을 버느냐 보다 더 중요한 것이 얼마나 더 많이 웃고 얼마나 더 행복하며 얼마나 더 긍정적인 사고를 하느냐이다. 절망은 그대의 영혼을 아무것도 아닌 것 쓸모없는 것으로 눈 깜짝할 사이에 전락시킬 것이다.

　꿈을 이루기 위해서는 모든 것을 아름답게 볼 수 있는 순수한 영혼이 필요하다. 순수한 영혼을 훼손시키는 것은 인간이다. 환경이 어떠하든 타인이 어떠하든 결국에는 자신이 자신의 영혼에게 지대한 영향을 끼치는 최후의 책임자인 것이다. 자신의 인생을 책임지려면 자신의 영혼을 지켜내는 책임감이 필요하다. 자신이 소유한 순결한 정신을 변절시키지 않고 지켜내려면 먼저 자신의 가치를 믿어야 할 것이다. 자신이 얼마나 많이 이 세상에 필요한 사람인지를 가슴으로 깨닫고 존재가치를 다른 어느 것보다 우위에 둘 수 있다면 절망이 다가와도 남은 인생을 포기하고 힘없이 타협하는 일은 없을 것이다.

　포기 하지 말라. 다시 일어서서 걸어가기만 한다면 그대에게 과거의 앙금을 깨끗이 씻어주고도 남을 오색구름처럼 아름답고 좋은 날들이 지속될 것이다. 넘어져도 다시 일어서겠다는 강렬한 의지가 있다면 오직 절망 밖에 길이 없어 보이는 막다른 상황에서도 그대는 희망을 되찾고 인생의 승자가 될 것이다.

　꿈을 이루기 위해 지녀야만 하는 다섯 번째 귀한 보물은 거절을 두려워하지 않는 마음이다. 꿈을 완성한 순간이 환희와 희열로 가득 찬 기쁨과 행복의 만찬이라면 그것을 가능하게 한 숨은 공신이 있으니 그건 바로 거절을 두려워하지 않는 마음이다.

모든 성공에는 거절이란 쓰디쓴 경험들이 밑바탕에 두껍게 도포되어 있다. 단 한 번도 누군가에게서 거절을 받아보지 않았다고 한다면 그는 애초에 성공을 위한 위대하고 성결한 모험을 감행해야 하는데 필요한 그 무엇을 하려고 시도하지 않았던 것과 같은 지지부진하고 무능한 삶을 살았을 것이다. 거절을 두려워하지 않는다면 그대는 무엇이든지 도전할 수 있는 유망한 도전자의 자격이 있다. 그것은 거침없는 자신감이며 자기 자신을 신뢰하고 있다는 확증이기 때문이다. 자신이 지닌 잠재력과 성공에의 확신이 있는 사람은 타인이 아무리 냉정하게 거절해도 용기를 잃지 않는다.

　오늘 한 번 거절당했는가. 아니면 지금까지 수백 번이 넘는 거절을 치욕스럽게 당해왔는가. 괜찮다. 앞으로 더 많은 거절을 당한다고 해도 그대는 가슴을 활짝 펴고 눈웃음 지으며 거뜬히 이겨낼 수 있다. 그래야만 하고 그렇게 하지 않으면 인생이란 험난한 파도가 굽이치는 바다에서 꿈을 향해 돛을 펄럭이며 위풍당당하게 항해해갈 수 없다. 뱃머리에 파고드는 암초에 부딪혀 배가 금방이라도 가라앉을 듯 위태로워 보인다고 해서 그 배를 냅다 버리고 자신의 몸만 건지겠노라고 바다로 뛰어들 수는 없는 일이다. 자신의 배를 제 몸보다 더 아끼는 책임감이 강한 선장은 끝까지 배를 지켜내기 위해 안간힘을 쓸 것이다.

　배는 꿈이고 거절은 인생의 암초다. 바다에는 소금기 머금은 바닷물이 있듯 그 잔잔한 수면 아래에는 그 위를 지나가는 것들의 삶을 붙들고 함께 수렁으로 빠져들려고 작정한 수없이 많은 암초가 숨어 있기 마련이다.

인생의 드넓은 바다에도 거절이라는 뜻하지 않은 암초가 있다. 그러나 다행히 거절을 경험하면 할수록 그대는 여유로워지면서도 더 강인해질 것이다. 왜냐하면 거절을 실패로 받아들이지 않고 더 나은 발전을 위한 도약의 계기로 받아들일 수 있다면 현재보다 더 나은 미래를 단단히 구축할 수가 있기 때문이다.

거절을 두려워하지 말라. 거절을 두려워하지 않는 당찬 마음을 지녀라. 그것이 꿈을 이루는 데 반드시 필요하다는 것을 현명한 인생의 선배들은 우리에게 친절하게 말해주고 있다. 누군가가 거절의 쓴 잔을 자신에게 건넨다면 기꺼이 들이키고 환하게 웃어라. 다음번에는 반드시 성공하겠다는 집념의 손을 들어 그 잔을 받아 마셔라. 꿈은 거절을 두려워하지 않는 사람의 품에 연인처럼 포근히 안길 것이다.

자, 이쯤이면 미의 여신 보다 더 아름답고 정의의 사제보다 더 믿음직스럽다고 소문이 무성한 여섯 번째 보물이 무엇인지 궁금해질 것이다. 하루하루 먹고 사는 데에 심혈을 기울이느라 자신의 이상을 잃어버린 채 살아가는 인간을 동물의 지엽적인 한계에서 벗어나 원대한 꿈이 완성되는 성공의 보금자리로 안내할 보물은 바로 빛나는 자신감이다.

  구름 사이에서 수줍은 듯 빛나는 태양은 본래 눈부신 빛을 내면에 지니고 있었으나 지구상에 자신의 최대가치인 빛의 경이로운 자태를 온전히 보여줄 수가 없다. 그 구름이 모두 다 흩어지고 난 후에야 태양의 빛은 비로소 자랑스럽게 지상의 모든 것들 위에 온유하게 내려설 것이다.

  인간에게 있어서 꿈은 태양과 같다. 꿈이라는 태양을 가리고 있는 것들을 관심을 기울이고 찾아내어 애써서 치우지 않는 이상 그 꿈을 이루기는 힘들 것이다. 번민, 상실감, 조롱, 자학, 포기, 세상에 대한 무관심, 자아의 빈곤 등 꿈으로 가는 길을 답답하게 차단하고 있는 것들은 너무나 많다.

  그것들을 명쾌하게 물리칠 힘을 지닌 것이 무엇인가. 그것은 빛나는 자신감이다. 자기 자신이 이 세상에서 최고라고 명백하게 자부하는 일이다. 그 어떤 이에게도 나의 재능이 뒤지지 않는다고 자신을 긍정적으로 추켜 세워주는 일이다. 그대는 그런 빛나는 자신감을 지니고 있는가.

  자신을 위로할 사람은 바로 자기 자신이다. 친구의 격려와 보살핌도 부모님의 따스한 위안도 중요하지만 인생의 끝까지 함께 할 사람은 바로 자기 자신 뿐임을 잊지 말라. 자신을 지켜내고 자신이 소망하는 일에 있어서 지치지 않는 의욕을 고취시키는 일은 물을 마시고 산소를 호흡하는 일만큼 중요한 일이다.

자신감으로 든든하게 무장한 사람에게 있어서 절망은 넘어야 할 골치 아픈 장애물이 아니라 딛고 일어선 만큼 생각과 꿈이 커지는 성장의 디딤돌이다. 온갖 시련의 시기를 이겨내고 마침내 그대가 빛나는 자신감을 소유하게 된다면 절망과 고통은 눈을 감고 힘들게 감내해야할 삶의 불쾌함이 아니라, 아픔을 잠시 참아내면 병에 대한 항체가 생성되어 육체적 건강을 보장해주는 예방백신처럼 고마운 존재가 된다.

여기에서 주목해야 할 점이 있다. 내가 그냥 자신감이 아닌 빛나는 자신감이라고 표현한 점이다. 보통 수준의 자신감으로서는 험난한 삶의 가시밭길을 헤치고 나가기에는 역부족이다. 그러기에 한층 고조된 팔월의 들끓는 햇살보다 더 뜨겁게 타오르는 빛나는 자신감이 필요한 것이다.

그렇다면 도대체 빛나는 자신감이란 보물은 어떤 성향을 지닌 사람이 찾아낼 수 있을까. 그는 자신에 대해 누구보다 잘 알고 있는 사람이다. 자신을 가장 깊이 또 적나라하게 이해하는 사람이라고 할 수 있을 것이다. 누구나 스스로가 기대하는 바와, 노력함으로써 얻을 수 있는 최대치 등을 누구보다 더 잘 알고 있다. 그래서 타인이 아무리 자신이 이룩한 노력과 땀의 결과물을 걷어차고 폄하한다고 해도 기죽지 않는다. 바로 어떤 냉소와 비웃음에도 굴하지 않는 빛나는 자신감이 있기 때문이다.

　오늘 누가 그대의 면전에서 하나 뿐인 자존심을 짓밟고 갈고 닦은 능력을 깎아내린다고 해도 자신이 이제부터 지닐 찬연히 빛나는 자신감으로 전혀 타격을 받지 않을 수 있을 것이다. 그리고 유의해야 할 점은 이 보물은 끊임없이 연료를 충전해주어야 한다는 점이다. 그 연료는 하루에도 몇 번씩 상처 입은 자아를 살뜰하게 보살피고 사랑하며 스스로를 위로하는 마음이다. 자수정보다 더 고고하고 다이아몬드보다 더 아름다운 보물인 빛나는 자신감을 지니도록 하라. 그것은 꿈을 이루기 위해 반드시 지녀야 할 가치 있는 보물이다.

　꿈을 이루기 위해 선택해야 할 일곱 번째 보물은 온화한 미소이다. 부드럽고 따뜻하게 미소 짓는 사람의 얼굴을 바라보는 일은 그 자체만으로도 뿌듯하고 행복한 시간이 된다. 반면 찡그리거나 무표정한 사람의 얼굴을 바라보는 일은 그 자체만으로도 짜증나고 스트레스 받는 일이 될 것이다. 누군가에게 당신의 호의를 전하는 가장 쉬운 방법이 살며시 미소 짓는 일이라면 어떠하겠는가. 백화점에 가서 명품 물건을 사서 선물하는 것보다 더 쉽고 간편하며 갖은 아부를 하여 그의 비위를 맞추는 일보다 더 격조 높은 일이 미소를 선물하는 일이다. 꿈을 이루기 위해 왜 우리는 온화한 미소라는 보물을 지녀야 할까.

꿈은 행복한 향기를 풍기는 사람의 가슴 속에서만 피어날 수 있는 꽃이다. 행복한 향기를 풍기는 사람이란 그에게서 인격적인 향기 즉 사랑을 가득 담은 미소를 잘 짓는 사람이란 말과 일맥상통한다는 점을 기억하길 바란다.

온화한 미소를 짓기 위해서는 마음에 갖가지 의심과 걱정이 없고 그 심중이 한없이 잔잔하고 평화로워야 한다. 생각이 헝클어진 채 어지럽고 사는 게 고통스럽다고 느끼며 막막한 권태로움에 빠진 사람은 입술을 작위적으로 움직여 억지미소를 지을 수 있을지는 모르겠지만 쳐다만 봐도 스르르 행복한 느낌이 전해져 오는 그런 아련한 미소를 지을 수는 없다.

꿈을 이루기 위해서 온화한 미소를 지녀야 하는 까닭은 그대의 마음이 온전한 자유와 평화를 얻을 수 있어야만 어떤 목표를 지향해 제대로 걸어갈 수 있는 힘이 생기기 때문이다. 모든 고민거리로부터 떨쳐 나와 더 이상 그것들에게 얽매이지 않고 가슴을 활짝 펴고 미래의 꿈을 향해 전진할 수 있는 사람에게는 누가 시키지 않아도 언제나 그 입술에 온화한 미소가 떠나지 않을 것이다.

사람의 마음을 움직이는 미소는 진실한 미소다. 정직하고 온화한 미소를 지을 수 있도록 늘 마음속을 편안하고 따스하게 만들어야 한다. 화가 난다고 해서 자신의 얼굴을 그 감정대로 뭉개버리게 되면 꿈도 함께 형체를 알아볼 수 없을 정도로 처참하게 뭉개져버릴 것이다. 꿈을 이루기 위한 길고도 버거운 여정에서 지치고 고단한 자신의 심신을 위로해줄 것은 바로 온화한 미소이다. 그것은 타인에게도 위로가 되겠지만 자기 자신에게 더 큰 힘이 되어줄 수 있다. 세상의 모든 사랑을 심장에 머금고서 온화하게 미소 짓기를 바란다. 그 일이 자연스러울수록 그대는 인생에서 느낄 수 있는 행복의 수치가 점점 더 커지고 있을 것이다.

이제 여덟 번째로 지녀야 할 보물을 알아야 할 시간이다. 시간은 화살보다 더 빠르게 우리들의 삶의 중심을 관통해 잽싸게 지나간다. 인생은 진실하고 아름답고 존귀한 꿈을 완성하기 위해 한 걸음 한 걸음 걸어 나가는 신나는 모험의 연속이다.

자신의 정신세계에 간절히 원하는 꿈을 새기지 못한 자는 삶에 대해 진정성을 논하지 말라. 꿈이 없는 인생을 살려거든 차라리 오늘이라도 삶의 끈을 미련 없이 놓아야 할 것이다. 그만큼 꿈은 인간에게 중요하며 절대적 가치이다.

자, 그럼 그토록 절실하게 필요한 꿈을 이루기 위해 지녀야 할 여덟 번째 보물에 대해 생각해 보자. 그것은 어떠한 역경에도 굴하지 않은 정신, 바로 불굴의 의지다.

산을 사랑하고 정상에 오르기를 꿈꾸는 의지가 강한 산악인들은 손끝만 닿아도 그 자리에서 온 몸의 세포를 꽁꽁 얼려버릴 강추위와 위태로운 눈 절벽으로 사방이 둘러싸인 세계 최고의 고도를 자랑하는 산, 히말라야를 오르기 위해 죽음조차 불사한다. 그들 중 일부분은 실제 등반 도중에 한 순간의 방심이나 갑작스런 기상악화로 인해 추락사를 당하고 젊은 나이에 인생을 채 꽃피우지 못한 채 안타깝게 삶을 마감한다.

그렇지만 누가 감히 그들에게 당신의 삶이 허무하다고 말할 수 있겠는가. 그들은 꿈을 이루기 위한 행복한 여정에서 자신의 꿈이 영원히 깃든 히말라야의 품 안에서 숨을 거두었기에 조금이나마 행복할 것이다. 꿈을 위해서 가는 길이라면 죽음도 두렵지 않으리라는 불타는 신념을 지닐 수 있는 것은, 꿈은 곧 인간에게 절실한 삶이고 타고난 운명이기 때문이다. 숨이 턱에 차고 내장이 쏟아져 나올 것 같은 극한의 고통에도 굴하지 않고 히말라야를 등정한 그들에게는 누구도 빼앗아가지 못할 불굴의 의지가 있다. 산을 오르다가 어떤 불행한 일이 벌어질지 모르지만 그 모든 것들을 감내하고서 기어코 정복하겠노라는 투철한 각오와 자신과의 약속을 깨트리지 않으리라는 불굴의 의지가 뜨거운 화인처럼 가슴에 선명하게 찍혀 있었던 것이다.

인생의 연금술을 온전히 우리의 것으로 하길 원한다면 히말라야를 등정하려는 강철 체력의 등산가가 아니더라도 자신이 뭔가를 이루겠다는 꿈을 지녔다면 그에 필적할만한 뜨거운 의지를 지녀야 한다. 그렇지 않고서 '조금 노력하면 되겠지'라는 안일한 생각을 가지고서 그럭저럭 대충 시늉만 하다가 운 좋게 꿈을 이루고 싶어 한다면 참 딱하고 헛된 바람이 될 것이다. 불굴의 의지는 꿈을 이루고 싶어 하는 강렬한 소망에서 비롯된다.

이제 그 꿈을 이루기 위해 그대는 어떠한 고난과 시련 앞에서도 나약해지거나 굴복하지 않으리라고 다짐하여야 한다. 굳센 믿음으로 자신의 꿈이 이루어질 것을 스스로에게 쉴 새 없이 세뇌시키기 바란다.

'된다' 하면 될 것이고, '안 될지 몰라' 하면 정말 재수 없게 안 될지 모른다. '이루어질 것이다' 하면 이루어질 가능성은 축복받은 것처럼 한없이 높아지고 '이루어질지 몰라' 하며 스스로 의심하면 그 가능성은 거의 제로에 가깝다. 꿈을 이루기 위해서는 모든 의심과 음해의 장벽을 넘어설 불굴의 의지라는 보물을 지녀야 한다. 불굴의 의지를 여러분이 지니게 된다면 그 누구도 그 무엇도 그대의 꿈을 막아설 수 없다. 왜냐하면 그대의 가슴은 꿈을 이루고자 하는 욕망으로 너무나 뜨겁게 불타오르고 있어서 그들의 하찮은 방해 따위는 거뜬히 녹여버릴 것이기 때문이다.

꿈은 인생의 길잡이다

　어머니께서는 달도 별도 전혀 보이지 않는 캄캄한 시골길에서 어린 딸이 혹여 방향을 잃고 논에 빠지지나 않을까 걱정하시며 나의 손을 꼭 잡고서 아랫집 할머니 댁에 가는 길을 자상하고 따뜻하게 인도하셨다. 아랫집 할머니 댁에는 그 당시에는 귀한 텔레비전이 동네에서 유일하게 있던 곳이어서 밤에 가끔 나와 함께 어둠 속을 더듬어 그렇게 놀러 가곤 했다. 어린 딸의 길을 인자하게 이끌어주시던 어머니의 심정으로 인생을 성공으로 이끌어주기 위해 세상에 찾아온 하늘의 축복이 있으니 그것은 바로 꿈이다.

　꿈은 인간의 각박한 삶을 윤기 나게 만들어주고 살아갈 이유를 만들어주며 살고 싶은 활화산 같은 의욕을 불러일으켜 준다. 우리가 꿈을 향하여 자신을 부지런히 연마하는 것은 어쩌면 그것이 인생의 전부가 될 수도 있는 가장 중요한 자산이 될 것이기 때문일 것이다.

그대가 세상에 이로움을 주고 자신에게 부끄럽지 않는 정정당당한 꿈을 확정하고 그 꿈을 신뢰하기 시작하면 인생은 극적으로 변화하기 시작할 것이다.

꿈은 그대의 인생을 실패로 이끌어가려는 수많은 그럴 듯한 유혹들로부터 지켜주고 절망과 실패로 괴로워하는 마음을 위로해주며 더 나은 지성을 지닌 아름다운 인격체로 성장하도록 바르게 이끌어주는 고마운 길잡이다.

우리가 생전 처음 가보는 생소한 곳에서 믿을 만한 길잡이로부터 안내를 받아 길을 찾아가는 것과, 혼자서 끙끙거리며 온갖 위험이 방치된 낯선 도시의 길을 헤매는 것은 확실히 차이가 있다.

꿈은 인생의 정확한 방향타와 같다. 자신이 바라고 원하는 것은 무엇인가. 그것이 꿈이다. 자신의 인생을 부와 성공과 행복의 길로 안내해줄 공인된 길잡이다.

현명한 사람에게 있어 부란 것은 물질적인 부만 뜻하는 것이 아니다. 자신에게 정서적 만족과 삶의 보람을 느끼게 하는 모든 것들이 일종의 포괄적인 의미의 부라고 할 수 있다. 인생의 정확한 가치를 알고 있는 그대는 부란 것이 그저 단순히 물질에 대한 소유의 많고 적음에 의해 결정되는 것이 아니라는 사실을 인식하고 있을 것이다.

꿈은 인간을 부유하게 만들어주고 최고의 성공을 웃으면서 거둘 수 있게 해주며 가장 행복한 순간으로 이끌어 준다. 최고의 가치를 지닌 물질적, 정신적 재산을 소유하고 많은 사람들로부터 진심에서 우러나오는 존경과 추앙을 받는 진정한 부자가 되고 싶은 사람이라면 이제부터 주목하라. 부자가 되는 가장 확실하고 검증된 방법이 있으니 그것은 바로 꿈과 함께 매 순간 열정을 불사르는 것이다.

여러분이 꿈이라는 경험 많고 인생의 스승과도 같은 지혜로운 길잡이와 함께 손을 잡고 걸어 나간다면 가난과 궁핍함, 질병, 좌절, 모함 따위는 실로 소소한 장벽이 될 뿐이다.

꿈을 신뢰하라. 그대가 선택한 꿈은 그대를 위해 모든 걸 바칠 각오가 이미 되어 있다. 다만 그대가 꿈을 중도에 내버릴 것인지 끝까지 믿고 함께 하여서 성공의 빛나는 영토에 도달할 것인지를 결정할 수 있다. 마치 흑인 노예의 실오라기 같은 목숨을 좌지우지 하는 백인 지주와 같은 막강한 소유권이 그대에게 있다. 그러나 그 권한을 남용할 경우 즉 꿈을 멸시하고 꿈을 이용해 다른 부정한 것들을 추구한다면 그것은 인생의 붕괴라는 독화살이 되어 되돌아 올 것임을 기억하길 바란다.

꿈이 말할 것이다.

"나와 함께 가는 길은 결코 쉽지만은 않아, 그래도 날 따라와 볼래? 나는 네가 원하는 것은 무엇이든 이루게 도와줄 수 있어. 네가 날 신뢰하고 정의를 추구하는 마음가짐과 생명을 경외하는 존경심을 지니고 함께 앞으로 나갈 수만 있다면."

꿈에게 대답하라.

"그래. 얼마든지 너와 함께 갈게. 아무리 힘든 시련과 고난이 나를 힘겹게 하더라도 너만 내 곁에 있다면 나는 깨지지 않을 희망을 가지고 미래를 향해 걸어 갈 거야. 나는 올바른 정의를 추구하고 모든 살아 있는 것들에게 고개 숙여 존중심을 보내겠어. 그리고 난 언제 어디서나 너를 믿어. 너만큼 진솔하고 예의바르며 좋은 친구는 없지. 황금이 무더기로 쏟아져 나온다는 지구촌 최대 광산을 소유하는 것보다 너와 함께 하는 사람이 더 행복하게 된다는 사실을 티끌만큼도 의심하지 않아."

늘 꿈과 오순도순 대화하라. 꿈이라는 길잡이는 자신이 이끌고 갈 대상에게 모든 지식을 전수해주고 싶어 한다. 그래서 그가 자신이 지닌 지식의 전부를 다 흡수해서 더 유능해지고 더 지혜로워지길 원한다. 그래서 꿈은 늘 그대에게 말을 할 것이다. 그대에게 꿈이 말해주는 성공의 비결을 집중해서 들을 필요가 있다. 꿈은 하루 종일 그대 곁에 함께 머무르며 그대가 앞으로 이룰 성공적인 삶에 대해 이야기 해 줄 것이다. 어떻게 해야 최고의 인생을 살아갈 수 있는지에 대해서 지금도 그대의 귓가에 나긋나긋 부드럽게 속삭이고 있을 것이다. 그 소리를 소중히 여겨라. 그 어떤 사람으로부터도 들을 수 없었던 참지혜가 거기에 있다.

꿈은 인간을 지배하는 듯 보이는 돈의 영향력보다 더 큰 영향력을 행사하는 겸손한 실세이다. 자신이 되고 싶은 것, 자신이 바라는 사항, 자신이 소망하는 것이 무엇이든지, 그것이 드디어 꿈이라는 이름을 얻게 되면 꿈은 그대를 노력과 열정의 융단 위에 태워 신나는 인생의 창공 위로 함께 여행을 떠나게 된다. 꿈은 인생의 길잡이며 행복을 완성하는 가장 내실 있는 친구이기 때문이다.

꿈을 포기하는 순간
불행은 기뻐하며 웃는다

　잘 생긴 외모의 좋은 인상을 지닌 한 사람이 최고의 판매고를 올리는 전국에서 가장 유명하고 뛰어난 세일즈맨이 되고 싶은 오래된 꿈을 지니고 있었다. 대학을 졸업하고도 빈둥빈둥 놀고 있는 친구들이 많았지만 그는 체면 따위보다는 자신이 하고픈 일을 하기 위해 자동차 회사 영업직에 도전하기로 했다.

　그는 입사한 얼마 동안 신발 바닥이 닳도록 여러 곳을 방문하며 열심히 상품을 팔려고 노력했다. 그러나 사람들은 무자비할 정도로 냉정했다. 문조차 열어주지 않았고 성의껏 마련한 상품 안내서도 한 번 보고 땅바닥에 휴지조각처럼 팽개쳐버리는 것이었다.

　그는 예상치 못한 상황에 이르러 큰 실망감에 사로잡혔다. 자신은 아마 세일즈에는 소질이 없나보다는 자괴감에 점차 우울해졌다.

그러면 그럴수록 자신감은 상실되어갔고 실적은 전혀 늘지 않았다. 반면에 주위의 동료들은 손쉽게 판매를 하는 것 같았다. 자꾸 자신과 그들이 비교되고 그러면 그럴수록 스스로가 초라해 보이는 것이었다. 그렇게 되자 점차 의욕을 잃어갔다. 결국엔 한 달도 채 되지 않아 오랫동안 꿈꾸었던 일을 포기하고 말았다. 그러나 그는 알고 있었다. 아직도 그의 내면에는 세일즈에 대한 미련이 남아 있으며 그가 진정으로 원하는 직업은 그것이었다는 사실을. 그는 누구보다 더 잘 알고 있었다. 그렇지만 어쩔 수 없다고 생각했다.

육체와 정신은 이미 한계에 다다른 듯 했고 세상은 그보다 더 손쉽게 돈을 버는 방법도 많이 있을 것이라고 생각했다. 그래서 그는 꿈을 버렸다. 과연 그는 꿈만 버린 것일까.

이런 사람들이 얼마나 많은지 안다면 여러분은 아마 놀랄 것이다. 전 인류의 절반 정도는 이렇듯 자신의 육체와 영혼이 간절히 원하고 있는 꿈을 아주 조금만 노력해보는 시늉을 하고서는 신세한탄을 하며 포기하고 만다.

'이래서 저래서 안 돼.' '나는 소질 없어.' '내 주제에 무슨 그런 일을 하겠다고.' 하면서 쓸쓸하게 꿈을 향해 달려가던 아름다웠던 질주를 멈추고 마는 것이다. 그런데 알고 있는가. 만일 누군가가 꿈을 포기한다면 그 순간 불행이 어둠 속에서 회심의 미소를 짓고 있다는 사실을.

등골을 오싹하게 만드는 공포 추리영화 속에서 살인자가 살인 할 대상을 물색한 후 조용히 그 집 내부에 잠입하고서 검은 어둠을 장막처럼 두르고 짓는 미소처럼, 불행의 미소는 소름 돋치고 불길하다. 불행이 미소 짓는 순간 인생은 암담한 미래 속으로 빨려들어 가게 될 것이다.

자신의 적성과 이상에 맞는 꿈을 품고서 그것을 향해 나아가다가 중도에 멈추고 포기하는 일은 인생을 죽음의 해일 속에 내던지는 자기자멸의 길임을 기억하라. 누군가가 나서서 자신이 봉착한 어려움들을 해결해 주기를 바라지 말고 스스로 용감하고 호기롭게 나서서 자신의 문제들을 해결해 나가다보면 결코 극복할 수 없을 것처럼 보이던 문제들도 얼마든지 극복가능하다는 사실을 알게 될 것이다.

꿈을 소중히 여기는 사람이라면 꿈을 향해 노력하는 일을 중도에 포기하고 자기 합리화를 하기 위해 그럴싸한 변명거리를 찾는 일을 하지는 않는다. 꿈은 소중하고 존중받을 가치가 있는 것이다.

불행은 번뜩이는 눈초리로 항상 인간의 빈틈을 노리고 있다. 조금만 더 지치기를 바라고, 조금만 더 좌절하기를 바란다. 어서 빨리 꿈을 포기하고 자신이 펼쳐놓은 타락과 파멸의 땅으로 들어서길 간절히 바라고 있는 중이다. 불행의 입술은 하염없이 달콤하다. 그것과 입맞춤 하는 것은 꿈을 찾아 고난의 가시밭길을 헤치고 나가는 일보다 더 편안하며 안락하다. 그렇지만 그 달콤한 입맞춤은 오래 가질 못하며 결국에는 짙은 후회의 그림자만 남겨지게 될 것이다. 왜냐하면 불행에게는 진정성이 없기 때문이다. 불행이 인간에게 주는 것은 거짓된 안식 그 자체이다. 겉으로 보기에는 최고의 것이지만 속은 최악의 것으로 풍성하게 채워진 것이 바로 불행이 주관하는 일들이다. 불행이 가장 공을 들여 기획하고 이행하는 일이 있으니 그것은 바로 인간에게서 행복의 열쇠를 찾아줄 꿈을 영영 빼앗아가는 일이다. 불행은 그 일이 가장 신나는 일이며 특기이다.

꿈을 잃은 인간은 죽은 참나무 가지만도 못한 삶을 살아가고 있는 가여운 신세이다. 불행은 그런 사람을 가장 좋아하며 끔찍이 사랑한다. 그대가 지금까지 추구해온 이상 즉, 꿈을 포기하고 싶을 때는 반드시 기억하라. 가장 가까이에서 그대가 꿈을 포기하는 순간을 목이 빠져라 기다리고 있는 불행이란 녀석이 있다는 사실을.

꼭 하고자 하는 것이 있다면 간절히 원하는 것이 있다면, 꿈에 대하여 겸허히 사색해 보아야 한다. 꿈의 탄생과 성장 과정은 얼마나 깊은 관심을 가지고 지켜보느냐에 따라 성패가 결정되기 때문이다. 그러므로 가끔이 아니라 되도록 자주 여러분은 꿈과 자신의 밀접한 관계에 대해 관심을 기울여야 할 것이다. 귀찮더라도 조금의 시간을 내어 자신의 꿈과 미래에 대한 상념의 시간을 가져보아야 한다.

꿈은 관심을 가지고 사랑을 주면 줄수록 더 많은 열매를 안겨주는 정직한 나무와 같다. 불행에게 자신의 삶을 기꺼이 양도해주고 싶은

가. 중간까지 잘 해도 소용없다. 거의 마지막까지 열심히 노력해도 소용없다. 꿈을 이루는 최후의 순간까지 인간은 최선을 다해야 할 의무가 있는 것이다.

그렇다면 어떻게 해야 우리는 중도에 꿈을 포기하지 않고 끝까지 변함없는 정열의 불꽃을 유지하며 삶의 배를 안전하게 목적지까지 항해해갈 수 있을까. 모든 배는 추진력을 얻어야만 앞으로 나갈 수 있다. 동력원이 고갈되어 엔진이 꺼지면 그 자리에 멈춰서서 바람이 불면 부는 대로 파도가 굽이치면 굽이치는 대로 이리저리 지조 없이 흔들리다가 결국에는 산산조각이 나던지 깊은 심해 속으로 처참하게 가라앉고 말 것이다.

인생의 바다를 항해해가기 위해 이 세상에 발을 디딘 인간에게 신은 오직 한 척의 배를 주었다. 아무리 부유층 집안의 유명한 가문에 출생한 사람이라도 두 척의 배를 신으로부터 부여받지 못했고, 아무리 찢어질 만큼 가난하고 비루한 사람이라도 집안이 보잘 것 없다는 이유로 배를 받지 못하지는 않았다.

누구에게나 처음 그 배는 아무것도 가진 게 없는 텅 빈 상태의 배였다. 갓 세상에 태어날 때 그 어떤 사람도 단돈 천원 한 장 가져온 사람이 없었고 초등학교 때를 미리 대비해 구구단을 완벽하게 외워 온 사람도 없는 것이다.

그러나 자상하고 온정 있는 우주의 기운은 인간의 생명이 지상에

움틀 때 하나의 선물을 잊지 않고 챙겨 주었다. 그것은 개개인 마다에게 공평하게 나누어준 특별한 재능이라는 선물이었다. 이 선물을 받지 않고 태어난 사람은 역사상 한 명도 없다. 이 재능을 발견하여 노력함으로 이루어낸 것이 바로 꿈의 실현이라는 빛나는 역사다.

신에게로부터 부여받은 벌거숭이 빈 배는 아이가 조금씩 성장해 감에 따라 천천히 여러가지 것들로 채워져 간다. 부모님의 사랑과 친구들의 우정과 종교의 믿음과 사상가들의 지혜와 자연의 아름다움 등으로 배는 날이 갈수록 더 알차게 채워져 가는 것이다. 그러나 꿈을 싣지 않으면 그 배는 목적지도 없고 주인도 없이 떠도는 캄캄한 밤바다의 으스스한 유령선이 되고 말 것이다.

꿈을 포기하지 않을 수 있는 최선의 방법은 꿈을 신뢰하는 일이다. 꿈이 이루어질 것을 믿는 일이다. 의심하거나 불안해하거나 망설일 필요가 없다.

그대가 메이저리그 초특급 야구 선수가 되길 원한다면 그렇게 될 것이다. 그렇게 될 것을 굳건하게 신뢰한다면.

자신이 불멸의 작품을 남길 배우가 되길 원한다면 그렇게 될 것이다. 그렇게 될 것을 한 치도 의심하지 않는다면.

자신이 서민에게 힘이 되어주는 변호사가 되길 원한다면 그렇게 될 것이다. 그렇게 될 것을 한 순간도 불안해하지 않는다면.

자신이 사회에 공헌을 하는 대기업의 사장이 되길 원한다면 그렇게 될 것이다. 그렇게 될 것을 확신하고 있다면.

　그대가 앞에 열거한 것 이외의 또 다른 무엇이 되고자 한다고 해도 이 법칙은 변함이 없다. 그대가 그렇게 믿는다면 그렇게 된다. 이렇게 확고한 믿음을 지닌 사람에게는 불행은 감히 명함조차 내밀지 못하고 줄행랑을 칠 수밖에 없다.

　꿈을 이루기 위한 길은 험난한 산 속을 홀로 걸어가는 것과 같이 외롭고 고독한 일이다. 그러나 굳은 의지를 지니고 반드시 이룰 수 있을 것이라는 신념을 지닌다면 결코 길을 잃지 않고 목적지에 다다를 수 있을 것이다. 그 누구도 도와주지 않을 것이다. 주변의 도움은 아주 미미한 것이지 본질적인 것이 되지 않는다. 오직 그대 자신만이 자신이 지닌 꿈을 완벽하게 이루어낼 수 있다.

　꿈을 버리는 순간 불행은 부르지 않아도 넌지시 찾아올 것이다. 비참한 인생을 보장하는 불행을 원하지 않는다면 꿈을 포기하지 말라. 하고자 하는 일을 하면서 사는 삶이 진정 행복한 삶이 아니겠는가. 오늘도 어떤 장애가 꿈을 지향해 가는 그대 앞에 불쑥 나타날지 모른다. 하지만 그것을 극복할 수 있는 힘은 자기 자신 안에 있음을 기억하라.

강력한 신념으로 꿈을 이루어라

　이 세상에서 인간이 이룰 수 없는 것이 있다면 그것은 생명의 탄생과 죽음을 전지전능하게 주관하는 일일 것이다. 그 외의 모든 것들은 언제나 정복할 수 있는 가능성이 어느 정도는 열려 있는 것들이다. 이 사실을 증명하는 것들이 알고 싶다면 지나간 뉴스의 기사들을 곰곰이 살펴보면 될 것이다.
　수 백 년 전의 인류에게 컴퓨터로 전 세계인들이 서로 대화하며 정보를 공유하는 광대한 공간 인터넷 세상이 도래하게 될 것이라는 것은 결코 상상조차 하기 어려웠던 생소한 일일 것이다. 불과 몇 십 년 전에는 도저히 불가능해 보이는 일들도 어느새 실현가능한 일이 되어버리는 것을 우리는 종종 볼 수 있다. 이제는 생명의 탄생과정에도 관여하고 싶은 인간의 끝없는 욕망은 복제라는 영역에서 종교적 입장에서 보면 금기시해야만 할 인간복제에 도전하고 있지 않은가.

불행을 미연에 방지하고 꿈을 이루어 행복한 인생을 펼쳐나갈 수 있는 힘이 되는 것은 강력한 신념의 힘이다.

그 어느 것도 인간이 지닌 정점의 에너지 불타는 신념의 힘을 막아설 수 없다. 그대가 그러한 신념의 힘을 자신의 것으로 오롯이 만들 수만 있다면 현재 골치를 썩이고 있는 각종 문제와 고민거리들로부터 깨끗하게 벗어날 수 있음을 약속한다. 왜냐하면 꿈을 이루어야만 한다는 강력한 신념은 모든 잡다한 걱정거리와 힘겨운 일상의 파편들을 일일이 제거해주고 방어해주는 개념 있는 보디가드와 같은 역할을 해주기 때문이다. 그러므로 꿈을 향한 명확한 목표의식과 강력한 신념을 지닌 사람에게는 매일매일이 새롭고 흥미롭고 활기찬 나날이 될 수밖에 없다.

'오늘은 어떤 흥미로운 것을 신나게 배워볼까.', '나의 꿈을 위해 도움이 되는 일은 무엇이 있을까.', '오늘도 좋은 사람들과 뜻 깊은 하루를 보내야겠어.' 이렇듯 즐거운 예감으로 솟아오르는 아침 해를 반갑게 맞이하는 사람의 가슴에는 성공의 태양이 시나브로 떠오르고 있는 것이다.

반면 '오늘은 어떤 문젯거리들이 생겨날까.', '재수 없는 그 사람과 또 마주쳐야 하다니.', '더 많은 돈과 더 짜릿한 쾌락을 얻기 위해 어떤 일을 해야 보탬이 될까.' 이렇듯 상한 과일처럼 퇴색한 생각들을 품고 아침 해를 맞이하는 사람의 가슴에서는 덕지덕지 곰팡이가 핀 욕망의 애벌레들이 떼를 지어 꿈틀거릴 뿐이다.

꿈을 갈망하는 강력한 신념은 인생을 지켜주는 정직하고 든든한 파수꾼과 같다. 만일 그것이 어리석은 지성과 방향을 잃은 도덕성에 의해 파괴되어 버린다면 인생 전체가 어이 없이 와르르 무너져 내리고 말것이다. 꿈과 신념은 오랜 시간 함께 추억을 쌓은 허물없는 단짝 친구처럼 서로에게 반드시 필요한 존재들이다. 꿈만 있고 신념이 없다면 그 꿈은 단지 신기루와 같은 환상에 불과할 것이고 신념만 있고 꿈이 없다면 그 신념은 오히려 심장을 위협하는 맹독이 되어 인생의 수레바퀴를 진흙구덩이에 빠트릴 위험이 있는 것이다. 그러므로 꿈과 신념은 서로 애틋하게 공존하며 향기로운 조화를 이루어 보완하는 관계일 때 비로소 그 가치가 돋보이게 되는 것이다.

그대에게 만약 지금 꿈만 있다면 이제 신념을, 신념만 있다면 이제 꿈을 따뜻이 가슴 안에 받아들이기를 바란다. 두 가지를 모두 다 소유하고 인생의 바다를 항해해 갈수만 있다면 더 이상 자신의 정체성에 대한 의식의 혼란으로 망망대해를 표류하는 불행은 없을 것이다.

자신이 누구인지 무엇을 간절히 소망하는지 잘 알고 또한 소망하는 것이 반드시 이루어질 것이라는 확신을 지닌 사람에게 불가능한 일은 없을 것이다. 그것이 강력한 신념을 지닌 사람이 그렇지 않은 사람보다 더 성공하고 행복해질 수밖에 없는 가장 확실하게 차별화

된 이유가 된다.

강력한 신념으로 꿈을 이루어라. 현실의 언덕 위에 올라서서 나의 꿈은 반드시 이루어질 수 있다고 큰소리로 외쳐라. 매일 밤마다 잠들기 전에 주문을 외우듯 자신의 꿈이 이루어지는 멋진 장면을 상상하라. 성공한 자신의 빛나는 미래의 모습을 그려 보아라. 그리고 원하는 일은 무엇이든 할 수 있다는 사실을 믿고 또 믿어라.

자기 자신을 진심으로 믿어주는 것은 백 만 명의 대중이 열렬히 환호하며 그대를 믿어주는 것보다 더 큰 위안을 줄 것이다. 난관에 부딪힐 때마다, '내가 과연 잘 할 수 있을까' 하는 의구심이 들 때마다 다시 힘을 주고 불끈 힘이 솟아오르게 하는 용기와 미래에 대한 달콤한 희망을 줄 수 있는 것, 그것이 바로 신념이다. 자신을 진심으로 믿고 노력하는 그대의 꿈은 조만간 이루어질 것이다. 그대는 그래야만 하는 필연적 운명을 지니고 태어났기 때문이다.

모든 인간은 꿈을 이룰 수 있는 백퍼센트의 가능성을 이미 가지고 태어났으나 수많은 이들이 단 한 가지, 즉 꿈을 이루고자 하는 강력한 신념을 끝까지 지켜내지 못해 안타깝게 좌절하고 만다. 꿈을 이루고자 하는 열망을 지니고 인간은 식사를 하고 공부를 하고 놀이를 하고 사색을 하고 길을 걸어가고 휴식을 취해야 한다. 그렇지만 이러한 불타는 목적의식 없이 밥을 먹고 공부를 하고 놀이를 하고 사색을 하고 길을 걸어가고 휴식을 취한다면 그저 살아있다는 것 외에 존중받을 만한 아무런 이유가 없고 공중에 부유하는 한 톨의 먼지보다 하찮은 인생임을 잊지 말기 바란다.

오늘도 이러저러한 힘겨운 일들이 그대를 매우 지치게 만들었을 것이다. 어쩌면 좋은 일보다는 울고 싶게 만드는 일, 의욕을 꺾어버리는 일들이 더 많이 생겼을지도 모른다. 그렇다고 해서 여기에서 주저앉아 버린다면 지금까지 살아온 삶의 보람은 하얀 물거품이 되어 덧없이 사라져 버린다. 여기에서 꿈을 포기해버린다면 과거의 성과는 물론이거니와 미래의 눈부신 성공의 시간도 날아가 버리고 삶의 진실한 알맹이가 빠져나간 빈껍데기가 되어버릴 것이다. 꿈을 버리는 일은 단 한번 뿐인 소중한 인생의 시간들을 하수구에 고의적으로 쏟아버리는 일이다.

버릴 것인가, 지킬 것인가. 성공할 것인가, 실패하고 처량한 최후를 맞이할 것인가. 꿈을 버릴 것인가, 지킬 것인가. 꿈을 이루겠다는 강력한 신념을 지니고 마침내 보란 듯이 성공할 것인가, 꿈을 이룬다는 것은 그저 헛된 욕심일 뿐이라며 자기 자신을 비하하고 결국 비참한 최후를 맞이하고 말 것인가.

이제 더 늦기 전에 여러분은 강력한 신념을 선택해야만 한다. 지금 이 순간 강력한 신념은 그대만을 위한 마법을 일으킬 준비를 하고 있다. 그것은 인간의 꿈을 아득한 미지의 꿈이 아닌 행복한 이 땅의 현실로 이루어줄 가장 훌륭하고 경이로운 마술이 될 것이다.

그대는 강력한 신념으로 꿈을 이루기 위해 오늘 무엇을 할 것인지를 깊이 사색하고 있는가.

인생을 찬란하게 완성시키는 꿈의 실체

총알이 소낙비처럼 쏟아지고 생사의 고비를 수시로 넘나드는 전쟁터에서 자신의 생명을 보호하고 가족과 국민들의 안전을 지키기 위하여 적을 이기려면 적의 위치와 전술 등에 대해 꼼꼼히 잘 알아야 하듯이 꿈을 이루려면 꿈의 내면과 실체에 대해 잘 이해하고 자세히 파악하고 있어야 한다.

꿈이란 정녕 무엇일까. 왜 인간은 꿈을 이루기 위해 모든 것을 걸고 쉼없이 노력하는 것일까. 그것을 이루지 못하도록 방해를 받으면 왜 그토록 서글퍼지고 눈물겨워지는 것일까.

어떤 이는 필생의 꿈을 위해 하나뿐인 자신의 목숨까지도 아까워하지 않고 내놓는다. 이처럼 죽어서라도 이루고 싶은 것이 꿈이라면 그것의 가치는 상상할 수조차 없는 것이 아니겠는가.

꿈은 인생을 찬란하게 완성시키는 숨겨진 자원이며 궁극적으로 완성될 성공이란 무대의 가장 핵심적인 근간이 되는 본질이기도 하다. 누군가가 이러한 꿈의 실체에 대해 알고자 한다는 것은 꿈에 대해 적잖은 관심을 가지기 시작했다는 증거이며, 그것은 즉 자신이 지향하는 삶의 이상향에 대해 직접 대면할 수 있을 만큼의 근거리에 접근하게 되었다는 것을 간접적으로 의미한다.

인생이 유한하고 두 번 다시 반복될 수 없는 일회성을 지닌 단 한 번의 절호의 기회라는 것을 스스로 깨닫게 될 때쯤 우리는 무엇을 지향해 살아가고 있는지를 차분하게 생각해보지 않을 수 없다. 하루하루라는 시간이 성실하게 쌓여 한 사람의 일생이 되듯이 한 방울 한 방울의 굵은 땀방울이 퇴적해 그 사람의 지울 수 없는 평생의 업적이 된다. 어떻게 지금 이 시간을 보내느냐에 따라 내일 자신이 어떤 모습으로 살아가느냐가 결정되어진다는 사실을 명심하라.

그럼 꿈의 실체를 적나라하게 드러내고 있는 특징에 대해 알아보도록 하자. 사람에게도 그 사람만의 독특한 개성과 특징이 있듯이 꿈도 그만의 고유한 특징이 있다. 이 특징들은 인류가 생존하는 마지막 순간까지 함께 할 의리 있는 친구들의 돈독한 우정과도 같다.

자, 이제 꿈의 첫 번째 특징을 뇌리에 또렷이 각인시켜라. 첫 번째 기억해야할 특징은 자신을 원하는 사람에게는 기꺼이 다가가는 성질이다. 꿈은 자신을 필요로 하는 사람에게 다가간다.

인간의 입술은 불행과 행복을 번갈아 초대할 수 있는 대단한 능력을 지닌 특별한 신체 부위이다. 인간의 입술이 불행을 부르면 검은 휘장을 온 몸에 두른 불행이 사악한 악령처럼 뚜벅뚜벅 찾아올 것이고, 행복을 부르면 아침햇살처럼 화사한 행복이 방긋 웃으며 어여쁜 천사처럼 찾아올 것이다.

꿈은 행복의 일원이다. 누군가가 꿈을 그리워하고 함께 하고 싶어 부르면 꿈은 지체 없이 환하게 미소를 띤 얼굴로 찾아온다. 때로는 깡충깡충 귀여운 토끼처럼 때로는 다소곳이 진달래꽃빛 옷고름을 입에 문 오월의 새색시처럼 꿈은 인간을 방문한다. 꿈이 찾아왔다면 얼른 대문을 활짝 열어 맞이해야 한다.

그러나 손님이 찾아오면 반갑게 나가서 맞이하는 게 도리인줄 뻔히 알면서도 우리들은 가끔 손님이 방문했다는 사실을 까맣게 모르고 텔레비전 소리나 다른 일들에 넋을 빼앗겨버리곤 한다. 그래서 먼 길을 찾아왔던 반가운 손님은 굳게 닫힌 대문을 망연히 바라보다가 왔던 길을 쓸쓸히 홀로 되돌아가기도 하는 것이다.

꿈도 마찬가지다. 꿈이라는 손님은 당장 문을 열어주지 않으면 마음에 상처를 입어 금세 뒤돌아서서 떠나간다. 그리고 그 자리에는 꿈의 꽁무니를 몰래 밟아 따라온 현실에의 안주라는 신통치 않은 녀석이 히죽 웃으며 멀뚱하게 서 있다. 분명히 꿈은 자신을 원하는 사람에게 다정하게 다가가는 특징을 지니고 있으며 자신을 무시하고 외면하는 사람에게는 어떤 일이 있어도 그리 오래 머무르지 않는다는 사실을 직시하길 바란다. 그러므로 행복한 인생을 살고자 하는 인간은 꿈을 무시하거나 외면하지 말고 혹시라도 꿈에 대한 관심의 점도를 묽게 하는 치명적인 실수를 범하지 말아야 할 것이다. 행복과 꿈은 떼어내려고 해도 뗄 수 없는 밀접한 관계에 있는 것이기 때문이다.

만일 그대가 교수가 되고 싶다는 마음을 지니고 있다면 교수의 꿈을 원하고 호명하라. 간절한 기도는 언젠가는 하늘의 끝까지 가 닿는 법이다. 교수의 꿈은 그대가 원한다면 언제든지 다가올 것이다. 그대가 만일 화가가 되고 싶다는 마음을 지니고 있다면 화가의 꿈을 원하고 호명하라. 화가의 꿈을 원하면 운치 있는 화가의 꿈이 그대를 찾아와 세상을 아름답게 화폭에 담아내는 화가가 되는 길로 인도해줄 것이다. 그대가 만일 요리사가 되고 싶다는 마음을 오래전부터 품고 있었다면 이제 마음으로만 그 소망을 간직하고 있지 말고 요리사의 꿈을 호명하라. 그러면 요리사의 꿈은 당장이라도 그대에게 달려와 최상의 요리로 수많은 사람들의 입맛을 사로잡는 일류요리사가 되도록 이끌어줄 것이다.

그대가 무엇이 되고 싶든지 원하는 꿈의 이름을 따스한 사랑의 마음을 담아 부르기만 하면 그 꿈은 만면에 미소를 띠고서 그대 곁에 다가올 것이다. 꿈을 붙잡아라, 그것이 인생을 찬란하게 만들어주는 고마운 공로자이다. 초록 숲에 우윳빛 아침안개가 낮게 깔리듯이 무지갯빛 꿈이 여러분의 무채색 인생에 슬며시 안겨올 때 가장 아름다운 연인을 품에 안은 듯 소중하게 보듬어 안아라. 그리고 결단코 놓치지 말라.

꿈은 아름다운 생명의 시간을 번영하게 하는 고마운 하늘의 선물이지만 곁에 오래도록 머물게 하는 것은, 그대가 얼마나 그것을 사랑하고 원하느냐에 달려 있다. 그대가 부른 꿈은 그대의 영혼이 갈급하게 부른 것이고 그대의 인생이 절실하게 부른 것이다. 지금 자신 곁에 있는 꿈을 꽉 움켜잡아라.

그렇다면 신비롭고 아름다운 꿈의 두 번째 특징은 무엇일까. 두 번째 주목할 만한 특징은 자신을 선택한 사람의 독립심을 고취시켜 주는 주요한 역할을 하는 것이다. 나이가 30이 다 되어서도 부모의 품을 벗어나지 못하고 자신의 힘으로는 무엇 하나 제대로 하지 못하고 뭐든지 일일이 의지해서 살아가는 어린아이 같은 사람들이 있다. 어디를 가는 것도 부모 허락을 받고 누구와 만나야 하는 것도 부모의 지도를 받으며 어떤 직업을 가질 것인지도 부모가 골라주는 일을 하며 사는 사람들.

그런 사람들에게 결여된 것은 바로 세상을 홀로 헤쳐 나가고자 하는 용기와 독립심일 것이다. 독립심은 제대로 된 성인이 되기 위해서는 반드시 획득해야만 하는 성품이다. 독립적이지 못한 인간은 평생을 누군가에게 조종당하고 예속되어 살아간다. 자발적 호흡을 못하는 침대 위의 식물인간처럼 항상 무언가에 기대어 생각하고 행동하는 공허한 삶을 살아갈 수밖에 없다. 그것은 참으로 슬픈 일이 아닐 수 없다. 인간은 자의식에 의해 자발적으로 생각하고 행동하는 일에서 살아있음의 참 맛을 느낄 수 있는데 그 참 맛을 모르고 살아간다면 얼마나 애처로운 삶이겠는가.

유치원에 다니는 젖내 폴폴 나는 꼬마 아이도 자신의 일을 스스로 선택해서 하고자 하는 욕구가 있으며 만일 누군가로부터 억압적으로 지시를 받아 하고 싶지 않은 일을 강제적으로 할 때는 분하고 억울한 마음을 느낀다. 그것은 바로 독립성의 일부가 이미 그 아이의 내면에서 발현되고 있기 때문이다. 꿈은 이러한 기존의 독립성을 보다 더 자율적이고 굳건하게 마음속에 심어주게 된다.

한 가지 목표를 향해 올곧게 걸어가는 사람에게는 누군가의 그럴듯한 감언이설이나 신체를 위협하는 공갈협박 등도 아무런 영향을 끼치지 못한다. 그는 이미 자신의 내부에서 울려나오는 자아의 확고하고 진실한 목소리를 새겨듣고 있기 때문이다.

어떤 그럴 듯한 것들에게도 줏대 없이 휘둘리지 않는 것, 아무리 편하고 손쉬운 방법이 있어도 비굴한 방법들과 적당히 타협하지 않고 정직하고 떳떳한 방법으로 세상을 살아가는 것, 주위의 모든 사람들이 수근 거리고 비웃어도 자신이 이루고자 하는 목표를 향해 동요 없이 노력하는 것이 바로 꿈을 지닌 사람에게 부여되는 최고의 포상인 독립심의 본모습이다.

꿈은 눈꽃보다 더 연약한 정신을 지닌 사람에게는 강철보다 더 강인한 정신을 심어주고 걸인보다 더 낮은 자존감을 지닌 사람에게는 황제보다 더 높은 자존감을 안겨준다. 독립심이 있는 사람과 그렇지 못한 사람의 차이는 뇌가 있는 사람과 없는 사람의 차이와 같다.

무시무시한 이야기지만 우리 주변에는 머릿속에 뇌가 없는 몇몇 사람들이 대화를 나누며 길을 걷고, 창백한 손으로 빵을 사고, 친구들과 멀쩡하게 영화를 보고, 심지어 고난이도의 운동도 하고 있다. 뇌가 없는 사람이란 겉은 지극히 멀쩡하지만 스스로의 의지에 의해 독립적인 사고를 하지 못하는 텅 빈 영혼의 사람들이다. 그들에게는 자신의 의지로 무엇을 결정하거나 사색하는 일은 도저히 생각할 수가 없는 불가사의한 일이다. 왜냐하면 뇌가 없기 때문이다.

그런데 그들도 본래부터 뇌가 없었던 건 아니었다. 처음에는 다른 사람들처럼 그들에게도 무한한 지혜의 보고인 현명한 뇌가 제 위치에 멀쩡히 자리 잡고 있었다. 그러나 그들의 빈약한 의지와 부모의 과잉보호와 타성에 젖은 편안함에 길들여진 무기력한 생활습관으로 인해 점점 뇌가 사라지게 되었던 것이다.

생각해 보라. 뇌가 없는 사람이란, 얼마나 끔찍한가를. 그런 끔찍하게 안타까운 사람들을 처방전 한 장 없이 치료비도 받지 않고 타사의 보험 가입여부도 따지지 않고 잃어버린 뇌를 무료로 다시 되찾게 해주는 것이 바로 꿈이다.

　인간의 인생을 가장 찬란하게 밝혀줄 세 번째 꿈의 특징은 무엇일까. 그것은 인간에게 가늠할 수 없는 기쁨을 안겨주는 것이다.
　가늠할 수 없다는 것은 무슨 의미인가. 그 깊이와 넓이를 감히 측량할 수 없을 만큼 방대한 것이다. 너무너무 넓고 너무너무 깊은 정도를 우리는 가늠할 수 없다는 말로 표현한다. 그렇다면 꿈이 도대체 왜 인간에게 가늠할 수 없는 기쁨을 주는 특징을 지녔는지 불현듯 궁금하지 않을 수 없을 것이다. 그러자면 지극히 지성적인 그대는 먼저 기쁨이 무엇인지를 이해해야만 한다. 기쁨이 무엇인지에 대해 생각해본 사람은 의외로 별로 없을 것이다. 왜냐하면 기쁨은 일부러 느끼려고 작정하고 느끼는 고의적으로 생성시키는 인위적인 감정이 아니기 때문이다. 기쁨은 자연스럽게 우러나오는 감정의 일부분이고 깊은 숲 속에서 조용히 솟아나는 시원한 옹달샘의 물처럼 인생의 길에서 온갖 세균과 먼지를 들이마시며 고군분투하고 있는 인간 나그네들에게 숨통을 틔워주는 산소와 같은 것이다. 그렇게 신선하고 맑고 깨끗한 느낌이 기쁨이며 삶의 행복이라고 할 수 있는 것이다.
　그러나 기쁨도 위장된 것이 많다. 얼핏 보면 기쁨인 것 같지만 사실은 기쁨이 아니고 기쁨을 가장한 지독한 이기심일 수도 있으며, 그 때는 기쁨인 줄 알았었지만 나중에 알고 보니 기쁨이 아닌 기쁨으로 둔갑한 슬픔이었던 적도 있는 것이다. 그러므로 이것이 맑고 신선하며 인간의 감정을 아름답게 정화시켜주는 진정한 기쁨인지 아닌지 알기 위해서는 분석의 지혜를 지녀야 할 것이다.

자, 기억하라. 진정한 기쁨은 그대에게 희망과 용기와 인생에 대한 밝은 비전과 삶의 긍정적인 면들에 대한 민감한 반응을 이끌어내는 것이다. 그러나 진정한 기쁨을 가장한 가식적인 기쁨은 그대에게 절망과 좌절과 인생에 대한 비관적인 상상과 삶의 부정적인 면들에 대한 민감한 반응을 격렬하게 초래하게 만드는 것이다. 이 둘을 가려내는 지혜가 바로 분석의 지혜이다. 그렇다면 꿈은 어떤 기쁨에 속할까. 물론 진정한 기쁨의 영역에 속한다. 그것도 가장 최상의 기쁨에 속함은 물론이다.

진정한 기쁨의 영역에 확실히 자신의 입지를 다지고 있는 꿈의 실현을 추구하는 일상은 잡념에 사로잡힐 여유가 없어서 더욱 좋다. 이상의 날개를 활짝 펴고 인생의 푸르른 하늘을 비상하고 있는 사람에게 기쁨을 가장한 위선적 기쁨은 콩과 팥을 분별해내는 것보다 더 쉽게 가려낼 수 있는 것이 될 것이다. 그는 늘 어떻게 하면 더 자신을 성숙하게 만들고 지적인 수준을 조금이라도 더 끌어올릴 수 있는지에 관심이 쏠리기 때문에 저속한 기쁨의 유혹에 혹하지 않을 수 있게 된다. 인간에게 가늠할 수 없는 기쁨을 주는 꿈이야말로 인생의 연금술을 습득하고자 하는 우리에게 가장 필요한 귀중품이 될 것이다.

꿈은 어떠한 것으로도 측량할 수 없는 삶의 만족과 기쁨을 준다. 그것을 처음 만난 순간부터 함께 질곡의 나날들을 헤치고 나가는 순간과 그리고 최후의 성전에 도달하기까지 최고의 만족과 기쁨을 주기에 부족함이 없는 자질을 지니고 있다.

지금 아무에게도 털어놓지 못할 혼자만의 고민으로 머리를 싸매고 아랫목에 홀로 누워 있는가, 그렇다면 그대에게 필요한 것은 한 줌의 효능이 좋은 알약이 아니라 꿈이다.

지금 삶의 매몰찬 기운과 사회의 차가운 냉대에 지쳐 더 이상 일어나거나 다시 시작할 흥과 힘을 잃었는가, 그렇다면 그대에게 필요한 것은 한 잔의 진한 홍삼국물이나 복권 당첨이 아니라 꿈이다.

이 세상에 왜 태어났을까 원망하는 마음만 가득 들고 아침에 눈 뜨는 것조차 차마 두려운가, 그렇다면 그대에게 필요한 것은 보드라운 애인의 따뜻한 몸이 아니라 바로 꿈이다.

꿈처럼 좋은 친구는 없다. 아무리 수 십 년 넘게 사귄 친한 친구라도 자신의 이익과 반하거나 자신에게 조금이라도 해를 끼치게 될 것 같은 위급한 상황이 오면 조금씩 거리를 두기 마련이다. 그러나 꿈은 그렇지 않다. 여러분이 그를 소원하게 여기거나 매정하게 꿈을 버리지만 않는다면 항상 곁에 머물러주는 가장 의리 있는 친구이며 변치 않는 사랑과 관심으로 평생을 함께 해줄 든든한 도반이다.

꿈을 가지면 이제껏 경험해보지 못했던 우정과 사랑의 교차점을 체험할 수 있다. 최상의 기쁨을 주면서도 겸손하게 삶을 안내하는 좋은 친구를 사귈 수 있는 절호의 기회를 얻게 되는 것이다.

열정적이고 생각 깊은 꿈의 네 번째 변치 않는 특징은 자아의 정체성을 깨닫게 해주는 것이다. 정체성이란 각 인간에게 부여된 향기롭고 영구적인 정신의 본질이라고 할 수 있다. 본래부터 특별한 존재인 인간에게 꿈은 스스로를 되돌아볼 수 있는 기회와 계기를 마련해준다. 내가 누구인지, 나는 어디에서 비롯되었는지, 나를 살아가게 하는 기운찬 원동력은 어디에서 나오는지, 삶을 어떤 방식으로 살아가기를 나의 영혼은 원하고 있는지, 왜 하루하루 착실하게 살아가야 하는지를 알고자 하는 의욕을 생기게 하는 것이 바로 꿈이다.

인간이 자신의 정체성을 깨닫는 일은 대단히 큰 가치가 있는 것이다. 어떤 위대한 것도 처음에는 미미한 시작으로부터 비롯되었듯이 훌륭하다고 일컬어지는 인간의 범접할 수 없는 위대성도 스스로를 자각하고 인식하며 치열하게 사색하는 것에서부터 비로소 시작되었다는 사실을 인지하기를 바란다.

자아의 정체성을 깨닫는 것은 자신의 원초적인 본질을 깨닫는 것이며, 인생의 토양을 성장을 위한 가장 이상적인 환경으로 비옥하게 조성하는 일이다. 기름지고 영양이 풍부한 흙과 새벽잠을 못 이루며 논과 밭을 오가는 정성어린 농부의 보살핌이 있어야 좋은 곡식이 탐스럽게 자라나는 것처럼 인생의 풍요로움과 성공 또한 자신의 사상을 품고 있는 토질의 상태를 정확하게 파악하고 그에 걸맞는 꿈이라는 귀한 묘목을 심어 줌으로써 훗날 건실하게 열매를 맺을 수 있는 것이다.

인간은 죽는 날까지 성실하게 성찰해야 하는 의무가 있다. 자기 자신에 대한 성찰은 한편의 연시보다 더 애절한 연민과 더불어 군홧발로 짓밟아도 결코 허무하게 죽지 않는 파란 잔디처럼 질긴 자신감을 불러일으킬 것이다. 꿈이 이런 일을 가능하게 해주는 첨병 역할을 한다.

그대에게 찬란한 인생을 살아가도록 도와주기 위해 우주가 만들어낸 경이로운 기적이자 인간에게 생명수와 같은 희망을 전달해주는 꿈이 지닌 다섯 번째 주목할 만한 특징은 올바른 일을 위하여 근면하게 노력하는 사람하고만 일생동안 나란히 동행한다는 점이다.

어떤 사람이 매우 근면하다란 말을 들으면 그가 누구인지 모르는 상황에서도 그런 사람이라면 함께 일하고 싶다는 생각이 들 것이다. 부지런한 모습이 눈에 선명하게 떠오르고 '참 열심히 사는 사람이다.' 란 긍정의 느낌이 든다. 책임감 있고 근면한 사람에게 끌리는 것은 아침이슬처럼 깨끗하고 착한 사람에게 끌리는 것이나 아름다움을 간직한 곱고 예쁜 사람에게 끌리는 것처럼 자연스러운 끌림일 것이다.

꿈은 근면한 사람을 유별나게 좋아한다. 누가 지켜보지 않아도 자신이 맡은 일을 꼼꼼하게 수행하고 정성껏 업무에 임하는 직원과 혼자 있을 때와 다른 사람들과 함께 있을 때 근무하는 태도가 확연히 다른 사람은 분명 인생에 대처하는 사고방식이 전혀 다를 것이다.

근면한 사람은 다른 사람의 눈에 비춰지는 자신의 겉껍데기를 구태여 의식하며 살아가지 않는다. 자기 자신에게 정직하고 스스로가 정한 인생의 올바른 규율에서 어긋나지 않도록 주의하며 사는 사람이다. 먼 훗날 후회하지 않을 아름다운 삶을 살아가고자 매일 힘차게 자신에게 주어진 일들을 해내고 있는 삶의 기본에 충실한 사람이다. 그는 도도하거나 집착하거나 가식적이지 않으므로 다른 이들의 마음에 진한 감동을 준다. 이처럼 근면한 삶을 살아가는 사람의 매력에 반하지 않기는 힘들 것이다.

남겨진 소중한 인생의 시간들을 헛헛한 자괴감에 사로잡히거나 눈물을 글썽이며 뒤돌아보지 않고 사랑하는 사람들과 미래의 멋진 나날들을 상상하며 행복하게 살아가고 싶은가. 자신이 고심 끝에 선택했던 일들을 나중에 느긋이 바라보며 정말 잘 선택했다고 활짝 웃으며 추억할 수 있는 보람찬 삶을 살아가고 싶은가. 그렇다면 근면이 몸에 밴 자세로 올바른 일만을 위하여 노력하라.

꿈은 올바른 일을 위하여 근면하게 노력하는 사람에게만 자신의 옆자리를 기꺼이 허락한다는 사실을 잊지 말라. 추하고 올바르지 않은 일을 위하여 살고자 하는 사람이나 올바른 일을 하고자 하지만 노력하지 않는 사람에게는 단 1분도 함께 시간을 공유하려고 하질 않을 것이다. 그렇게 헛되게 시간을 보내기에는 꿈은 너무나 바쁘고 인기가 많으며 돌볼 사람이 많은 신성한 존재이기 때문이다.

꿈을 원하는 사람은 밤하늘의 별들보다 더 많고 백사장의 모래알들보다 더 많지만 꿈의 마음을 사로잡는 사람은 한정되어 있다. 꿈의 마음을 온전히 사로잡을 수 있는 사람은 바로 자신이 선택한 정의로운 일에 최선을 다하여 피를 토하듯 열정을 토해내며 근면히 노력하는 사람이며 모든 면을 볼 때 선의의 관점에서 바라보고 아름답고 순수한 삶을 추구하는 청결한 가치관을 지닌 참된 사람이다.

우리는 꿈의 사랑을 받아야만 한다. 우리가 자나 깨나 우리의 꿈을 열렬히 사모하듯이, 꿈도 자나 깨나 우리를 열렬히 사모하기를 원한다. 사랑을 받으려면 사랑받을만한 행동을 하여야 하지 않겠는가. 그대가 꿈에게 사랑받는다는 것은 꿈이 그대를 영원한 동반자로서 마침내 선택한다는 것과 동일한 것이다. 꿈이 그대를 주저하지 않고 선택하도록 하라. 올바르지 못한 생각은 애초에 하지를 말고 올바르지 못한 행동은 아예 처음부터 시작을 하지 말라.

향기 나는 한 알의 꽃씨가 되어 빛깔 고운 새싹을 움틔우는 사랑받고 존중받는 생명으로 자라날 것인지, 한 톨의 썩지도 못하고 저주받을 영원한 오염덩어리가 되어 이 땅을 파멸시키고 훼손시키는데 일조할 것인지를 선택하라. 그대가 올바른 일을 위하여 매순간을 근면하게 노력하며 살아간다면 꿈은 감히 상상조차 할 수 없을 만큼 많은 행운과 빛나는 성공의 열매들을 가져다 줄 것이다.

이제 떨리는 가슴을 안고 꿈이 가지고 있는 여섯 번째 특징을 만나보도록 하자. 꿈의 여섯 번째 특징은 인간이 원하면 거절하지 않고 항상 기쁘게 달려와 주는 것이다.

지금 우리는 꿈의 실체에 대해 면밀하게 알아보고 있는 중이며, 꿈의 특징들에 대해 곰곰이 관찰해가는 알찬 시간을 공유하고 있다. 그대에게 꿈은 어떤 의미인가.

연애를 할 때도 우리들은 조용한 밤하늘 아래에서 가끔 생각해보곤 한다. 나는 너에게 너는 나에게 과연 어떤 의미일까. 그렇지만 꿈과 자신의 관계에 대해서는 그런 애잔한 생각의 실마리를 풀어가고자 하는 사람은 많지 않을 것이다. 너무 가까이 있고 익숙한 것들에 대해 고마움을 의식하지 못하고 살아가는 것처럼 꿈도 우리가 원하면 항상 달려와 주기에 고마움과 소중함을 채 느끼지 못하고 살아가는 것은 아닐까.

여섯 번째 꿈의 특징은 이렇게 무심한 우리들에게 미안한 마음이 들게 만들기에 충분하다. 왜냐하면 꿈이 지닌 이번 특징은 인간의 고독과 정신적 통증을 치료해주는 것이기 때문이다.

우리는 몸 어느 한 곳이라도 아프면 급하게 병원을 찾는다. 피검사며 엑스레이며 소변검사며 첨단 MRI 촬영에 이르기까지 여러 가지 검사를 허겁지겁하며 질병의 원인을 찾고자 한다. 그리고 그 원인을 발견하여 치료하여 완치되기까지 엉덩이에 주사를 맞고 쓰디쓴 약을 먹고 병원생활의 불편함을 감수하고 입원을 하거나 바쁜 시간을 쪼개어 통원을 하는 등, 시간과 돈을 지불해야만 한다. 그러나 꿈은 우리에게 하나뿐인 목숨을 아슬아슬하게 내놓으라거나 어마어마한 돈을 요구하거나 죽음에 대한 몸서리칠 만큼 무서운 경고를 하거나 수술대 위에 올려놓기 위해 서명할 것을 깊은 밤에 간호사실 앞으로 불러 은근히 종용하지는 않는다.

오히려 인간이 가지고 있는 고통과 고독으로 빚어진 생의 아픔을 아무런 물질적 요구를 하지 않고서 치유해주는 아량을 베풀어 준다. 꿈이 원하는 것은 다만 상처를 치료할 조금의 시간일 뿐이다.

우리는 꿈에 대해 절실하지 않을지도 모르지만, 꿈은 우리들을 자신의 운명에 있어서 시리도록 그립고 절실한 친구로 생각한다. 자신의 이름을 사랑스럽게 호명해준 사람에게 가장 값진 인생의 선물을 주기위해 제가 지닌 모든 것을 아낌없이 불사르는 것이 꿈의 원초적 본능이라 할 수 있다.

　단 한줄기의 빛도 새어 들어올 수 없도록 어둡게 밀폐된 공간 속에 유폐된 채 홀로 썩어가는 쓸쓸한 마음이 바로 고독이다. 골치 아픈 음식물 찌꺼기마저도 잘 썩혀서 땅에 뿌려지면 귀한 거름이 되지만 인간의 마음이 곪고 썩어가게 되면 견딜 수 없는 고통만이 온 몸을 도려낼 듯이 휘몰아칠 뿐이다. 그래서 고독은 한없이 아프고 될 수 있으면 정중히 거부하고 싶고 멀리 하고 싶은 느낌일 것이다.

　그러나 고독하지 않은 인간은 이미 전신이 차갑게 식어버린 숨이 멎은 인간이거나, 누가 업어 가도 모를 정도로 깊이 잠든 인간 외에는 없다. 그만큼 고독은 치명적인 신종바이러스처럼 의식하지 못하는 사이에 인간의 내부에 비밀스럽게 잠복해 있는 불치의 병인 것이다.

　신이 인간에게 생명의 숨결을 불어넣어 줄 때, 고독도 덤으로 끼워주었는지 확인할 길은 없지만 분명한 것은, 인간에게는 고독이 벗겨낼 수 없는 지독한 굴레처럼 견고하게 덧씌워져 있다는 불편한 사실이다. 고독으로 인해 아픈 사람에게는 아무리 우습고 즐거운 일들도 호탕한 웃음을 유발시키지 못한다. 그는 고독하기 때문에 우울하다. 그는 고독하기 때문에 늘 아프다. 우울하고 아프기 때문에 인상도 어두워지고 어두워져버린 성격 탓에 친한 지인들과도 차츰 멀어진다.

　그런 그에게 꿈은 나긋나긋 상냥한 음성으로 흉금 없이 소탈하게 이야기를 건넨다.

'지금 우리 둘이서 함께 무엇을 하면 좋을까.'

'네가 하고 싶은 일을 해봐. 나도 같이 네가 하는 일을 하고 싶어.'

'네 곁에 항상 함께 할게. 네가 원하는 삶을 살아가도록 마음을 다해 도와줄게.'

다정하고 한없이 자상한 그 음성에 고독에 말라비틀어지고 허전함에 켜켜이 찌들어 있던 상처받은 영혼은 가슴 뭉클한 위로를 받을 수밖에 없다. 외로움이 따갑게 정수리에 꽂혀올 때 갈피를 잡지 못하고 흔들리는 마음을 붙잡아 삶의 대지 위에 다시 초연히 뿌리내리도록 도와주는 꿈이 없었다면, 인간은 이미 까마득한 옛날 어느 아득한 시기에 멸종하였을지도 모른다. 그만큼 꿈이 인간에게 미치는 영향은 지대하다고 할 수 있다.

고독의 폐해 못지않게 인간을 지독한 고통 속에 몰아넣는 것이 바로 정신적 통증이다. 육체적 통증은 원인을 찾아내기가 비교적 수월하지만 정신적 통증의 원인은 지극히 사적이고 내밀한 것이어서 본인이 직접 그것을 드러내놓고 치료받기를 원하지 않는 이상은 외부에 낱낱이 표출되기가 쉽지 않다. 그래서 아무리 가까운 가족이라도 정신적 통증에 심하게 시달리는 것을 전혀 눈치 채지 못하고 방치하다가 치료시기를 놓쳐 비극적 최후를 맞이하는 경우가 많은 것이다. 우리는 각별히 정신적 통증에 대해 조심해야만 한다. 그것을 무심코 지나치거나 경시하다가는 지금껏 힘들여 이루어놓은 모든 것들을 한 순간에 잃어버릴 수도 있음을 기억하라. 애석하게도 대부분의 사람들은 자신들의 정신적 통증의 심각성에 대해 깊이 인식하지 못하고 있다. 그리고 누군가가 그런 통증을 호소하기라도 하면 별 것도 아닌 일로 호들갑 떨고 있다면서 코웃음을 치거나 몇 마디의 입에 발린 위로의 말을 하면서 그냥 무심히 지나쳐버리기 일쑤다.

그러나 꿈은 알고 있다. 지금 겪고 있는 정신적 통증으로 자신의 친구가 결국 원치 않는 죽음에 이를 수도 있다는 사실을.

그래서 밤이나 낮이나 한결같은 마음으로 친구 곁을 지켜준다. 그 우정의 깊이와 사랑의 넓이는 인간의 짐작만으로는 측량할 수 없을 것이다. 한결같은 사랑으로 현존하는 인류를 지켜주는 것이 꿈이다. 그대가 만일 꿈을 지니고 있다면 정신적 통증으로 인해 하마터면 목숨을 잃을 만한 위태로운 상황에 처하게 된다고 해도 전혀 걱정할 것이 없다는 것은 확실하다.

만약 한 사람이 어떤 꿈 하나를 가슴 깊이 간직하고 있게 되면 그에게는 그러한 통증을 완벽하게 사멸시킬 수 있는 최고의 명약이 준비되어 있는 것이나 마찬가지인 상태이다. 그와 반대로 꿈이 없는 자는 정신적 통증이 초저녁 어스름처럼 소리 없이 다가올 때 전혀 대비할 방도가 없으며 무방비 상태로 있다가 그대로 생명을 앗아갈 수도 있는 위험에 노출되고 마는 것이다.

꿈이 있는 삶.

꿈이 없는 삶.

이 두 가지의 삶은 얼마나 대조적인가. 마치 태양이 떠 있는 화창한 하루와 태양이 구름 뒤에 숨어 하루 종일 어둡고 음습한 하루의 대비적인 장면과 다르지 않다.

두 가지의 개성 강한 인생이 그대 앞에 놓여 있다. 꿈과 함께 하는 희망 가득하고 행복한 삶과, 꿈과 함께 하지 않는 절망과 낙심으로 가득한 불행한 삶. 자, 그대는 어떤 삶을 선택하겠는가.

인생은 선택의 무한한 연속임을 누구나 다 알고 있지만 꿈도 선택하고 그 선택으로 인해 성공과 불행의 한 쪽 길로 분명히 접어든다는 사실을 깨닫고 있는 사람은 별로 없다.

이제 여러분은 그것의 차이를 분명히 알 수 있을 것이다. 꿈을 포용한다는 일은 삶의 모든 시련과 기쁨을 수용한다는 일이다. 인생에는 늘 즐겁고 좋은 일, 헤쳐 나가기 쉬운 일만이 있는 것이 아니다. 정말 그랬으면 얼마나 좋을까. 걱정, 근심, 고민거리 없이 매일 매일 이 천상의 하루처럼 그저 행복만 하다면 얼마나 좋겠는가. 그러나 서글픈 현실은 인간을 쉼 없이 괴롭게 하고 고독하게 하고 쓸쓸하게 하고 비참하게 만들 것이다. 그것이 인생이므로 그 누구도 피해갈 수 없는 숙명이다.

그러나 신은 인간을 막다른 골목에 몰아넣지만은 않았다. 꿈이라는 안식처를 제공해주었던 것이다. 주저하지 말고 꿈을 받아 들여라. 하고 싶은 일, 이루고 싶은 것, 가보고 싶은 곳, 만들어보고 싶은 것, 만나고 싶은 사람 그 모든 것들이 꿈이다. 그대의 영혼이 간절히 갈구하는 것이 앞으로의 인생을 멋지게 수놓을 열매를 열리게 할 꽃인 꿈인 것이다.

꿈은 절망으로부터 인간을 분리해주고 고독으로부터 인간을 구제하며 정신적 통증으로부터 인간을 탈피시켜서 앞으로는 외롭지도 아프지 않을 고통 없는 일상으로 이끌어주는 좋은 친구이다. 여섯 번째 꿈의 특징을 잊지 않고 살아간다면 언제나 희망을 잃지 않고 웃으며 어려운 시절에도 살아갈 힘을 얻을 것이다.

이제 인생을 찬란하게 완성시키는 실체이자 마지막 일곱 번째 꿈의 특징을 함께 나지막하게 불러보자. 겸손하고 점잖은 미소를 지으며 우리에게 찾아온 일곱 번째 꿈의 특징은 꿈이란 숭고한 존재를 지탱하는 가장 근원적인 기둥이며 꿈의 실체를 구성하는 전부라고도 감히 표현할 수 있을 만큼 각별히 중요한 특징이다.

혼란스럽거나 산만한 정신을 하나로 모아 집중하고 일곱 번째 꿈의 특징에 대해 깊이 사색하라. 사색하는 자세는 정밀하고 경건해야 한다. 일체의 잡념이 스며들지 않도록 마음을 정결하게 가다듬고 주제에 집중하라. 지금부터 사색할 명제는 꿈의 중심축이라고 할 수 있으며 천상에 빛나는 북극성처럼 고결한 품성이 특징이다.

그대에게 오늘 꿈이 찾아온 것은 의미 없고 보잘 것 없는 인생이 아닌 가장 아름답고 가치 있는 최고의 인생을 살 수 있도록 기회를 부여하기 위함이다. 이 특징은 그러한 꿈의 특징이 가장 적나라하게 스며들어 있는 것이다.

베일 속에 가려진 꿈의 중심적 실체이자 일곱 번째 특징은 보답을 바라지 않고 사랑하는 것이다.

우리는 누구나 한 번쯤 폭넓은 의미의 사랑을 한다. 그러나 거의 모든 사랑에는 자기가 사랑한 만큼 또는 자기는 진실로 사랑을 하지도 않으면서도 기대 이상의 보답을 바라는 마음이 은연중에 배어 있다. 친구를 사랑하긴 하지만 친구 또한 나를 똑같은 비중이나 그 이상의 마음을 주고 사랑해주기를 바라고, 자식을 사랑하긴 하지만 자식이 먼 훗날 늙고 병든 자신을 외면하지 않고 특별히 돌보고 보살피기를 바라고, 부모를 사랑하긴 하지만 주머니가 두둑할 정도의 넉넉한 용돈과 사업자금을 원할 때마다 거절하지 않고 풍족하게 대주기를 바라고, 이웃을 사랑하긴 하지만 이웃 또한 자신에게 자신이 베푼 것 이상의 관심과 친절을 베풀어 주기를 기대한다.

아주 다행스럽게 상대방이 기대한 정도의 그러한 형태로 자신을 대하게 된다고 하면 그나마 괜찮지만, 만일 이 무모한 기대에 대해 상대방이 조금이라도 어긋난 행동을 하게 되면 반드시 분노라는 최악의 감정을 느낄 것이다. 그렇게 하지 않으려고 해도 자꾸만 참을 수 없는 욕망이 치밀어 오르는 금단증상처럼 사랑에 대한 보답을 바라는 일은, 채 의식하지 못한 순간에 순식간에 이루어지는 감정이므로 손 쓸 틈조차 없이 인간의 정신을 올가미가 되어 사로잡는다. 보답을 바라는 욕망의 올가미에 사로잡힌 사람에게 마음의 안정과 평화는 머무를 수가 없다. 몇 번을 강조하지만 마음의 평화가 없는 사람에게 행복은 티끌만큼도 깃들지 않는다.

꿈은 인간이 행복해지기를 바라고 있으므로 꿈을 이루고자 하는 자는 마음이 평화로워야만 궁극적인 성공의 길에 들어설 수 있는 것이다.

은근히 소리 없이 인간의 육체를 파멸시키는 암세포처럼 구차하게 보답을 바라는 사랑은 순수하고 해맑았던 인간의 정신을 아무 것도 자유롭게 살 수 없는 척박한 세계로 바꿔 놓고 말 것이다. 산소가 소실되고 일산화탄소만 가득한 죽음의 방처럼 이기적인 사랑으로 타인을 대하는 사람의 가슴 속에서는 평화로운 감정이 살아 숨 쉴 수가 없다는 것을 명심하도록 하라. 우리의 사랑스러운 꿈은 그렇기 때문에 자신의 특징에 보답을 바라지 않는 헌신적인 사랑을 또렷하게 새겨 놓았다.

나의 베풂에 너의 보답을 굳이 바라지 않는 깔끔하고 상쾌한 정신을 늘 간직하고서 사람들을 대하게 된다면 꿈을 이루는데 많은 도움을 받을 것이다. 현저하게 불가능해 보이는 어려운 일들에 도전하더라도 타인에 대한 원망과 불만이 싹틀 원인이 애초에 없는 사람에게는 다양한 가능성의 문이 활짝 열릴 수밖에 없다. 왜냐하면, 사람들은 자신에게 무엇을 귀찮게 원하는 사람보다는 자신에게 무엇인가를 기꺼이 해줄 수 있는 사람을 더 좋아하고 가까이 하고 싶어 하기 때문이다.

생각해 보라. 한 사람은 그대에게 매일 찾아와서 무엇인가를 달라고 보채고 괴롭히는데, 다른 한 사람은 매일 그대를 찾아와서 무엇이 필요한지 알아보고 자상하게 도와준다면 누구를 더 좋아하고 친하게 지내고 싶겠는가.

어떻게 하면 타인에게서 이득을 볼까만 생각하지 말고 어떻게 하면 내가 그들에게 보탬이 되고 도움이 되는 사람이 될까를 생각하라. 그렇게 살게 되면 나만 손해보고 남는 게 없는 거지신세가 될 것 같지만 실은 가장 부유한 사람이 되는 지름길이다.

자신의 뱃속만 채우려고 하는 사람은 추악한 마녀처럼 보일 뿐, 그 어느 누구의 존경과 사랑도 얻지 못하고 초라한 말년을 맞이하고 말 것이다. 물론 꿈도 그런 사람은 외면하게 되어 있다.

꿈은 향기롭고 아름다운 사랑의 빛깔들로 이루어진 이상이다. 만일 불결하고 추하고 증오와 원망으로 이루어진 이상이 있다면, 그것은 꿈이 아니라 과도한 욕심이며 지독한 집착이다.

우리는 삶의 오류에 빠지지 말아야 한다. 삶의 오류란 옳지 않은 일을 옳은 일로 착각하고 그 일에 전 생애를 거는 일이다. 브레이크가 고장 난 자동차처럼 미친 듯이 일상을 질주하다가 결국엔 처참한 충돌사고를 일으키고 파멸되고 마는 것이 오류를 바로잡지 못하고 살아간 인생이다. 그러므로 늘 경계하는 마음가짐을 지니도록 하라.

나의 마음이 더러워지지 않도록, 나의 사랑이 오염되지 않도록, 나의 사소한 부주의로 누군가는 죽을 만큼 힘든 고통을 겪을 수도 있다는 사실을 망각하지 않는다면 주위를 둘러싼 기운이 지금보다 훨씬 더 밝아질 것이다.

꿈의 일곱 번째 특징인 보답을 바라지 않고 사랑하는 마음을 항상 간직하라. 왜 그래야만 하는지에 대해서는 그렇게 대우를 받았을 때 자신이 받았던 감사하고 흐뭇했던 느낌들을 떠올려 보면 될 것이다. 서로가 서로를 그런 마음가짐으로 대하게 된다면 작고 사소한 말다툼도 전 세계인을 심장이 오그라드는 공포에 몰아넣는 위태로운 전쟁도 결단코 일어나지 않을 것이다.

꿈은 평화라는 대지 위에서만 날개를 펼쳐 비상하는 한 마리 새와 같다. 평화롭고 온건한 정신을 소유하고서 인생을 살아가도록 하라. 우리가 참된 인생의 연금술을 익히고자한다면, 더 높이 오르고 더 멀리 날아가야만 한다. 그러기 위해서는 인간관계의 실마리를 풀어나갈 수 있는 해답을 제시해주는 보답을 바라지 않고 사랑하는 자비로운 언행을 실천에 옮겨야 하는 것이다. 장엄한 창공을 향해 힘차게 날아가는 꿈이라는 영특한 새에게 고운 사랑이 가득한 자애의 하늘을 펼쳐줄 수만 있다면 이루지 못할 것, 다다르지 못할 것은 없다.

치가 떨리도록 미워도 사랑하고 용서하라. 죽을 만큼 싫어도 미소 지어주고 되도록 친절하게 대하라. 뿌리치고 외면하고 싶어도 다시 한 번 그에게 기회를 주어라. 영락하는 생명들의 마지막 슬픈 순간을 상기하면 그들에게 지극한 연민과 사랑이 샘솟아날 것이다. 날숨과 들숨의 경계에 서 있을 때조차도 타인에게 아무것도 바라지 않고 내가 지닌 사랑을 나눠줄 것을 다짐하길 바란다. 얼마나 많이 사랑하느냐가 중요한 것이 아니라 그대가 누군가를 사랑하고 이해할 수 있다는 마음가짐이 지금 중요한 것이다.

간절히 원하던 필생의 꿈이 화려하게 지상에서 이루어지는 기적의 역사는 누군가를 아무 조건 없이 이해하고 사랑하는 사람의 생애에만 한정되어 이루어지게 된다.

자신의 마음속에 일곱 번째 꿈의 특징인 보답을 바라지 않고 사랑하는 마음이 완전히 장착되게 된다면, 가장 사악한 희대의 악령조차도 강철 같은 그대의 의지력을 이겨내지 못할 것이다.

꿈과 사랑이 운명적으로 화합하면 그 무엇도 거스를 수 없는 절대적 힘이 움터나게 되어 있다. 그 힘의 원천이 다른 사람이 아닌 바로 그대 자신이라는 것에 대해 기뻐하라. 그대는 무엇이든 가능하게 할 수 있는 대단한 잠재능력을 지니고 있다. 누군가에게 희망을 줄 수 있는 사람이 되길 바라고 누군가에게 용기와 빛을 줄 수 있는 사람이 되길 원하는 청아한 삶을 살아간다면 꿈의 일곱 번째 특징에 가장 근접한 인생이 될 것이다.

오늘도 꿈은 포근하고 온화한 목소리로, 인생의 길에 홀로 서서 괴로워하고 고민하는 우리에게 이렇게 속삭여준다.

"날, 믿어. 네가 원하는 삶에 다가가는 길을 내가 알려줄게. 다만 너는 한 가지만 약속해줄래. 지금 아무리 힘겨워도 포기하지 않고 나와 함께 하겠다고. 그리고 보답을 바라지 않고 사람들에게 사랑을 나누어주고 그들을 위해 봉사하겠다고. 인생에서 행복을 얻기 위한 결단이란 그리 엄청난 결심이 아니야. 그저 이 사회에 좋은 영향을 줄 수 있는 일들을 추구하고 자신의 신념을 버리지 않고 그 길을 향해 정의롭게 걸어가는 거야. 진정한 성공도 그리 어려운 게 아니야. 네가 절대로 놓치고 싶지 않은 소망을 가슴 속에 품고 소중히 아끼며 정성껏 가꾸어 가는 것일 뿐이야."

제 5장

울고 싶어도 내 인생, 이해하며 살아가라

먼저 이해하라

우리는 단 한순간도 이해와 무관한 삶을 살아갈 수가 없다. 극단적으로 말하자면 이해를 하지 않고서는 이 어지러운 세상을 사람답게 살아갈 수가 없다. 안전한 집을 나와 길을 나서서 걸어가는 것 자체도 이해를 필요로 한다. 도로와 인도의 구분에 대한 이해가 없다면 우리는 차도 속을 거침없이 걸어가다가 교통사고를 당하고 말 것이다. 이해력이 부족한 인간은 인생의 낙오자로 전락하고 사람들에게 멸시를 받으며 몰락하고 말 가능성이 농후하다. 왜 이해하는 일이 중요한가. 그것은 세상의 모든 것들이 이해를 바라고 있기 때문이다.

사람들은 다른 이들이 자신을 이해해주기를 바란다. 이해를 해준다는 것은 있는 그대로 상대방을 인정해준다는 것과 비슷한 일이다. 그의 존재를 인정해주고, 그가 하는 일을 인정해주고, 그가 생각하는 것들을 인정해주는 것이 바로 이해다.

인생의 연금술은 이해라는 양분을 섭취하고 무럭무럭 예쁘게 성장하는 정원의 사과나무이다. 겨우내 빈 가지만 쓸쓸히 나부끼던 사과나무에 맛있는 사과가 열리게 하기 위해 집주인은 좋은 거름을 그 뿌리에 넣어주고 말라버린 가지를 골라서 잘라주며 자식을 기르듯 사랑과 정성을 들인다.

좁고 작은 길에는 작은 차만 다닐 수 있고, 넓고 큰 길에는 크고 작은 온갖 차들이 공간의 자유를 만끽하며 신나게 쌩쌩 달릴 수 있듯이 그대가 좁고 작은 이해의 마음을 지니고 산다면 작은 성공과 작은 행복만 초라하게 곁에 머물게 되고, 크고 넓은 이해의 마음을 넉넉하게 지니고 산다면 크고 옹골진 최상의 행복이 머물게 될 것이다. 궁극적으로 인간은 행복한 인생을 추구하며 살아간다는 사실을 다시 한 번 기억해 보길 바란다.

우리는 골치 아픈 일을 붙들고 아옹다옹 시름하며 살기보다는 편안하고 여유로운 마음으로 일상을 즐기며 살기를 원하고, 어려운 인생문제를 푸느라 밤잠 못 이루며 머리카락이 빠지도록 지긋지긋하게 번뇌하기보다는 보다 쉽게 문제들을 해결하기를 원한다.

그러나 이해의 폭이 최대치까지 넓혀지지 않은 다수의 사람들이 사회를 구성하고 있을 때에는 우리에게는 늘 보이지 않는 소통 부재의 장벽이 가로막혀 있을 수밖에 없다.

다원화된 가치관과 무능력한 자에 대한 살벌한 퇴출의 열기까지 더해진 현실의 장벽만을 탓하며 삶에 대한 노력을 포기하는 것은 이제는 너무 흔한 일이 되어버렸다. 그리고 가끔 우리들은 그것을 용인하며 동정하는 여론에 표를 던지기도 한다.

삶을 포기하거나 꿈을 포기하거나 사랑을 포기하거나 무엇인가를 포기한다는 것은 그것에 대해 이해하기를 포기하는 일이 선행된 다음에 나타나는 부정적인 기운이 가득한 결과물이다.

그대가 'A'라는 사람과의 관계를 오늘 포기한다는 것은 'A'라는 사람에 대해 이해하려고 시도하는 것을 더 이상은 하지 않겠노라는 무언의 선언이며, 'B'라는 일에 대한 관심과 열정을 포기한다는 것은 'B'라는 일에 대해 이해하고 면밀하게 사고하기를 더 이상 하지 않겠다고 세상과 자신에게 공표하는 것과 같다.

이해심이 부족한 것은 어려운 환경 탓도 아니고 조악하게 타고난 운명 탓도 아니며 행운이 비켜 가버린 비운의 탓도 아닌 바로 자신의 의지 탓임을 명심해야만 할 것이다.

그렇다면 어떻게 누구를 무엇을 구체적으로 이해해야만 할 것인가. 지금부터 하던 생각들을 잠시 멈추고 주목해주길 바란다. 나는 여러분에게 그 수많은 방법들 중에서 내가 살아온 시간 동안 깨닫게 된 인간에 대한 이해의 이야기들을 알려줄 것이다.

이해하고 이해받는 것은 인간과 인간이 맺고 있는 윤리적이며 포괄적인 개념을 지닌 공공의 약속이 아니겠는가. 서로를 악착같이 이를 사려 물고 한 치의 양보도 없이 이해해주지 않는다면 세상은 아비규환의 아수라장이 될 것이 뻔하다.

어떤 점원은 장사가 예전처럼 되지 않아 월급을 못 올려주는 것을 안타까워하는 사장의 숨겨진 마음을 이해하지 못하고 월급을 적게 준다며 눈치 없이 투덜대고, 어떤 사장은 아이가 아파서 본의 아니게 출근시간 보다 늦게 나온 점원을 째려보며 게으르고 불성실한 직원이라고 단정해버리게 되는 것은 서로가 서로를 이해하고 싶은 마음이 전혀 없기 때문이다.

며느리가 몸이 약해 맞벌이를 못나가는 것을 일하기 싫어서 그러는 거라면서 금쪽같은 내 아들 힘들게 하며 얹혀살기만 하는 천덕꾸러기라고 무시하며 함부로 대하는 시어머니는 며느리의 건강상태를 조금도 이해하지 못한 무심한 사람이고, 유산 한 푼 남겨줄 재산도 없으면서 자꾸 찾아오고 전화하며 귀찮게 한다며 시어머니를 경원시하는 며느리는 자식 키우느라 변변히 모아둔 재산이 없는 부모의 심정을 이해해주지 못하는 효의 마음이 부족한 사람이다.

선생님은 학생의 학업성적이 떨어지면 학생의 입장에서 이해하고 더 나은 성적이 나오도록 따뜻하게 지도하기보다는 자신의 입장에서만 학생을 섣불리 판단하고 이리저리 저울질하며 훈계하고 혼내고, 학생은 선생님의 입장에서 자신이 이런 행동을 하면 얼마나 난처한 입장이 되실까 생각해주기 보다는 오로지 자신 위주로 생각해

버리고 행동함으로써 서로간의 소통의 길이 꽉 막혀버리기 쉽다. 이와 같이 이해를 한다는 일은 인간이 살아가는 세계에서 너무나 커다란 영향을 미치는 중요한 일인 것이다.

이해심이 풍부한 사람은 많은 사람들에게 뜨거운 땡볕을 피하게 하는 나무그늘처럼 시원하고 편안한 느낌을 주고 고마운 존재가 될 것이지만, 이해심이 없는 사람은 많은 사람들에게 뾰족한 바늘방석에 앉은 것 같은 불편하고 거북한 느낌을 주고 원망스럽고 꺼리고 싶은 존재가 될 것이다.

수많은 이해의 별들이 우리를 향해 살갑게 손짓한다. 어떤 별을 선택해서 이해를 하든지 중요한 것은 이해하는 사람의 태도이다. 낮은 자세로 존경하고 진심을 다하여 이해하라.

그대에게 오늘 이해받는 누군가는 지상에서 가장 행복한 사람이 될 것이다. 왜냐하면, 이해받는 순간이 인간에게는 자신의 가치를 인정받는 보석 같은 삶의 순간이기 때문이다. 이제 그대와 함께 이해한다는 것에 대해 탐구해보도록 할 것이다. 소풍가기 전날 들뜬 마음으로 잠 못 이루던 아이처럼 행복하게 설레어도 좋다. 자연과학 시간에 선생님과 친구들과 함께 곤충 채집을 나가면서 바라보는 꽃들의 미소처럼 즐거운 모험이 시작되는 순간이 다가왔다. 이해의 세계는 행복한 마법이 펼쳐진 환희의 또 다른 세계이다. 어떤 마법일까.

그것은 사람과 사람을 하나가 되게 하고 세상과 사람을 하나가 되게 하며 인간과 우주를 하나가 되게 하는 신묘한 마법이다.

    그럼 신과 인간도 직통으로 교감할 수 있게 해준다는 신비한 이해의 세계로 떠나보자.

인간을 이해하라

어느 화사한 오월의 정오에 햇살은 금빛으로 잘게 쪼개져 교회의 붉은 첨탑 위에도 머물고, 사찰의 고요한 앞마당 위에도 머물고, 어느 으스스한 점집의 펄럭이는 색색의 깃발에도 차별 없이 머문다.

인간은 무엇인가를 믿고 그것에 의지하면서 자신의 불안한 마음을 위로받고 싶어 하고 안전한 곳에서 안락한 쉼을 얻고자 한다. 햇살이 머뭇거림이나 이해타산을 따지지 않고 기꺼이 자신의 금빛 영혼을 나누어 여기저기에 골고루 뿌려주듯이 인간의 섬세한 영혼도 매일 끊임없이 자체분열에 의해 자잘하게 쪼개어진 채 여기저기 이곳저곳의 세계를 기웃거리고 있는 중인 것이다. 우리는 그것을 아주 쉬운 말로 삶이라고 부른다.

삶은 이처럼 세밀한 영혼에서 더 세밀한 영혼으로 점진적으로 분화되어 가는 과정이다.

인간은 원래 매우 단순하고 명쾌한 존재들이었다. 갓난아기를 보더라도 얼마나 단순하고 명쾌한 존재인지를 단번에 알 수 있을 것이다. 금방이라도 꽃봉오리가 벌어질 것처럼 탱글탱글한 모습으로 어른들을 매료시키는 우윳빛 피부의 귀여운 갓난아기는 자신이 먹을 분유가 몇 통이나 현재 남아 있는지 굳이 고민하지 않는다. 그 분유의 성분 속에 인체에 유해한 물질이 함유되어 있다는 식약청의 발표나 뉴스에도 소스라치게 놀라거나 동요하지 않는다. 분유가 내일이면 당장 바닥이 드러난다고 해도 굳이 엄마를 불러 자신의 처우에 대한 개선을 조목조목 따져가며 언성을 높여 요구하지는 않는다. 아기는 달콤하고 온화한 미소를 방긋거리면서 엄마나 분유회사의 양심에 맡기는 일을 너그럽게 선택한다.

우리는 그렇게 단순 명쾌한 존재였다. 징징거리며 인생에게 구걸하지도 않았고 지독한 상실감으로 자학하며 괴로워하지도 않았다. 주어진 조건에서 나름의 행복을 찾을 줄 아는 햇살 같은 지혜가 있었다.

그렇지만 지금은 어떤가. 매일 숨이 턱에 차오르도록 헐떡이며 시간에 쫓기고 숱한 사람들에게 이런저런 상처를 받으며, 일어나길 바라지 않았던 사건들에 의해 자존심의 심층부까지 갈기갈기 훼손되는 아픔을 느끼고 있다.

원래는 초록의 입자로 가득한 숲의 공기처럼 지극히 깨끗하고 단순명료했던 인간의 영혼은 세밀하게 쪼개져 가고 더 세밀하게 해체

분해되어 가면서 가까스로 이 세상이 원하는 삶에 적응해가고 있는 것이다.

모든 이해 가운데 인간에 대한 이해가 가장 먼저 선행되어야 하는 것은 갈수록 잔인하게 찢겨져 가는 영혼으로 인해 황폐화되어가는 타인의 본질을 그들의 시각에서 바로보아야만 하기 때문이다.

그대가 그대 자신을 둘러싼 세상의 주체인 즉, 이웃이며 친구이며 부모이며 동료인 또는 그 이상의 관계로 어울리고 맺어진 그들과 진심으로 교감할 수 있기 위해서 꼭 선택해야만 하는 과제가 바로 이해이다.

그렇다면 궁금하지 않을 수 없다. 왜 인간은 귀찮고 번거롭게 교감이란 것을 해야만 하는가. 인간과 인간 사이에는 커다랗게 벌어진 틈이 있다. 그 틈의 양 끝에 매달려 있는 것은 서늘한 감정의 대립이다. 상상할 수 없을 만큼 광대하고 커다란 그 틈은 한 번 빠지면 다시는 되돌아 올 수 없을 만큼 강력한 흡입력으로 방심한 인간들의 정신을 빨아들인다. 그 중심부에는 어느 인간이나 예외 없이 죽음으로 실패로 타락으로 직행시켜준다는 공포의 구간이 있다. 그 구간은 우주의 지혜로운 존재들로부터 인간들 사이의 버림받은 빈 공간이라고 불리고 있는 기괴한 공간이다. 그런데 다행스럽게도 천 년의 세월이 흘러도 어찌할 수 없을 것처럼 크나큰 인간 사이의 빈 공간을 채워줄 수 있는 방법이 있었다.

일찍이 어떠한 신도 인류에게 그 방법을 알려주지 않았다지만 인간들 스스로 깨우치고 찾아낸 그 요소는 바로 마음과 마음이 주고받는 따뜻하고 의미 있는 생각들이다. 그 생각들이 모여 인간과 인간 사이에 있는 애달픈 빈 공간을 촘촘하게 메워주는 역할을 한다. 그러므로 각 인간의 아픔과 고통과 슬픔을 치유하기 위해서는 누군가와의 소통이 간절히 필요하다고 볼 수 있다.

인간과 인간 사이에 텅 비어 있는 빈 공간을 될 수 있는 한 빨리 메워주지 않으면 그 안에 인생을 좀먹는 고민거리들과 절망에 대한 비틀어진 욕구 등이 아름다운 바다 속을 잠식하는 불가사리나 해파리처럼 지독한 생명력으로 번식하게 된다. 초기에 발견해 정성들여 치료해주지 않으면 어떤 최첨단 의학으로도 고칠 수 없는 죽음을 부르는 악성세포처럼 그것들은 순식간에 자가 증식해서 한 인간의 삶을 나락으로 떨어지게 만든다.

공허하게 비어 있는 인간들 사이의 빈 공간을 어떤 것들로 채워나가야 할까. 그것의 시작과 끝을 모두 이야기해주는 것이 바로 교감이다.

사람과 사람 사이에는 온정이 있는 교감이 필요하며 그렇지 못한 삶을 살아가는 것은 무인도에 홀로 고립되어 평생을 고독하게 살아가는 것보다 더 쓸쓸하다는 것을 기억하라. 그래서 우리는 서로를 이해해야만 한다. 명쾌하고 단순하며 청초한 영혼을 다시 되찾기 위해서도 우리는 서로의 마음속에 은밀히 감춰진 삶의 생채기를 자발적인 의지로써 들여다 볼 줄 알아야 한다.

누군가의 마음속을 살며시 들여다보는 것이 이해의 시작이다. 오늘 이 순간부터 그대는 숱한 이해의 길 가운데서 인간에 대한 이해의 길에 들어서 보는 것을 선택해 보아야 한다.

여러 개의 단추가 달린 블라우스를 입을 때 첫 단추를 구멍에 잘못 끼우면 그 아래 단추들이 볼썽사납게 모조리 어긋나는 것처럼 이해에도 순서가 있다. 모든 이해의 선두에는 인간에 대한 이해가 초연히 자리 잡고 있다. 그대 앞에는 지금 수 천 갈래의 이해의 길이 메두사의 머리처럼 어지럽게 펼쳐져 있을 것이다.

인간에 대한 이해는 그 수 천 갈래의 길 끝에서 황금으로 유혹하는 어떤 것보다도 더 절실하게 와 닿는, 같은 동족의 애끓는 부르짖음이다. 심장에 와 닿는 뜨거운 생명의 부르짖음을 외면하지 말라. 살아 숨 쉬는 동안에는 항상 인간을 이해하기 위해 노력하라. 그것이 울고 싶어도 마냥 울 수만은 없는 내 인생에 대한 올바른 처신이다. 그대가 그대의 인생을 사랑한다면 다른 사람을 이해하여야 한다. 그래야만 그대의 인생이 행복해질 수 있기 때문이다. 인생이란 것은 늘 타인과의 교류가 필요하다.

고립된 자아는 폐쇄적인 형질을 띠게 될 수밖에 없으므로 인간은 타인과 소통해야 하는 것이다. 소통이란 서로 이해하는 것이 아니겠는가. 그대가 그를 이해해주지 않는다면 그는 어떻게 변할지 모른다. 이해받지 못한 그가 오늘 극한 슬픔에 빠지고 돌이킬 수 없는 절망에 휩쓸려서 저 먼 곳으로 사라져갈 수도 있다는 것을 유의하길 바란다.

한 사람을 진심으로 이해해준다는 것은 그의 인생에 잃어버렸던 미소를 되찾아 줄 수 있다는 것과 같다.

의지에 대해 이해하라

　우리들의 두 눈에 미처 다 담아낼 수 없을 만큼 빛 고운 행성 지구 위에는 참으로 다양한 가치관과 세계관을 가진 무수한 인간들로 늘 북적인다. 어떤 곳은 인구가 너무 많아 발 디딜 틈 없이 사람이 넘쳐 날 정도로 포화상태가 되어 출산을 자제시키려는 정책을 정부에서 필사적으로 펼치기도 하고, 또 어떤 곳은 너무나 가난하고 미개하여 피임하는 법을 몰라서 되는 대로 출산하는 바람에 대책 없이 인구가 기하급수적으로 늘어나고 있기도 하는 것을 보라. 지금도 지구의 어떤 곳에서는 나라를 구성할 인구수가 턱없이 부족해서 아이를 한 명이라도 더 낳으라고 출산 장려금에 각종 솔깃한 혜택을 주어 열심히 독려하고 있질 않은가. 이제는 거기에 우리나라도 합류해가고 있으니 서글픈 일이다.

　우리는 살아가면서 이런 저런 무수한 일들을 겪어내고 이 곳 저

곳에 부딪히고 다치고 깨지면서 한 가지 진리를 누가 가르쳐주지 않아도 자연터득하게 되는데, 그것은 바로 무엇이든 너무 지나치거나 모자라는 것은 좋지 않은 결과를 초래한다는 사실이다. 아주 쉬운 예로 밥을 너무 많이 먹으면 과식으로 소화가 안 되어서 배앓이를 하는 고생을 한다. 그렇다고 아예 밥을 굶으면 허기가 져서 하루라도 견딜 수가 없질 않은가. 뭐든 지나치면 육체적 건강에 해로울 뿐만 아니라 정신적으로도 큰 폐해를 가져올 수 있음을 알아야 할 것이다.

　인간의 수도 예외는 아니다. 인간의 개체수가 너무 많거나 적으면 인류가 종족을 유지하고 번창하는데 결정적 장애요소가 될 것이다. 지금 이곳에서 하나의 생생한 생명이 우렁찬 울음소리와 함께 탄생하는 순간, 또 다른 생명의 흔들리는 불꽃은 어딘가에서 서글프게 꺼져가고 있다. 그것은 적정한 인구를 유지시키려는 인간을 사랑하는 우주의 배려 깊은 정책일지도 모르는 일이 아니겠는가.

　우주는 매우 섬세하고 친절하게 인간이 인간답게 살아나갈 수 있는 최적의 환경을 발 벗고 나서서 조성해 주고 있는 중이다. 우주의 의미심장하고 통찰력 있는 눈동자는 우리의 심장 깊숙한 곳까지 매 순간 꿰뚫어 보고 있다. 그러므로 우주에서 가장 축복받은 존재인 인간의 신분을 지닌 우리는 생각하고 행동하는 것을 자의적으로 통제하고 조심할 필요가 있을 것이다.

　그대와 나를 고향집 늙은 부모의 애잔한 사랑의 심정으로 지켜보는 대우주의 눈동자에게 부끄럽거나 죄스럽거나 고개를 못 들 만큼 미안해지지 않도록 정직하고 내실 있게 살아가야 한다.

우리들의 생명의 근원인 우주의 품. 그 안에서 태어나고 죽고, 다시 태어나고 죽고, 인간의 역사는 그렇게 유장하게 연장되어 오고 있다. 그러나 단순히 태어났다가 홀연히 죽기만 하는 삶과 죽음의 단조로운 역사였다면, 인간은 만물을 지배하는 영장이 되기는 고사하고 호랑이나 코끼리의 눈치를 보면서 허리를 구부려 시중을 들어주며 그들이 먹다 남긴 고깃덩어리나 열매들을 주워 먹으면서 쓸쓸히 목숨을 연명하고 있을 지도 모른다.

그러나 우주의 위대한 작품이자 자랑거리인 인간은 이 지구상에 태어난 이후에 먹고 살기 위해서 숲과 들판에 나가 마냥 사냥만 하거나 열매를 따먹으며 멍청하게 세월을 보내거나 발정이 나면 본능에 충실해 헐떡이며 짝짓기를 하다가 오직 종족번식을 위해 새끼를 낳고 일정한 시간이 되면 아무런 성과 없이 늙어서 죽는 허무한 존재이기를 단호히 거부하고, 자신의 푸른 의지를 지니고 황량하고 험준한 고난의 시기를 씩씩하게 이겨냈다. 다른 동물들은 상상도 못할 놀라운 지혜로써 지구의 구석구석을 정성들여 일구고 다스리며 지금까지 옹골지게 살아남았다.

지금 이 땅 위의 믿기지 않을 만큼의 위대한 문명은 처음에 한 개인의 의지가 있었기에 시작되었고, 지금껏 유지될 수 있었던 것이다.

그러나 아주 슬픈 일이지만 인간이라고 해서 모두 그러한 놀라운 의지력을 지니고 살아가는 것은 아니다.

여기 두 가지 종류의 인간이 있다.
첫 번째 인간은 타인의 의지대로 사는 인간이다.
우리의 일상생활에 그림자처럼 때로는 몇 년은 진하게 사귄 질긴 인연의 애인처럼 줄곧 따라다니며 함께하는 것이 있다. 특히 주부나 어르신들에게 각별한 사랑을 받고 있는 물건이다. 어떤 사람은 눈을 뜨자마자 그것을 붙잡고 텔레비전이나 오디오를 켜고, 어떤 사람은 잠들기 전까지도 그것을 손에서 놓지 않고 잠이 들기도 한다.

그것은 무엇일까. 누구나 쉽게 맞힐 세상에서 가장 쉬운 문제가 아닐까. 바로 리모컨이다. 리모컨에 의해 텔레비전은 시키면 시키는 대로 이 채널 저 채널을 여과 없이 보여주고 오디오는 오디오의 특성대로 이 음악 저 음악을 수시로 들려주며 각자의 영역에서 바쁘게 화면을 펼쳐 보이고 음악을 재생시켜준다.

텔레비전이나 오디오는 자신의 신념에 기초한 강인한 의지가 아닌 오직 리모컨을 손에 쥔 인간의 의지에 의해 타의적으로 움직이고 있는 중인 것이다. 드라마를 보고 싶다고 인간이 리모컨으로 명령하면 드라마를 틀어야만 하고 발라드 음악이 듣고 싶다고 리모컨으로 인간이 명령을 하면 부드럽고 솜사탕 같은 잔잔한 발라드 음악을 들려줘야만 하는 것이 그들의 임무인 것이다.

그렇다면 지금 그들은 리모컨으로써 행복한 일생을 살아가고 있을까.

물론이다. 원래 텔레비전이나 오디오가 세상에 태어난 목적이 바로 인간의 마음에 드는 음악과 영상을 원할 때마다 무리 없이 제공해 주며 평생을 살아가는 것이기 때문에 행복한 일생을 살아가고 있다고 볼 수 있다.

그런데 인간들 중에서도 위의 텔레비전이나 오디오처럼, 아니 그보다 더 답답하게 세상을 살아가는 사람들이 있다. 자신이 스스로를 제어하고 이끌어 갈 수 있는 충분한 능력을 지닌 존재라는 사실을 망각하고서 누군가의 의지에 의해 허수아비처럼 살아가고 있는 사람들이 얼마나 많은지 안다면 그대는 아마 놀랄 것이다.

인간이란 존재는 본래 자신의 의지에 의해 살아가야 행복해지는 존재임을 간파하지 못한 그들은, 타인에게 기대고 타인의 생각에 의해 무엇인가를 결정하는 것을 차라리 즐기며 살아간다.

마약에 중독되듯이 의지하는 것도 방치하면 점차 더 심하게 진행되는 불치병과도 같은 병이며 인간을 파국으로 인도하는 죽음의 중독현상이다. 자꾸 의지하고 점점 더 의지하면서 그렇게 살아가면 사는 게 아주 간단하고 속편해진다. 잘된 인생의 결과물은 내가 잘나고 잘해서 그렇게 된 것이라면서 조금 있으면 터질 불행한 운명의 공처럼 팽팽한 자부심을 갖게 되고, 잘못된 인생의 결과물이 생긴다면 그 일을 시킨 타인에게 모든 원인이 있었다고 치부해버리면 그만이다. 그래서 하천바닥을 숨어서 기어 다니는 얄팍한 미꾸라지처럼 삶의 오명으로부터 이리저리 빠져나가기가 아주 손쉬워진다.

그렇지만 그렇게 살아가는 사람은 한 가지 사실을 간과하고 있는 중이다. 자신이 최고의 지성을 우주로부터 부여받은 경탄스러운 존재, 인간이라는 사실을 까마득히 잊어버리고 있는 것이다. 얼마나 통탄스러운 일인가.

인간이 인간임을 망각한 채 살아간다는 사실은, 학생이 세상을 이롭게 할 지식과 타인을 배려하는 예절과 일생의 지표로 삼을 가치관 형성을 위해 노력해야할 학생의 신분을 망각한 채 늦은 밤 짙은 화장을 하고 담배연기 가득한 클럽을 어슬렁거리거나, 선생님이 어린 제자들의 앞에 서서 모범을 보여야 할 선생님의 신분을 망각한 채 현금을 손에 쥐고 불안한 시선으로 사행성 게임기가 설치된 도박장을 드나든다거나, 부모가 자식의 모든 것을 책임지고 보살펴야 할 한 생명의 보호자인 부모임을 망각한 채 신 새벽에 핏덩이 제 자식을 고아원 앞에 던져두고 찾아가보지도 않는 일만큼 슬픈 일이 아닐 수 없다.

타인의 의지대로 시키면 시키는 대로, 하라면 하라는 대로 바람에 줏대 없이 흔들리는 잡초처럼 이리저리 휘둘리며 살아가면 처음 얼마간은 모든 구속과 책임으로부터 훌훌 벗어난 것처럼 가뿐하고 편할지 모르겠지만 조금만 더 그런 굴욕적인 상태가 지속되어 가다 보면 본래 지니고 있던 총명함은 뿌옇게 흐려져 영원히 사라지고 자신의 본래가치마저 완전히 상실하게 된다. 가치를 상실해간다는 것은 인간에게는 죽는 것보다 더 치욕적인 일이다. 세상에서 가장 모욕적인 말은 무엇일까.

'너는 정말 가치 없는 사람이야.'

가치가 없다는 것은 '너는 이 세상에 참으로 쓸모없이 살아있는 사람이다.' 라는 말과 같다.

물건 하나하나에도 저마다의 가격이 매겨져 있다. 그 물건의 고유가치인 것이다. 가치 없는 물건은 당장 쓰레기통에 직행하는 것이 정해진 그 물건의 미래이다. 타인의 의지에 의해 조정당하면서 살아간다는 것은 가치 없는 인간이 되고자 하는 불타는 의욕을 지니고서 인생실패의 학교에 찾아가 적극적으로 입학 신청서를 내는 것과 같다.

부모에게 어린 시절부터 내내 절대적으로 의지하는 50살 넘은 한 남자는 어떤 일을 하기 전에 꼭 허락을 받는다. 물론 그에게는 아내도 있고 아이들도 있으며 직장에서는 부하 직원들을 통솔하는 중견간부이다. 그렇지만 그는 반드시 중요한 무엇인가를 결정할 때 이제는 귀도 잘 들리지 않는 노부모의 집에 찾아가 묻고 또 물어가며 산다.

"아버지, 이 땅을 그대로 둘까요, 팔까요?"

"어머니, 집을 옮기려고 하는데 어떤 동네로 이사 가면 좋을까요?"

그러면 친절하며(?) 연로하신 부모는 매번 그 질문에 이래라 저래라 하며 답변을 해준다.

그는 과연 이 시대의 마지막 남은 최고의 효자일까. 희대의 마마보이일까. 그는 효자도 아니고 마마보이도 아니다. 다만 타인의 의지대로 살아가기를 즐기는 가치 없는 인간일 뿐이다. 자신이 얼마든지 할 수 있는 일을 남에게 의지하는 것은 자신의 능력을 일찌감치 포기하는 것이다.

스스로 해낼 수 있는 일들은 어떤 일이 생겨도 스스로 하라. 다른 사람에게 의존하는 마음은 어릴 적 어머니 품에서 재롱 피우던 귀염둥이 시절에나 아름다운 일이다. 이제 그대는 어엿한 이 사회의 일원이므로 누군가에게 의지하려고 하지도 말고 누군가의 악의적인 꼬임에 어이없게 넘어가서 자신의 인생을 무책임하게 방치하거나 내맡겨서는 안 된다. 자신 인생의 관리자는 바로 자기 자신임을 잊지 말라.

그만 속 끓이고 그만 고심하고 싶어서 타인의 의지에 의해 속 편히 살아가고 싶다는 유혹이 생겨도 그것을 뿌리칠 수 있어야만 자신의 꿈을 실현시킬 수 있으며 삶을 컨트롤 할 수 있는 참된 지혜가 생긴다.

오늘은 누구에게 얼마만큼 의지했는지 돌아보라. 오늘은 누가 자신을 교묘히 이용했는지 가만히 생각해 보라. 누군가의 의지대로 살아간다는 것은 시커멓고 우악스러운 손아귀에 붙잡힌 채 사방팔방으로 팔 다리 몸통을 허우적대다가 불이 꺼지면 사라지고 마는 무대 위의 연약한 줄 인형과 같이 처량한 신세라는 것을 명심하길 바란다.

타인의 의지에 의해 살아가는 인간. 그를 바라보면 연민이 생길 것이다. 만약 그런 사람이 곁에 있다면 조금씩 칭찬의 말들을 들려주는 것도 좋은 일이다. 그는 자부심이 유리그릇보다 더 쉽게 깨질 정도로 약하며 자신에 대한 믿음이 절대적으로 부족한 사람이므로 그대가 해주는 아주 사소한 칭찬 한 마디에도 힘을 얻고 용기를 낼 수 있을 것이다.

타인의 의지에 의해 살아가는 일은 정서적 자살 행위임을 잊지 말도록 하라. 자신을 사랑하는 사람은 결코 그런 선택을 하지 않는다. 왜냐하면, 그는 사람답게 사는 것은 타인의 의지가 아니라 자신의 의지에 의해 무엇인가를 결정해가면서 사는 것이란 걸 알기 때문이다.

만일 누군가가 선량한 그대를 이용해서 이익을 취할 불순한 목적을 지니고 접근한다면 그에게 친절하게 대할 필요는 없다. 친절은 그럴 대접을 받을 만한 사람에게만 나누어 주어도 괜찮다. 악의적인 목적의식을 지닌 사람에게는 냉정함이 보약이다. 자신을 해치려는 무리들로부터 자신을 지켜내는 일도 중요한 일이다. 그것을 못해내는 사람은 타인의 의도에 말려들어 자신의 의지를 잃어버린 채 살아갈 수밖에 없다. 죽은 짐승의 비린내 나는 피 냄새를 맡고 달려드는 하이에나처럼 약한 의지를 지닌 사람을 노리는 무리들은 지금도 곳곳에 매복해 있다. 그들을 조심하라. 타인에게 그대의 강인함을 보여주도록 하라. 나는 나의 생각과 이성이 가리키는 방향을 향해 꼿꼿이 걸어간다는 것을 그들에게 보여주면 혹시라도 그대를 소모품으로 이용해 우려먹을 생각 따위는 감히 하질 못할 것이다.

누구의 의지에 의해 살 것인지를 선택해야 한다. 타인의 의지에 의해 사는 인간은 어떤 기적이 일어난다고 해도 행복해지거나 삶의 보람을 느낄 수 없을 것이다.

의지라는 기준에 의해 살펴보는 두 번째 종류의 인간은 자신의 의지대로 사는 인간이다.

그대는 푸르른 열망의 초원 위를 힘차게 달리는 무소의 뿔보다 더 굳센 의지의 뿔을 지닌 사람이다. 누구나 얼굴에 눈이 두 개 있고 코가 하나있듯이 굳센 의지의 뿔은 화인처럼 날카롭게 영혼 속에 각인된 채 인간의 가슴 속에 박혀 있다. 그러나 그것은 자신의 의지대로 살고자하는 열렬한 욕망을 지닌 사람에게만 진심을 열어 실체를 보여주고 은밀히 간직해온 온기를 전해준다.

열렬한 욕망, 그렇다. 굳센 의지의 핵심은 열렬한 욕망이다.

어떤 열렬함인가. 자신의 뜻대로 살고자하는 간절하고 절실한 욕망임을 기억하라. 자신의 뜻대로 살고 싶다는 열렬하고 간절한 욕망을 지니고 있는가. 지금 그대가 그러한 욕망의 소유자가 아니라면 현재까지의 삶은 어쩌면 한없이 미적지근하고 지루하며 심지어는 산만했을 것이라고 서슴없이 말해 줄 수 있다. 왜냐하면, 자신의 의지대로 살지 않는 사람의 일상은 늘 나사 빠진 로봇처럼 헐렁하고 덜그럭거리기 마련이기 때문이다.

자신의 의지에 의해 살아가는 사람은 공부를 하고 있을 때도 한 치의 흔들림이 없고, 집안 일을 하고 있을 때도 사뭇 의연하기까지 하며, 운전을 하고 있을 때도 남다른 격조가 있고 단아하다. 그래서 그의 행동 하나하나를 바라보는 사람의 눈을 맑게 정화시켜주기까지 한다.

이 얼마나 고고하고 아름다운 삶인가! 갈수록 탁하게 오염되어가고 있는 이 세상에서 타인의 눈과 마음을 깨끗하게 정화시켜줄 수 있는 삶을 살아갈 수 있는 방법은 바로 자신의 의지에 의해 살아가는 것임을 잊지 말기 바란다.

소리쳐 엉엉 울고 싶어도 내 인생이지 않은가. 다시는 되돌아오지 않을 내 인생, 내 인생은 한 번뿐인 유일한 인생이다. 부모님도 친구도 이웃도 내 인생을 대신 살아줄 수 없는 것이다. 그러므로 우리는 내 인생에 대한 책임의식을 지녀야 한다. 울고 싶고 괴로워도 포기하지 않는 의지의 힘을 지녀야 하는 것이다.

다른 이들도 그들 나름대로의 생의 고통으로 인해서 지금 아프다. 겉으로 보란 듯이 드러내고 있지 않고 있을 뿐, 모든 인간과 생명 있는 것들은 내면의 고통으로 인해 시름시름 앓고 있음을 알아야 할 것이다. 우리는 모두 아픈 존재이다. 아프지만 그것을 드러내는 일에는 어색해하고 경계한다. 자신의 아픔을 드러내면 벌떼처럼 달려들어 물어뜯고 갈가리 파헤치는 무리들이 반드시 있음을 알고 있기 때문이다. 그러므로 나와 타인을 위해서도 스스로 고통을 헤쳐 나가야만 한다. 인간으로서 견뎌낼 수 없을 것 같은 고난도 스스로 이겨내기 위해 역경의 불구덩이 속에도 기쁘게 뛰어들어야 한다. 친구나 부모님에게 자식에게 그 고난을 대신 짊어져 달라고 염치없게 바라지 말라. 그들도 지금 자신만의 고난으로 인해 무릎이 꺾일 만큼 휘청거리고 있음을 알아야 한다. 다시 말하지만 그들도 지금 매우 아픈 사람들이다.

자꾸 누군가의 품이나 그늘에 기어들어가 쉬다 보면 점점 더 무기력하고 의타적인 인간으로 전락해버릴 것이다. 의타적인 인간은 자신의 의지에 의해 살아가지 못하는 유아기적 심리상태를 지닌 미숙한 인간이다. 몸은 멀쩡해 보이는 성인이 정신은 아직도 젖병을 빠는 갓난아기 수준에 머물러 있다면 어떻게 되겠는가. 그런 사람은 타인에게 이용당하기 딱 알맞은 사람이다.

그렇지만 자신의 의지로 살아가는 사람에게서는 범접하기 어려운 광채가 난다. 그는 사리분별이 정확하고 예절이 바르고 모든 생명체들에게 경외심을 가지고 있기 때문에 그에 대한 보상으로 다른 존재들로부터 사랑받고 항상 필요한 친구로서 가치 있음을 언젠가는 꼭 인정받게 된다. 그는 다른 이에게 자신의 고통이나 고난을 대신 짊어져 달라고 구걸하지 않는다. 자신의 순수한 힘으로 자신에게 주어진 고난과 역경의 사슬을 용감하게 끊고 앞으로 나아간다.

그는 타인에게 의지해서는 그 어떤 진정한 성공도 이룩할 수 없다는 진리를 일찍이 깨닫고 있는 지혜로운 사람이다.

방학 때가 되면 아이들보다 더 바쁜 사람이 있다. 바로 엄마들이다. 엄마들은 아이의 숙제를 대신 해주기 위해 인터넷을 검색하고 좋은 학원을 알아보기 위해 발품을 팔고 영양가 있는 간식거리를 먹이기 위해 하루 종일 분주해진다. 그런데 아이의 숙제를 대신해주는 엄마는 과연 지금 제대로 살아가고 있는 걸까. 아이는 엄마가 해주는 숙제에 몽롱하게 길들여지게 될 것이다. 아무리 어려운 문제가 생겨도 스스로 풀고 해결해내려는 생각보다는 엄마에게 맡기고서 자신은 그 결과물을 자신의 성취인 양 학교로 들고 갈 뿐이다. 그 아이는 벌써부터 인생을 타인의 의지에 의해 살아가도록 배워버리는 것이다.

아이를 훌륭하게 키우고 싶다면 자신의 의지대로 살아가도록 자연스레 이끌어야 함을 명심하라. 엄마는 아이에게 숙제를 해야 한다는 것을 어쩌다 한 번씩 상냥하게 환기시켜주기만 하면 된다. 혼자서 오버하고 앞에 나서서 투사마냥 총대를 메고 아이의 숙제를 몽땅 할 필요는 전혀 없다. 아이의 숙제는 아이의 것이다.

냉정한 말처럼 들리지만 이 원칙이 인생의 진리이다. 그것은 배불러서 더 먹으면 토할 것 같은 소의 입을 벌려 자꾸만 여물을 몰아넣어주는 가학적인 행위와 같다. 소의 입장에서는 더 이상 억지로 먹여주는 먹이가 필요하지 않다. 오히려 전신을 가두었던 우리에서 풀어 자유롭게 놓아주면 제가 알아서 싱싱한 풀을 뜯어먹으며 건강하게 잘 자랄 것이다.

자신의 자녀에게 하늘과 땅 사이를 누비는 바람의 자유를 주어라. 아이의 숙제는 아이 스스로 하게 내버려 두어라. 아무리 못 풀어도 그것이 아이의 능력임을 인정해 주도록 하라. 그렇게 하면 아이는 서서히 자신의 의지대로 살아가는 방법을 터득하게 될 것이다.

자신의 의지. 이것은 역사상 가장 위대한 인물들을 위대한 인물의 반열에 오르게 한 원동력이었으며, 인간을 세상을 지배하는 최상의 존재로 부각시킨 남다른 자원이라고 할 수 있다.

나의 일은 내가 스스로 해결해 나갈 수 있다는 초연한 마음자세를 지닌 사람이 되라. 그것이 바로 자신의 의지대로 살고자 하는 사람이 지녀야 하는 건강한 마음자세이며 행복한 인생의 기본정신이다. 누구도 다른 이의 짐을 대신 짊어지고 싶어 하지는 않는다. 왜냐하면, 인간은 누구나 자신만의 무거운 인생의 짐을 짊어진 채 세상에 태어났기 때문이다.

 삶은 미칠 만큼 아름답고 신비롭고 또한 대단히 놀라운 것이지만 그런 삶의 아름다움을 진정으로 만끽할 수 있는 사람은 자신의 의지에 의해 세상을 의연하게 살아가는 사람뿐이다.

마음에 대해 이해하라

　인간을 여러 가지 형태로 분류해서 바라본다는 것은 식물이나 동물을 뼛속까지 해부해서 그 내부를 현미경으로 굳이 들여다보는 일처럼 약간의 고통과 거부감을 수반한다. 무엇인가를 갈기갈기 해체시켜버리면 그것의 온전했던 모습 즉, 멀쩡했던 겉모습이 처참하게 사라져버리는 참혹한 광경이 눈앞에 여과 없이 펼쳐지기 때문이다. 무엇인가가 예전의 완벽하고 생기 있는 모습을 잃고 덧없이 해체되어버린 풍경을 바라보는 일은 참으로 어이없고 난감한 일이 아닐 수 없다. 되도록 우리는 그런 상황을 회피하고 살아가고 싶어 한다. 그리고 많은 사람들이 자신은 아니라고 말하고 싶지만 거의 모든 사람들이 겉모습을 바라보며 사물을 판단하고 이해하고 살아가고 있다.
　그런 겉모습을 일부러 분해시켜서 그 슬픈 잔해들을 주시하는 일이 인간을 분류하는 일이다. 왜 우리는 인간을 분류해 보아야만 하는가. 사물을 이해하기 위해서는 그 실체를 알아야 한다는 것은 자명한 사실이다. 인간의 실체에 근거리에 접근하기 위해서 나는 인간을 여러모로 분석한 나의 깨달음들을 들려주고 싶은 것이다.

좀 더 타인을 사랑하고 싶다면 인간을 다양한 각도에서 바라보고 이해해야 한다. 좀 더 자주 타인에게 온정의 손길을 내밀어주고 싶다면 인간의 종류에 대해 조금은 알아야 할 것이다. 그런 이유로 이제 우리는 마음에 의한 인간분류를 해보아야만 한다.

마음이란 말은 온갖 세상살이의 번잡함으로 벌렁거리는 심장을 차분히 안도시키며 어지러운 생각을 진정시키는 아름다운 단어이다. 마음이란 낱말을 들으면 따뜻한 고향집 아랫목에 근심 없이 앉아 어머니가 주시는 구수한 숭늉을 받아 마시는 것처럼 내면이 훈훈해진다.

그러나 마음이란 온화한 명사 앞에 어떤 형용사가 붙느냐에 따라 극과 극의 느낌이 교차한다는 것을 아는가. 좋은 마음과 나쁜 마음, 이렇듯 극명한 분류가 아니더라도 인간의 마음은 여러 각도에서 바라볼 수 있다. 그만큼 인간의 마음은 측량하기 어렵고 이해하기 난해하며 거부감 없이 수용하기가 벅찬 것이기도 하다. 그렇다면 어떤 마음을 지닌 사람들이 이 세상에 모여 옹기종기 모여서 살고 있는지 살펴보자.

첫 번째 인간은 향기로운 마음을 지닌 인간이다.

우리는 은은한 장미의 향기와 상쾌한 아침의 공기를 좋아한다. 음식물 쓰레기통에서 스멀스멀 풍겨나는 생선 썩는 더러운 냄새보다는 화원에 아름다운 자태로 피어난 꽃잎들의 향긋한 향기를 맡으면 스르르 행복해진다. 왜 그럴까. 아시다시피 인간의 후각은 자기가 원한다고 해서 한 가지 특정한 향기만 선별하여서 냄새를 맡지는 못한다. 모든 냄새는 앞 다투어 코를 통해 침입해서 인간의 후각세포를 자극하게 된다. 그래서 맡고 싶지 않아도 우리는 세상의 모든 냄새를 맡고 살아간다.

아침에 눈을 뜨면 밥솥에서 피어나오는 엄마젖 냄새 같은 보들보들한 밥 냄새를 맡고, 세수를 하려고 욕실에 들어가서는 풋풋한 치약 냄새 비누냄새를 맡고, 화장을 할 때는 갖가지 인공향료가 섞인 알싸한 화장품냄새를 맡고, 출근하거나 등교하기 위해 집을 나서면 자동차들이 내뿜는 매캐한 배기가스 냄새를 맡고, 회사나 학교에 가서는 친구들의 냄새, 동료들의 냄새, 콘크리트 건물 내벽에서 배어나오는 딱딱한 질감의 냄새를 맡는다.

세상의 모든 냄새! 그렇다. 식물이든 동물이든 무생물이든 각자 고유한 냄새가 있다. 그리고 우리는 약속이나 한 듯이 모두들 향기로운 냄새를 좋아한다. 그대 또한 향기로운 냄새를 맡고서 빙그레 미소가 피어난 적이 많이 있을 것이다. 향기로운 냄새가 나는 아기의 보드라운 우윳빛 볼에 얼굴을 가까이 해보면 어떤 악인도 살며시 미소를 짓게 될 것이며 향기로운 냄새가 나는 아카시아 꽃그늘 아래에 무연히 앉아 있노라면 어떤 냉정한 사람이라도 세상을 향해 긍정적인 눈짓을 보내게 될 것이다.

인간도 수많은 개체 수만큼의 다채로운 냄새를 지니고 있다. 어떤 사람은 내장이 뒤틀릴 것 같은 역겨운 악취가 나는가 하면, 어떤 사람은 영혼을 마비시킬 것 같은 아름다운 향기가 나기도 한다. 우리가 친해지기 원하는 사람은 어떤 사람일까. 일부러 선택하지 않아도 사람이라면 누구나 고운 향기가 나는 사람에게 끌리게 되어 있다. 그것은 마치 식물이 햇살이 비추는 쪽으로 기울어지는 것과 같다. 향기로운 마음을 지닌 인간은 타인을 행복해지게 만들기 위해 일부러 애쓰지 않아도 자신과 접촉하는 모든 것들에게 행복한 느낌의 햇살들을 건네주고 있다.

향기로운 마음을 지닌 인간이 되어라. 지금의 세상은 몇 백 년 전의 지식인들이 자신들의 세상을 한탄했던 것처럼 여전히 적당히 썩어 있다. 아니 조금은 더 썩고 조금은 더 오염되어 있다고 해도 과언이 아닌 것이다. 이처럼 불가피하게 썩어 있는 세상에서 한 줄기 빛과 같은 존재로서 절대적으로 필요한 인간이 바로 향기로운 마음을 지닌 인간이다.

향기로운 마음을 지닌 인간은 맑고 청아한 동정심이 있는 인간이다. 사람을 바라볼 때 배경과 드러난 행동만 보지 않고 그 내면의 아픔과 슬픔과 고독까지도 들여다 볼 줄 아는 깊은 시선을 가지고 있어서 적당한 위로를 언제 주어야 할지를 아는 인간이다. 과거에도 그랬듯이 현재에도 얼음과 같은 차가운 마음의 인간들은 도처에 부지기수로 널려 있다. 어쩌면 우리도 그처럼 차가운 마음을 지니고서 이제껏 살아오고 있었는지도 모른다. 그러나 이제는 애틋한 동정심을 품으며 향기로운 마음을 지닌 인간으로서 거듭 나야 할 것이다.

꽃들은 주체할 수 없을 만큼 찬란한 향기를 내뿜으며 한정된 시간을 화려하게 피어 있다가 결국 어느 날엔가는 마르고 퇴색한 채 땅 위에 떨어져 목숨을 잃고 말 것이지만, 향기로운 마음을 지닌 인간은 결코 그처럼 덧없이 시들지 않으며 영원토록 세상을 순수한 상태로 정화시켜줄 수 있다. 꽃은 우주의 일시적인 소모품이지만 인간은 우주의 최대 걸작이며 시들지 않는 생명의 표본이기 때문이다.

인간은 죽어서도 향기로울 수 있다. 인간에게는 영혼이라는 보이지 않는 육신이 존재하고 있음을 기억하라.

그대가 향기로운 마음으로 사람들을 대한다면 그대에게 증오의 칼을 들이대던 철천지원수마저도 눈물을 흘리게 하고 무릎을 꿇게 하며 감동시키게 될 것이다. 나 이외의 것들을 불쌍하게 여기는 마음이 바로 향기로운 마음이다.

이 세상에 불쌍하지 않은 것들은 없다. 가만히 생각해보면 인간의 변화무쌍한 삶 자체도 가엾고 안타까운 몸짓이 아니던가. 누군가를 불쌍하다고 여기면 그에 대한 미움이 눈 녹듯이 사라짐을 경험할 것이다. 타인을 가여워하면 미움 대신 한 없는 사랑의 마음이 차오르게 된다는 명확한 사실은 우리가 동정심의 끈을 놓치지 않고 인생을 살아가야만 하는 분명한 이유가 된다. 언제나 자신의 주위에 인간다운 향기가 폴폴 풍겨날 수 있도록 하라.

이제 그대는 예리하게 베인 곳을 부작용 없이 말끔히 아물게 할 만큼 따뜻하고 부드러운 목소리와 될 수 있는 한 많은 것을 이해하고 타인의 본질을 불쌍히 여기는 자애로운 눈빛으로 세상의 것들을 진정으로 사랑할 수 있어야 할 것이다. 그들의 삶을 참으로 가엾게 여기고 순결한 마음으로 동정함으로써 미움과 증오의 여지를 말끔히 없앨 수 있도록 하길 바란다.

향기로운 마음을 지닌 사람은 지금도 수없이 많은 훌륭한 일들을 역사의 지평 위에서 하나하나 묵묵히 이룩해나가고 있다. 이 땅을 보다 더 살기 좋은 곳으로 만들고 인간의 깨지고 패인 상처에 치유의 연고를 발라주는 일이 바로 그것이다.

자신의 영혼 속에 죽어서도 변하지 않을 향기로운 마음을 지니는 일이 생성 가능하게 만드는 것은 사랑의 마음이다. 그 마음은 영원한 행복을 이루어내는 기적의 연출자이자 늘 불안한 인간존재가 낯을 붉히지 않고 스스럼없이 기댈 수 있는 든든한 희망의 언덕이 될 수 있을 것이다.

누군가를 무턱대고 미워하기 전에 자신이 진실로 그를 가엾게 여기고 있는지를 되돌아보길 바란다. 누군가를 냉정하게 폄하하기 전에 자신이 진실로 그의 인생을 동정하고 있는지를 되짚어보길 바란다. 향기롭게 살아가는 사람은 향기로운 마음을 지니고 있는 사람임이 분명하다. 사람을 감동시키는 향기는 안에서부터 밖으로 서서히 표출되는 것이라는 사실을 잊지 말도록 하라.

자신의 내부에 향기가 있다면 향기가 날 것이고 자신의 내부에 악취가 있다면 악취가 날 것이다.

그대 앞에 지금 서 있는 누군가에게 그대의 향기를 전하라. 향기로운 인간의 가장 큰 의의 있는 인생의 발자취는 바로 향기이다. 그대의 고결한 향기에 취해 다른 이들이 절로 고개를 숙이게 될 때 비로소 그대의 인생은 아름다웠노라고 말할 수 있을 것이다. 인간에게 주어진 시간은 유한하고 한정되어 있지만 향기로운 마음을 지닌 사람의 영혼은 무한한 생명을 얻게 될 것이다. 왜냐하면, 그가 죽은 후에도 그의 향기는 남아서 우주의 가엾고 불쌍한 존재인 삶과 세상으로부터 소외된 것들의 눈물을 다정하게 닦아줄 것이기 때문이다.

두 번째 종류의 인간은 무관심한 마음을 지닌 인간이다. 무관심은 인간에게 가장 큰 상처를 남기는, 해서는 안 되는 일 중의 하나이다.

　노인들은 늙고 병들어서 몸이 아픈 것보다 사랑하는 자식들의 무관심과 믿어왔던 사회의 무관심에 더 많이 상처 받고 외로워하며 근근이 살아간다. 연인들도 헤어진 후에 상대의 무관심으로 인해 기억에서 소실될 것을 가슴 속으로 슬퍼한다. 하물며 식물도 인간이 자신을 본 체 만 체하면 무관심에 지쳐서 일찌감치 생명 유지에 대한 의욕을 잃고 시들어버리고, 동물도 무관심에는 소외감을 느끼고 갖은 구애로써 애정을 갈구하기 마련이다. 서로가 서로를 위해주고 아껴주라고 신은 인간을 혼자가 아닌 여럿으로 만들어 놓았을 것이다. 그렇지 않았다면 굳이 인간을 이렇게 많이 만들어 놓을 필요는 없지 않겠는가.

　이 지구상의 전 인류가 자신의 옆집에 홀로 사는 사람이 지금 살았는지 죽었는지조차 모르고, 친구가 어떤 고민거리를 지니고 살아가고 있는지도 끝내 몰라준다면, 얼마나 더 이 세계는 캄캄하고 어두워지겠는지 생각만으로도 아찔하다. 아주 다행히도 많은 사람들은 자신에게 쏟는 애정만큼은 아니어도 적당한 관심의 촉수를 뻗어 타인을 조금씩은 살펴보면서 살아간다.

　그렇지만 모든 사람이 다 그렇게 살아가는 것은 아니다. 여전히 무관심의 가파른 정점에 서 있는 사람들이 더러 있음을 간과해서는 안 될 것이다. 무관심한 마음을 지닌 인간은 과장을 조금 보태면 얼굴을 드러내지 않는 베일 속의 살인자와 다름없는 냉혈한 인간이라고 할 수 있다. 연쇄살인범이나 어린이를 유괴 살해한 끔찍한 범인들을 보면서 우리들은 고개를 절레절레 흔들고 치를 떤다. 어떻게 인간의 탈을 쓰고서 저럴 수가 있단 말인가하며 증오한다. 그런데 어찌 보면 그들에게 어둠 속에서 조용히 협조한 것이 우리 자신들인지도 모른다는 사실을 생각해 볼 필요가 있다. 우리가 사회적 약자이며 정신적 열등생인 그들에게 무관심했기 때문에 범죄를 사전에 예방할 수도 있는 좋은 기회를 놓쳤던 것인지도 모를 일이기 때문이다.

조금만 더 다른 생명들에게 그대가 관심을 기울여준다면, 급습하는 고독과 소외감에 진저리치던 그들을 외롭지 않게 만들어줄 수 있을 것이다. 그대에게도 누군가가 조금만 아주 조금만 더 관심과 사랑의 표현을 해준다면 옆구리가 허전하도록 쓸쓸하지 않을 수 있을 것이다. 오늘은 이 세상에 무슨 일이 일어나고 있는지, 이웃들에게는 어떤 도움이 필요한지, 친구에게는 요즘 어떤 고민거리가 있는지, 가족에게는 어떤 일들이 벌어지고 있는지를 아주 조금만 더 관심을 갖고 지켜보아 주는 관심이 필요한 것이다.

무관심한 마음을 지닌 인간이 되는 길은 정말 아주 쉽다. 세상에 무슨 일이 벌어지든 말든 나와는 아무 관계없다고 생각하며 나 몰라라 하면 되는 것이다. 타인에게 무슨 일이 생기든 말든 나와는 별 상관없는 일이라며 모른척하며 시치미 뚝 떼는 것이다. 점점 가속화되어가는 지구온난화로 남태평양의 어느 평화로운 섬나라가 국토를 포기할 만큼 바닷물에 안타깝게 잠겨간다고 해도, 나는 아무런 스스럼없이 더 빛나는 윤기를 얻기 위해 욕실 거울 앞에서 스프레이 통을 들고 쏟아 붓듯이 머리카락에 뿌려주고, 먹을 것이 없어서 며칠 째 끼니를 거르고 있는 가난한 이웃을 외면하고 나는 배가 터지도록 배부르게 먹고도 남아 멀쩡한 음식을 아무런 죄책감 없이 음식물쓰레기통에 거리낌 없이 버린다.

그런데 알고 있는가. 무관심은 결국엔 다시 되돌아오는 죽음의 부메랑 같은 것이라는 것을. 그것도 두 배 세 배로 대폭 증가된 고통을 수반해가지고서 자신에게 되돌아올 것이다.

우리는 모두 무형의 미세한 끈으로 긴밀하게 연결되어 있는 서로에게 꼭 필요한 존재들이다. 그 끈을 이루고 있는 중요한 특질은 본질의 동일성이다. 인간은 모두 같은 종류의 물질과 우주의 신비한 숨결로 만들어졌으며 달이나 목성이 아니라 같은 지구 위에 살다가 누구도 예외 없이 죽음을 맞이한다. 이러한 미세한 본질의 동일성으로 이루어진 끈에 의해 세계인이 하나로 연결되어 있으므로 우리는 아무런 혈연관계가 아닌 사람이라도 얼굴도 이름도 전혀 생소한 사람이라도 뼈아픈 고통을 당하는 모습을 보면 가슴이 아프고 그들이 환하게 웃으며 기뻐하는 모습을 보면 살며시 흐뭇해지는 것이다.

자신을 둘러싼 환경에 포함된 숱한 사람들을 따뜻한 눈길로 바라보라. 그들과 그대는 본질의 동일성이라는 길고도 질긴 인연의 끈으로 확실하게 연결되어 있다. 그 끈이 우리 인간의 눈에는 보이지 않아서 때로는 그들과 자신의 관계에 대해 회의적인 느낌을 가질 수도 있지만 결국엔 하나의 공통된 끈으로 밀접하게 연결되어 있음을 알 수 있을 것이다.

본질의 동일성이라는 끈은 나약한 인간의 힘으로 결코 잘라서 없애거나 불구덩이 속에 넣고 태워서 소멸시킬 수 있는 것이 아니다. 평생을 살아도 어떤 천재지변이 일어나도 이 연결고리는 절대로 없앨 수가 없는 것이다. 우리는 이처럼 서로서로가 먼 훗날에는 하나의 커다란 공통된 존재로 귀결되는 운명을 지니고 태어났다.

공통된 존재, 그것은 도대체 무엇인가. 바로 우주를 이루고 있는 위대하고 신성한 입자들이다. 우리는 살아서는 각자인 듯 보여도 죽어서는 결국 하나가 될 어찌할 수 없는 숙명을 지니고 있다.

멋쟁이 옆집 순이 엄마도, 술주정뱅이 뒷집 김 씨 아저씨도, 한 나라의 막강한 권력을 지닌 대통령도, 톱스타라고 우쭐대는 유명한 연예인도, 가난한 달동네에 사는 병든 오 씨 할머니도 모두모두 하나가 될 운명임을 기억하라.

그대와 나는 둘이 아니고 그대와 그도 둘이 아니다. 그대와 그녀도 둘이 아니고 그대와 그들도 전혀 상관없는 관계가 아닌 것이다. 이것이 우주의 진리 중 하나라는 것을 기억하라. 그런데 이 우주의 아름답고도 숭고한 진리를 파렴치하게 무시하는 인간이 있으니 바로 무관심한 마음을 지닌 인간이다.

살아있는 모두가 결국엔 하나의 공통된 존재로 귀결된다는 사실을 깨닫지 못한 채 타인을 무관심하게 대하는 인간이 되어 일생을 살아간다는 것은 애처로운 일이 아닐 수 없다. 왜 그가 애처롭냐하면 다른 이에게 무관심한 사람은 결코 진심어린 관심을 받을 수 없을 것이기 때문이다. 타인에게 제대로 된 사랑의 시선을 보내주지 못하는 사람에게 어떤 사람이 가슴에서부터 우러나오는 진정 따스한 시선을 보내주겠는가. 인간은 누군가로부터 받은 배려와 관심에 고마움의 감정을 느끼고 그 포근한 감정을 오래 기억하고 싶어한다. 단 한 번의 따스한 관심을 소중하게 여기고 평생을 마음속에 간직하면서 살아가는 사람들이 얼마나 많은가. 사랑받고 싶다면 먼저 사랑해야 하듯이 관심 받고 싶다면 먼저 내 자신이 다른 사람에게 관심을 보여야만 할 것이다.

타인의 고통에 최대한 민감하게 반응하고 타인의 슬픔에 허물없이 함께 눈물지어 줄 수 있어야 한다. 타인의 기쁨과 성공은 가끔 몰라주어도 괜찮지만 타인의 절실한 아픔을 매정하게 몰라준다면 그를 뼈를 깎는 고통의 수레바퀴 속에 내던져둔 채 방치하고 마는 결과를 초래할 것이다. 그를 고통의 수레바퀴 아래 넣어두고 그렇게 오래 내버려둔다면 그는 결국 뜨거운 고통의 연옥 속에서 숨이 막히고 살이 타버려 숨이 멈추고 말 것이다. 그리고 먼 훗날 그대와 그는 결국엔 하나의 존재가 될 것이므로 그의 고통은 고스란히 자신의 내면에 스며들어 그대의 고통이 될 것이다.

'그의 고통은 나의 고통이다.' 라고 생각하라.

'그의 슬픔도 나의 슬픔이다.' 라고 생각하라.

'그녀의 고통도 그녀의 슬픔도 모두 나의 것이구나.' 라고 깨달아라.

아직은 늦지 않았다. 오늘부터라도 무관심했던 마음의 빗장을 열고 관심과 사랑의 은빛 실타래를 풀어서 세상 속으로 순결함이 가득한 사랑의 마음을 흘려보내도록 하자. 무관심은 또 다른 무관심을 부른다. 끝없이 이어지는 먼 바다의 소란스러운 물결처럼 무관심의 파도는 무관심의 차가운 포말을 일으키며 인생의 바다를 어지럽히고 마침내 인간과 인간 사이의 소통의 통로를 원천적으로 막아버릴 것이다.

인간과 인간이 서로 사랑하고 원활히 소통하며 화목하게 살아가길 바라는 대우주의 가슴을 아프게 할 무관심한 마음을 지닌 인간이 되기 전에 이제부터라도 우리의 이웃과 친구와 가족들을 돌아볼 시기인 것이다. 인간은 서로 마주보고 살아가는 관계이므로 언제 어디서나 서로의 얼굴에 나타난 표정을 읽으며 늘 상대방을 주목하고 있다. 그것은 의도적이라기보다는 본능에 가까운 행위이다.

저 사람은 나를 어떻게 생각할까를 걱정하고, 저 사람이 나에게 얼마나 관심을 가지고 있는지를 궁금해 하는 것은 더불어 살아가기 위해 만들어진 인간으로서 아주 당연한 기본적인 욕구이다. 이 기본적인 욕구를 긍정적으로 충족시켜준다면 그대는 많은 친구들을 얻을 수 있을 것이다. 또한 신뢰를 얻고 인기를 얻고 무엇보다 충실한 사랑을 얻을 것이다.

마음의 형태에 따른 분류 중에서 그대와 나는 함께 무관심한 마음을 지닌 인간에 대해 알아보았다. 무엇을 선택하든 그것은 그대의 자유다. 그리고 그대가 한 곳에 강제로 얽매이지 않는 바람처럼 자유롭게 인생을 살기를 바란다. 그대 자신이 지닌 고유의 권한인 자유의지에 의해 선택하라. 유념해야할 점은 자신이 선택한 그 무엇으로 인해 세상이 좀 더 아름다워지고 밝아져야 한다는 점이다.

나만 기분 좋고, 나만 행복해지고, 나만 이득을 얻는 것을 선택하는 것은 잘못된 선택이다. 왜냐하면, 나 이외의 사람들이 모두 불행해지고 기분이 나빠지고 손해를 보게 된다면 나 또한 결국엔 절망의 구덩이로 떨어져 내릴 것이기 때문이다.

뻣뻣한 자세로 나만 바라보고 생각하는 세상에 극히 무관심한 인간으로 살 것인지 아니면 다른 이들을 좀 더 관심을 지니고 지켜보며 내가 해줄 수 있는 무엇인가를 베풀면서 살 것인지를 생각해 보길 바란다. 어떤 것이 현명한 선택인지는 그대가 지닌 아름다운 순수성이 대답해 줄 것이다. 인간은 존재의 본질이 동일함을 늘 유념한다면 어떤 사람이든지 포용력 있는 태도로 따뜻하게 대할 수 있을 것이다.

마음의 중심이 어디에 있느냐에 따라서 구별해본 세 번째 유형의 인간은 우울한 마음을 지닌 회색빛 인간이다.

낙엽이 우수수 떨어지는 스산한 가을이거나 만물이 소생하는 푸르른 봄날을 가리지 않고 잊을만하면 한 번씩 들려오는 유명인들의 자살 소식은 우리를 충격에 몰아넣곤 한다. 누군가가 죽었다는 말만 들어도 가슴이 철렁 내려앉는 것이 착한 인간의 심리인 것이다. 그러나 너무 많은 이들이 그렇게 우리 곁을 떠나는 지경에 이른 요즘은 누군가 죽었다란 말을 들어도 다들 지극히 무덤덤하다. 충격에 충격이 계속 더해지면 그것은 충격이 아니라 일상적인 일이 되어버리는 것이다.

전쟁 중에 있는 군인들은 주검 앞에서도 맛있게 식사를 할 수 있다. 그것은 엽기적인 일이 아니라 인간의 본능인 생존본능에 의해 충격적인 일마저도, 그저 일상 그 이상도 그 이하도 아닌 평범한 일이 되어버리는 까닭이다.

그리 먼 곳을 애써 찾아보지 않아도 가까운 곳에서도 그런 일은 일어난다. 어제까지만 해도 아니 오늘 아침에 웃으면서 만났던 건강했던 사람이 저녁때 스스로 목숨을 끊었다는 믿기지 않는 소식이 우리를 또다시 깜짝 놀라게 만들곤 한다. 그런 저런 계기로 언론에서는 우울증의 증상에 대해서 예방 방법에 대해서 자가진단 방법에 대해서 연일 뉴스거리를 생산해내고 사람들 역시 혹시 나도 우울증에 걸린 건 아닐까 하면서 남몰래 우울증 테스트를 스스로 해보기도 한다. 우울한 마음의 인간은 슬픔의 원액에 영혼이 흠씬 젖어서 인생의 방향성을 상실한 사람이라고 할 수 있다. 병원에 가서 아무리 정밀하게 검사를 해도 우울증은커녕 조울증도 아닌 사람이 계속 우울하고 기운이 없고 삶의 의욕을 상실한 채 슬퍼지는 현상은 인생의 목적을 잃어버리고 마음이 갈피를 잡지 못하기 때문이다.

그렇다면 여기서 슬픔의 원액이 무엇인지 알아보도록 하자.

슬픔의 원액은 슬픔의 진액들이 아름아름 모여서 만들어진 쓰디쓴 감정의 농축액이며, 슬픔이 슬픔으로써 그냥 흘러가도록 내버려두지 않고서, 슬픔을 붙잡고 슬픔을 움켜쥐며 슬픔을 비틀고 쥐어짜서 고통으로 변하도록 만들어버리는 번뇌의 산물이다.

만일 그대가 지금 조금이라도 우울하다는 느낌이 든다면 더 이상 슬퍼하지 않아야 할 것을 고심할 것이 아니라 슬픔이 고통으로 진화되지 않도록 적당한 선에서 기분을 전환시켜야만 우울한 상태에서 벗어날 수 있다. 슬픔을 붙들고서 고민하는 것은 불행이란 찝찝한 손님을 적극적으로 나서서 초대하는 것과 같음을 알아야 할 것이다.

우울함의 전신인 슬픔이 고통으로 돌연 탈바꿈하지 않도록 각별히 유의하라. 그러한 예기치 않은 일을 방지하기 위해서 우리에게는 적당한 선에서 기분을 전환시키는 인생의 신중한 기술이 필요하다. 이 기술의 핵심은 슬픔을 자유로이 놓아주고 세월 속으로 유유히 흘러가도록 해주는 것이다. 무엇이든 한 곳에 얽매이게 만들면 에너지의 흐름이 멈춰서 병들고 썩기 마련이다.

그 어떤 슬픔도 인간을 비참하게 만들거나 우울하게 만들 수는 없다. 다만 자신이 슬픔에 대처하는 태도가 어찌하느냐에 따라서 운명조차 송두리째 바뀔 수가 있음을 명심하라.

더 이상 참혹할 수가 없다싶을 만큼 쓰라린 인생의 사건 앞에서 슬픔을 부둥켜안고 계속 속절없이 울고만 있을 것인지, 아니면 이렇듯 참혹한 시련을 주신 신께 오히려 감사하며 위기를 딛고 더 나은 삶을 향한 여정의 기회로 삼는 여유로운 미소를 지을 것인지에 대해 생각해 보길 바란다.

무엇보다 인생의 연금술을 온전히 터득하고자 하는 그대라면 삶의 목적을 잃어버리지 않아야 할 것이다. 또한 우울한 마음을 지닌 어두운 표정의 인간이 되지 않도록 사전에 조심하는 것도 성공한 인생을 살아가기 위해 꼭 필요한 마음가짐이다. 늘 우울하고 울적한 사람이 어떻게 타인에게 힘과 용기를 주고 사랑의 씨앗을 퍼뜨리며 세상에 의미 있는 발자국을 남기는 행복한 인생을 살아갈 수가 있겠는가.

걸리면 무엇이든 한 없이 초라하게 만들고 끝없이 작아지게 만들어버리는 우울함의 그물에 걸리지 않기 위해서 우리는 자신의 꿈이 무엇인지를 즉, 자신이 인생을 살아가는 명확한 이유가 무엇인지를 수시로 상기하는 것이 중요하다. 그것을 잘 하는 사람은 영혼이 슬픔의 원액에 침잠되어 실체를 알아볼 수 없을 만큼 짓물러질 일도 없고 목표를 상실한 채 넋을 잃고 세상을 살아갈 염려도 없다.

오늘도 우울한 마음을 지닌 인간들은 여기저기에서 얼굴 없는 기형의 꽃처럼 피어나고 있다. 그 꽃에는 눈물과 포기란 열매를 맺기 위한 자기 연민, 자아 상실, 의욕 부진, 세상에 대한 원망, 절망감 등이 가지를 내고 무럭무럭 자라가고 있는 중이다. 누군가가 자신을 꺾어주기를 바라는 꽃도 있으며, 스스로 목을 움켜쥐고 떨어져 내리는 꽃도 있다. 우울한 마음을 지닌 인간은 숨죽여 신음소리를 내고 있는 병상의 초췌한 환자와 같다. 보호자도 없는 환자는 간호사들에게 폐를 끼칠까봐 자신의 아픔을 숨긴다.

그대 곁에 있는 그 누군가도 지금 입술을 틀어막고 우울함의 그물에 걸린 채 신음하고 있는 지도 모른다. 혹은 그대가 그런 지경에 놓여 있는 지도 모른다. 나와 타인은 별개가 아니다. 누군가가 아프면 언젠가는 나도 아플 것이 분명함을 명심하라. 그들은 차마 소리 내어 친구나 가족에게 자신을 도와달라고 말하지 못한다. 그들에게는 무언의 규칙이 있다. 만일 이런 우울한 인간들의 보이지 않는 규칙 (아파도 혼자서 끔찍한 외로움을 견뎌내야 하는 규칙)을 어기고 세상에 도움의 손길을 바라다가는 냉소나 조롱을 당하기 쉽다.

뜨거운 불에 살갗이 닿아본 적 없는 사람은 뜨거운 불길에 살이 타들어가는 아픔을 짐작조차 할 수 없다. 슬픔과 절망에 사로잡혀서 우울함의 늪에 빠진 사람의 고통을 그러한 고통의 시간을 갖지 못했던 사람이 이해할 리 없는 것도 이와 마찬가지인 것이다.

그러므로 우리는 우리 앞에 놓인 고통에게 고개 숙여 감사해야 한다. 지금 겪는 고통은 훗날 나 자신의 슬픔을 거뜬히 견뎌내고 타인의 고통을 편견 없이 이해하는 데 가장 소중한 밑거름이 될 자원이기 때문이다.

성실한 태도에 대해 이해하라

자, 이제 나는 마지막으로 여러분과 함께 인간의 태도에 대해 생각해 볼까 한다. 여러분과 나는 한 번도 만난 적도 없고 대화한 적도 없으며 메일 한 통 주고받은 적 없는 사이이지만 나는 그대에게 무한한 존경과 사랑을 보낸다.

그대가 수많은 책 중에서, 이 책을 선택해서 책장을 펼쳐서 읽고 있다는 자체가 나는 고맙고 사랑스럽기 때문이다. 이것이 지금 글을 쓰는 나의 태도이다. 그래서 어떻게 하면 조금이라도 더 이해하기 쉽고 지루하지 않으면서도 올바른 사상을 전할 수 있는 문장을 만들까 수없이 가다듬고, 어떻게 하면 지혜가 가득 깃든 글을 써서 독자의 인생에 유익한 도움을 줄 수 있을까를 염려하는 일을 즐거운 마음으로 하고 있다. 이것이 내가 지금 글을 쓰는 태도인 것이다. 그리고 그대는 지금 이 책을 읽고 있다. 어떤 태도로 읽고 있는지는 알 수 없지만 분명히 어떤 태도를 취한 채 읽고 있는 것만은 확실할 것이다.

쾌적한 환경의 방 안에 편안히 앉아서 호의적인 눈빛으로 이 책을 읽을 수도 있고, 황사바람이 질펀하게 깔린 길거리 벤치에 앉아서 친구를 기다리는 시간에 잠시 눈요기 거리로 읽을 수도 있으며, 전철 안에서 졸린 눈을 억지로 치켜뜨며 친구가 건네준 이 책을 겨우겨우 읽어가고 있는지도 모르고, 수많은 책들이 진열된 대형서점에서 이 책이 과연 피 같은 돈을 지불하고 살만한 가치가 있는 건지 날카로운 시선으로 읽고 있을 수도 있다. 어찌 되었든 우리들은 누구나 자신만의 태도가 있다.

태도란 인간이 행동하는 양식이라고 할 수 있을 것이다. 인생에 대한 가치관이 내면화되어 그 사람의 고유한 행동특성이 되고, 그것이 반복되면서 그만의 독특한 태도가 된다. 태도란 것은 습관적인 면이 강하며 야릇한 중독성도 있어서 한 번 몸에 익숙해지면 좀처럼 떨쳐내기 어려워지는 법이다. 그러므로 우리는 좋은 태도를 가지도록 노력할 이유가 충분히 있지 않겠는가.

좋은 태도란 인간을 성공으로 인도하는 가장 자비로운 스승이다. 어떤 태도를 지닌 사람들이 이 세상을 어떻게 살아가는 지에 대해 안다면 좋은 태도를 선택하는데 참고사항이 될 것이다.

그럼 태도에 따라서 인간을 분류해 보도록 하자.

첫 번째 인간은 나태한 태도를 지닌 인간이다. 나태하다는 것은 게으르다는 말과 같고 뭔가가 꽉 막힌 일상을 살아가는 사람이 언뜻 떠오른다. 얼른 그 사람에게 다가가서 팔을 붙잡고 일으켜 세워주고 싶고 등을 토닥여 주면서 그의 귓가에 우렁찬 진군의 행진곡이라도 들려주고 싶은 마음이 든다. 그렇지만 아쉽게도 그에게는 그만의 세계가 있다. 그는 작은 심장으로 작은 세계에 행복하게 갇혀 있는 것이다. 자신만의 작고 아담한 세계에 갇힌 채, 밝은 양지 대신 습한 음지로 점점 숨어들면서도 그곳이 지상에서 가장 아름다운 곳이라고 생각한다. 그러므로 우리는 그러한 나태한 인간을 대할 때 그의 기본적인 인격을 존중하는 마음을 보여주어야 한다.

그는 인생의 실패자나 무능력한 자가 아니라 다만 한정된 영역 안에 갇힌 닫힌 영혼을 소유한 사람인 것이다. 그에게 필요한 것은 나태하다고 질책하는 따가운 비판의 목소리가 아니라 좀 더 넓고 트인 세계로 나와서 함께 살아갈 수 있도록 하는 밝고 온화한 응원의 목소리인 것이다.

나태한 인간에게 가장 고마운 사람은 자신의 세계를 있는 그대로 인정해주는 사람이다. 그리고 그는 단 한 번도 자기 자신이 게으르다거나 무능력하다고 생각하지 않는다. 다만 아직은 때가 되지 않았을 뿐이라고 말한다.

그렇다고 말하면 그렇다고 인정해 주어라. 굳이 그의 감추고 싶은 내면의 상처를 들쑤셔서 아프게 할 필요는 없다. 그는 어쩌면 신상의 피할 수 없는 문제로 인해 경제활동을 하지 못할 수도 있으며, 지적 능력이 떨어져서 평범한 사람들처럼 살아가지 못하고 있을 수도 있다. 우리가 그들에게 해줄 수 있는 것은 역시 아름다운 이해심이다.

그리고 만일 자신이 요즘 들어 부쩍 나태해지고 있다면 자신을 심하게 힐책하거나 질책하지 말라. 그대는 지금까지 많은 시간을 정말 쉴 새 없이 열심히 살아왔을 것이다. 가족을 부양하기 위해 평일에도 밤늦게까지 일하고 일요일도 특근을 해가며 일했을 수도 있고, 성적을 조금이라도 올리기 위해 새벽에 서너 시간만 자고 코피를 쏟으며 시험공부를 해왔을 수도 있고, 경제위기 속에서도 가게 문을 닫지 않기 위해 발바닥이 닳도록 뛰어다니며 점포를 운영해왔을 수도 있을 것이다. 어쨌든 여러분이 지금껏 그 누구보다 열심히 살아왔다는 것은 사실이다.

인간은 태어난 순간부터 어느 동물보다 더 바쁘게 살아오고 있다. 태어나자마자 우렁차게 울음소리를 내야만 하는 것이 공공연한 사회의 법칙이 되어 있어서 만일 크게 소리 내어 울지 않거나 알몸으로 낯선 간호사의 품에 안겨 우는 것이 품위 없다는 소신에 따라 조용히 침묵한다면 산부인과 의사의 간담을 서늘케 할 것이며 생사여부를 의심받게 될 것이다. 그러므로 우리는 모두 태어나자마자 조그만 연분홍 입술을 벌려 분만실 안에 선홍빛 울음소리를 쏟아내는 노력을 기울인다. 그것이 인생을 살아가기 위한 기나긴 여정의 시작임을 먼 훗날 알게 될 것이다.

혹시 그대 주위에 나태한 아기가 있는가. 나태한 어른이나 나태한 어린이는 있을지 모르지만 누구도 나태한 아기에 대해 이러저러한 험담 등을 이야기 하지는 않는다. 우리는 아기에게는 나태함에 대한 그 어떤 뼈있는 책망도 하지 않는다. 아기는 수정과 같이 맑고 깨끗한 순수함 그 자체이며 아직 다듬어지지 않은 자연 그대로의 원석과도 같은 보살펴주어야 할 존재임을 인정하기 때문이다. 단지 아기만 보살펴주고, 사랑해주고, 아껴주어야 할 존재일까. 우리는 여기에서 두 눈을 조용히 감고서 사색해보지 않을 수 없다.

세월의 흔적이 가득한 주름진 얼굴과 하얗게 빛바랜 은빛 머리카락에 살아온 숱한 나날들을 이고서 골다공증 때문에 약해질 대로 약해져서 절반으로 접혀진 허리를 힘들게 펴며 하루를 살아가는 노인들도 아기와 같다.

건들면 폭발해버릴 것처럼 뭐든지 불만투성이에 간혹 폭주족으로 변신해 불법 개조한 오토바이를 타고 아슬아슬하게 밤거리를 질주하는 십대의 불량한 청소년도 아기와 같다.

늦은 밤 아무도 없는 포장마차에 앉아 김이 모락모락 피어오르는 홍합국물을 앞에 놓고 소주잔을 기울이며 눈물인지 빗물인지 모를 고독을 마시고 있는 중년의 사내도 아기와 같다.

결혼시기를 놓쳐서 마주치는 사람들의 입에서 "언제 결혼 할래?" 라는 말이 나오면 가슴이 철렁 내려앉는 마흔이 넘은 노처녀인 미스 김도 아기와 같고 성장한 후에 부쩍 멀어져버린 아이들의 뒷모습을 보며 뭔가 모를 허전함으로 삶의 재미를 잃어버린 전업주부도 아기 와 같다.

결국 따져보면 우리 모두는 어린 것들의 눈동자와 같은 순진무구 한 면을 지니고 있고 그래서 살뜰한 보살핌을 받아야 하며 서로 서로 아껴주고 사랑해주어야 하는 아기와 같은 존재들인 것이다. 이렇게 연약하고 보살핌이 필요한 존재들이 가끔은 나태해진다고 해서 스스로에 대해 실망한다면 자신에 대해 자부심을 가지고 살아갈 사람 은 거의 없을 것이 아니겠는가.

나태하다는 것은 게으르다와 동일어가 아니다. 나태한 것은 그가 지금 많이 지쳐 있다는 뜻이다. 또는 내가 지금 평소보다 더 지쳐있 다는 반증이다. 지쳐 있을 때는 적당한 휴식이 반드시 필요하다. 직 업이 없는 실업자를 보고서 날마다 집에서 놀고먹는 사람이 무슨 휴 식이 필요할까라고 생각할 수도 있다. 그러나 그의 육체는 마땅히 할 일이 없어서 편안히 쉬고 있는 듯 보일지 모르지만 그의 정신은 그 누구보다 지금 피로한 지경이다. 사무실에서 남들은 하루에 열 개는 해치울 일을 하루에 하나도 해내기 힘들어하는 무능력해 보이는 회 사원도 마찬가지다. 그는 게으르거나 능력이 부족한 사람이 아니라

심하게 지쳐 있고 타인의 보호와 보살핌이 필요한 아기와 같은 존재이다.

나태한 인간을 대할 때는 답답해 보이고 어리석어 보이더라도 그만의 세계를 무시하지 말고 받들어 예를 다하여 존중해주는 언행이 필요하다. 그를 보살펴주고 아껴주며 인정해준다면 그는 머지않아 나태라는 무의미한 허물을 벗어던지고 자신의 일을 그 누구보다 성실하게 잘 수행해내는 이 세상에 꼭 필요한 훌륭한 사회인이 될 것이다. 한 마리 성장한 아름다움을 갖춘 나비가 되기 위해 애벌레는 탈피라는 고통이 서린 인고의 기간을 거쳐야한다.

만물의 영장인 인간도 마찬가지이다. 누구나 자신의 형식화되고 고정된 부정적이고 무익한 허물을 인성의 살갗으로부터 벗겨내야 하는 아픔의 시간이 절실하게 필요하다. 그 시간을 단축시켜주는 데 일조하는 것이 바로 곁에 있는 사려 깊은 친구들의 도움이다.

인간은 존재의 동일성으로 인해 모두 친구가 될 수 있다. 그대로 두었다가는 질식할 수도 있는 밀폐된 사고의 좁은 우물에서 하루빨리 빠져나올 수 있도록 우리는 용기를 주고 미래의 희망을 전하는 말들을 나태한 그에게 들려주어야 할 것이다.

태도를 통해 바라본 두 번째 종류의 인간형은 성실한 태도를 지닌 인간이다.

우리가 인간으로서 가장 이상적이라 여기며 기필코 추구해야만 할 태도가 바로 성실한 태도의 인간임은 두 말하면 입이 아플 것이다.

그대가 성형외과 의사가 되고 싶든지, 아이들을 가르치는 선생님이 되고 싶든지, 나라를 절체절명의 위기에서 구해내는 한 나라의 믿음직스런 대통령이 되고 싶든지, 프리미어 리그에서 뛰는 유명한 축구 선수가 되고 싶든지, 가정을 화목하게 이끌어갈 다소곳하고 어여쁜 현모양처가 되고 싶든지, 성실함을 갖추지 못한다면 그저 한 번의 바람에도 흩어져버리고 마는 연기와 같은 허무한 상상으로 그치고 말 것임은 누구나 다 아는 사실이 아닐까 싶다.

성실한 인간은 정직과 노력이라는 기본적인 소양을 갖춘 사람이다. 그는 자신이 할 일을 기쁘게 여기며 해내는 사람이므로 쓰레기 같은 불평이나 불만이 영혼의 창고에 차곡차곡 쌓여서 세상을 바라보는 시야가 차단될 염려도 갖고 있지 않다. 그는 사소한 행동마저도 신임받기에 충분할 것이며 무언가를 한 번 하고자 하면 바르고 최대한 열성적인 자세로 그 일을 감당해내고자 하는 의지를 지니고 있을 것이다. 사람들은 그런 사람을 성실하다고 말하며 훗날 그가 일하는 분야에서의 성공을 인정해주는 것이다.

그렇지만 성실한 듯 보여도 그 내면에 정직이 결여된 사람은 성실함으로 위장된 속임수를 쓰고 있으므로 조심해야 할 것이다. 독을 품은 독버섯의 지나칠 정도로 화려한 색감처럼 위장된 성실함은 더욱 그럴듯하게 사방에 빛이 날 것이다. 그렇지만 그 빛은 찰나에 빛나고 사라져버리는 별똥별의 빛처럼 허망할 뿐이다.

다시 한 번 말하지만 성실한 인간은 정직과 노력이라는 기본적인 소양을 갖춘 사람을 일컫는다. 정직함과 노력에의 진정성이 결핍된 사람은 결코 성실한 인간이라는 최상의 칭호를 얻을 수 없다. 혹시라도 그의 그럴 듯한 연기에 속아 어떤 사람이 그에게 성실하다고 했더라도 그는 결코 성실한 인간의 반열에 오를 수가 없다. 그것은 계란을 간장에 넣고 삶아서 먹음직스런 검은색 간장 계란조림을 만든다고 해도 그것의 본질은 흰색과 노란색이 공존하는 계란이라는 사실에는 변함이 없는 것과 같다. 아무리 자신을 속이고 타인을 속여 성실한 체 해봐도 그는 거짓으로 물든 성실하지 않은 인간이라는 진실을 바꿀 수가 없는 것이다.

자신이 하고 있는 일을 그 무엇보다 사랑하고 다른 무엇과도 비교할 수 없는 우월한 긍지를 지녀라. 자신만이 지금 그 일을 해낼 수 있다는 독자적인 자긍심을 가지는 것은 어떤 일을 할 때라도 꼭 필요한 자세이다. 그런 다부진 결의를 가지고 뛰어든 일에서는 잠깐의 오류는 있을지언정 영원한 실패는 없을 것이다. 그런 자세가 바로 성실한 태도의 시작이다.

칼바람 앞에서도 흔들림 없이 의연하게 서 있는 소나무처럼 인생의 시련 앞에 당당하게 맞서는 힘은 자신이 하고 있는 일을 온 마음으로 사랑하는 성실한 태도에서 나올 수 있을 뿐이다. 성실을 대체할 태도는 없다. 하다못해 짐승들도 성실하게 잠잘 때 자고 일어날 때 일어나며 사냥할 때 사냥하고 주인이 오면 꼬리를 흔드는 것을 잊지 않고 반갑게 꼬리를 치며 짖을 때 짖고 알을 낳을 때 낳으며 성실하게 자신의 임무를 수행하질 않는가.

태만으로 가득한 삶을 영위하거나 성실을 가장한 위선으로 치장된 성실로써 가치 있는 성공을 이루려고 하는 것은 맨땅에 서서 아무것도 하지 않은 채 땅바닥을 바라보며 온갖 귀한 보물들이 솟아날 것을 바라는 것처럼 어처구니없는 일일 것이다.

그 무엇도 성실을 대체할 수는 없다. 성실은 성실함으로써 비로소 완성된다. 성실한 태도는 성실한 인간을 만들며 성실한 인간은 성실한 인생의 주인이 된다.

사람들은 성실한 사람으로부터 많은 혜택을 받을 것이며 그런 그를 마음으로부터 진정 고마워하며 존경할 것이다. 정직과 진실한 노력이 아름답게 빚어내는 성실함은 인생의 연금술을 절대적으로 이루고 있는 마법의 핵이다.

물질적으로 또는 학문적으로 성공하고 싶은가. 인생에서 행복이란 최고의 보물을 찾고 싶은가. 사람들로부터 사랑받고 존경받고 싶은가. 자신의 삶을 먼 훗날 되돌아보고서 후회하지 않는 보람 있는 인생을 살고 싶은가. 그렇다면 성실한 태도를 지녀라. 이 태도는 당신이 최고의 대학교수로부터 받는 강의의 모든 내용을 몽땅 암기하는 것보다 더 가치가 있으며, 몇 초의 광고에 수억 원의 돈을 벌 수 있다는 톱모델이 벌어들이는 엄청난 소득보다 더 큰 내면의 소득을 안겨줄 것이다. 가치 있는 것은 물질이 아니다. 여러분이 인생에 얼마나 만족하고 행복을 느끼느냐이다.

성실함, 이것이 인생의 지혜와 연금술을 정녕 자신의 것으로 성취하길 원하는 인간이 지녀야 할 태도의 바탕이다. 누가 보지 않더라도 자신이 하는 일 앞에서는 총명한 두 눈을 더욱 총명하게 반짝이며 일체의 잡념 없이 몰입하도록 하고 누가 지켜보더라도 자신이 추구하는 일을 하는 데 있어서 일체의 가식 없이 순수하게 최선을 다할 수 있도록 소망하길 바란다.

앞으로 다가올 시간동안 어떤 시련의 장벽이 그대를 가로막을지 모르지만 그 장벽 앞에서 다시 털고 일어날 수 있도록 할 수 있는 친구는 언제나 그대와 함께 어려움을 극복해온 정직함과 진실한 노력이 더해진 성실한 태도라는 것을 늘 기억하길 바란다.

나는 여러분에게 너무나 고맙고 감사하다고 말하고 싶다. 나의 삶은 결코 남들처럼 평탄하지 않았고 매우 고달팠지만 내가 희망이란 꿈을 버리지 않았을 때 다시 아름답고 영롱한 세계를 열어주었다. 이제 아쉽게도 그대와 내가 작별을 맞이해야만 하는 시간이 다가왔다. 나는 다른 책으로 다시 여러분을 찾아갈 것이다. 그동안 그대와 나는 잠시 이별하는 것뿐이다. 이별 앞에서는 가슴이 서늘해지는 것이 우리네 정일 것이다. 여러분이 이 책을 읽는 동안 나와 그대는 서로 교감하며 의지하고 소통했다. 나의 사상이 그대에게 전해지고 그대의 사상이 나에게로 전해졌을 것이다.

인생은 그대에게 어려운 시간들을 끊임없이 잊지 않고 펼쳐줄 것이다. 그러나 그것들은 모두 자신의 의지에 의해서 행운의 것들로 뒤바뀔 수 있는 충분한 가능성을 내포하고 있음을 명심하라. 살아있는 생명들의 소중함을 가슴 속에 각인시키고 영혼의 내부에 사랑이 가득한 생각들을 품어야 할 것이다. 그대가 사랑하는 것들이 웃으면서 행복해할 때 그대의 인생이 더 큰 행복으로 채워질 수 있을 것이기 때문이다. 맑고 순결한 생각들을 하면서 아름다운 상상을 하고 눈에 띄는 전부를 티 없이 사랑하고 마음에 꿈을 간직하며 세상 모든 것들을 이해하려고 애쓰면서 살아간다면 아무리 힘겨운 상황에 처해도 희망의 빛을 잃지 않을 것임을 약속한다.

그대에게는 하고자 하는 것을 이룰 수 있는 능력이 있고, 얻고자 하는 것을 얻을 수 있는 행운도 있을 것이며, 도달하고자 하는 곳에 다다를 수 있는 신념과 의지도 머물러 줄 것이다. 지금 그대 앞에 놓인 인생은 온전히 그대의 것이다. 그대의 인생을 사랑하라!

지금까지 많은 일들이 그대를 힘들게 했을 것이다. 그리고 앞으로도 어떤 문젯거리들이 찾아올지 예측 불가능한 삶이다. 너도 나도 살기 어렵다고 하소연한다. 자고 나면 치솟는 물가, 안정되지 못한 삶, 동전의 양면같이 행복과 불행이 공존하는 이 세상. 모든 것은 내가 마음먹기에 달려 있다는 것을 명심하자. 가혹한 운명에 휘둘려 희생된 가련한 사람이 되지 않으려면 마음을 단단히 먹고 힘을 내어야 한다.

울고 싶어도 내 인생이니까 내가 책임지고 살아가겠다고 씩씩하게 다짐하라!

이제 더 이상 두려워하지 말고, 움츠러들지 말고, 걱정하지 말고, 나약해지지 말고,

더 용감하고 씩씩하게, 더 부드럽고 유연하게, 더 자상하고 따뜻하게, 더 의연하고 고고하게 단 한 번뿐인 소중한 이 삶을 살아내기를 소망한다.

그대의 인생은 오로지 그대를 위해 우주가 준비해준 행복한 축제의 시간들이라는 것을 늘 기억하라.

울고 싶어도
내 인생이니까

초판 1쇄 인쇄 | 2011년 4월 15일
초판 1쇄 발행 | 2011년 4월 20일
초판 2쇄 발행 | 2011년 4월 25일
초판 3쇄 발행 | 2011년 5월 1일
초판 4쇄 발행 | 2011년 5월 30일
초판 5쇄 발행 | 2011년 7월 15일
초판 6쇄 발행 | 2011년 8월 20일
초판 7쇄 발행 | 2011년 9월 25일
초판 8쇄 발행 | 2012년 1월 20일
초판 9쇄 발행 | 2012년 5월 5일
초판10쇄 발행 | 2012년 10월 5일
초판11쇄 발행 | 2012년 12월 15일
초판12쇄 발행 | 2013년 4월 20일
초판13쇄 발행 | 2013년 11월 1일
초판14쇄 발행 | 2014년 9월 15일
초판15쇄 발행 | 2015년 9월 7일

지은이 | 백정미
펴낸곳 | 함께북스
펴낸이 | 조완욱

등록번호 | 제1-1115호
주소 | 412-230 경기도 고양시 덕양구 행주내동 735-9
　　　　(행주로83번길 51-11)
전화 | 031-979-6566~7
팩스 | 031-979-6568
이메일 | harmkke@hanmail.net

ⓒ 2011 백정미

무단복제와 무단전재를 금합니다.
잘못된 책은 바꾸어드립니다.